주 역 원 론 ④

— 신의 지혜 —

김승호 지음

머리말

주역 공부는 이제 본격적인 단계에 돌입하고 있다. 물론 1, 2, 3권을 읽은 독자들의 경우를 말한다. 그 동안 강의는 순수한 개념에서 정밀한 논리로 변천해 왔다. 필자는 제4권을 주역 괘상의 제4효에 비교하는데, 괘상에 있어 제4효의 자리는 한시름 놓은 상태이다. 비약이 있었기 때문이다. 이제 하괘에서 상괘로 그것은 비약한 것이다. 운동 경기로 말하면 지방 무대에서 중앙 무대로 옮긴 것이고, 또는 국내전에 머물다가 국제전에 진출한 뜻이 있다.

이제 독자들은 주역을 바라봄에 있어, 괘상의 수리에 관심을 기울일 수 있는 수준에 와 있는 것이다. 수리란 간단히 말해서 괘상의 정량화를 의미하는데, 이로 인해 마구잡이식 해석은 차츰 벗어날 수 있게 된다.

지금까지 공부한 내용은 주역의 절대적 기초라고 말할 수 있는 것이지만, 그 내용으로 말하면 괘상의 처음과 끝을 단번에 드러내고 있는 것이다. 예를 들어 괘상의 통일장 이론은 주역의 세계를 어떻게 탐색해야 하는가를 극명하게 보여주고 있다.

기실 주역의 괘상은 그 이상도 그 이하도 아니다. 주어진 하나의 괘상을, 고대의 성인이 출현하여 직접 가르침을 주거나, 혹은 먼 별나라의 우주인이 등장하여 해설한다 하더라도 내용은 그게 그것인 것이다. 주역의 진리란 원래 불변이다.

우리는 주역 원론이라는 강의에서 새로운 관점을 제시하고 있지만, 괘상의 뜻이 바뀌는 것은 아니다. 오히려 괘상의 뜻을 분명히 하기 위해 정밀한 과학화가 이루어졌을 뿐이다.

지금까지 거쳐온 과정에서 새로운 관점을 얻었다면 더 말할 나위 없이 잘 된 일이고, 앞날도 훤히 밝아오고 있다. 그냥 앞으로 나아가면 된다. 하지만 아직도 의구심을 갖고 있다면 처음부터 다시 시작해야 할 것이다.

우매한 사람은 주역을 무작정 신비화하기 때문에 진리가 눈앞에 왔어도 보지를 못한다. 위대한 주역의 신비가 하찮은 인간의 지성에 비춰질 리 없다는 선입감 때문일 것이다. 이는 크게 잘못된 일이다. 진리란 결코 그렇게 되어 있지 않다.

우주의 모든 진리는 누가 감추는 것이 아니다. 그저 제자리에 있을 뿐인데 사람이 보지 못할 뿐이다. 물론 주역의 진리가 그리 쉽지는 않을 것이다. 하지만 일부러 눈을 감을 필요는 없다. 놀라지 말고 침착하게 바라보면 주역의 문은 열리고 있다는 것을 깨닫게 될 것이다.

이미 공부한 수준을 보더라도 독자들은 이제 괘상에 대해 무엇인가 말할 수 있다. 예전에는 ☷ 을 보고 단순히 물이라고 말했을 것이다. 지금은 혼돈·무질서·어두움·군중·어린아이 등으로 말할 수 있다. 왜냐 하면 ☷ 이 괘상은 양 하나가 음 속에 빠져 있고, 또는 음이 상하로 분리되어 있기 때문이다.

그러나 이에 더해 괘상을 수치화하여 이해한다면 내용을 더욱 포괄적으로 말할 수 있게 된다. 그 동안의 공부는 그 방향으로 진행되어 온 것이다. 지금, 즉 제4단계는 말로 지껄이는 단계를 벗어나 수리 논리의 세계에 진입하는 단계이다.

앞날에 난관도 있을 것이다. 하지만 그것을 겁내서는 안 된다. 세상을 쉽게 살려면 신문을 뒤적이거나 만화책을 읽으면 된다. 그러나 주역이란 어렵더라도 철두철미하게 공부해야 한다. 그것은 두 말할 필요도 없이 수리 논리이다.

제4권에서는 괘상을 대하는 태도가 완전히 달라져야 한다. 왜냐 하면 사물에 대한 표현이 분명해져야 한다는 뜻이기 때문이다. 예를 들어 크다, 작다는 말은 국문학적으로는 제대로 표현되었다 하더라도 과학적으로 별 의미가 없다.

170cm인지 140cm인지를 정확히 알아야 키가 크든 작든 내용을 알 수 있는 것이다. 키를 말함에 있어 크다, 작다라고만 표현한다면 올바르게 현황을 전달할 수 없게 된다. 무릇 주역의 괘상은 만물의 정을 가리키는 것인바, 이것을 대강 문학적으로 이해한다면 무슨 도움이 되겠는가!

이제 제4권에 임하는데 있어 당부하고 싶은 것이 있다. 그것은 막연한 신비감을 버리라는 것이다. 괘상이란 부딪쳐 깨달아야 할 대상일 뿐이다. 공연한 신비화는 자신의 눈을 가리고 괘상을 도망가게 한다.

현명한 독자들이여, 괘상을 꽉 움켜잡고 정체를 규명할지어다. 지지고 볶고 터뜨리고 쩨고 가르고 찌르고 해서 괘상을 완전히 깨달아야 할 것이다. 지혜의 칼을 들고 괘상의 숲으로 뛰어들자.

한국주역과학연구원에 당신을 초대합니다

　한국주역과학연구원은 새로운 천 년, 인류 정신 문명의 새시대를 예견하면서 주역의 과학 운동을 통해 동양의 정신 문명과 서양의 과학 문명의 조화와 통일을 꾀하여 인류에게 미래 창조의 새로운 지혜와 능력을 드리고자 합니다.

　또한 우주의 법칙, 자연의 질서, 인간의 삶의 원리가 암호(괘)로써 표현되어 있는 주역(周易)의 과학적이고 수학적인 연구를 통해 주역을 올바르게 이해하여 인간 내면의 잠재력을 극대함으로써 인간 지성의 수준을 더 한층 높이고, 이 시대의 개인과 민족과 인류에게 새로운 정신 문명과 세계관(世界觀)을 제시하고자 합니다.

　이에 관심 있는 독자를 한국주역과학연구원의 회원으로 정중히 모시어 주역에 대하여 함께 대화하고 연구하여 주역 과학 운동에 새로운 지평을 열고 한국이 세계 주역과학연구의 총 본부가 될 수 있도록 독자 여러분의 많은 지도 편달을 바라며, 적극적으로 동참하여 위의 대업을 이루어 나갑시다!!

회원 자격: [주역 원론] 책 속에 삽입된 독자 카드를 성실하게 기재하여 보내주신 분
　　　　　　독자 카드를 받은 즉시 회원 고유 번호를 부여하여 당사자에게 알려 드립니다.
준 회 원: 독자 카드를 보내주신 분과 주역 과학 화운동에 관심 있는 학술 단체, 사회 단체, 연구
　　　　　　기관, 국가 기관 등

다음과 같은 혜택을 받게 됩니다

1. 한국주역과학연구원에서 발행되는 자료를 받아 볼 수 있습니다.
2. 한국주역과학연구원에서 주관하는 강연회 및 각종 행사에 참여하는데에 우선권을 갖습니다.
3. 회원 상호간의 정보 교환 및 소모임 활동을 주선해 드립니다.

정 회 원: 한국주역과학연구원의 정관에 따라 입회하신 분
　　　　　　정회원은 다음과 같은 혜택을 받게 됩니다.

1. 준회원에 대한 혜택은 그대로 유지됩니다.
2. 각종 행사 참가에 혜택을 드립니다.
3. 정회원증을 발급받음으로써 본 연구원와 제휴를 맺는 각종 단체(생명문화원, 백제신검, 신라화랑검, 천진사물놀이 패 등)의 입회비 및 수강료의 할인 혜택을 받으실 수 있습니다.
4. 정회원만을 대상으로 하는 세미나 및 강연회, 연구 소모임에 참가할 수 있습니다.

※ 사단법인 새생활국민운동협회는 '73년부터 국민의식개혁 및 생활문화개혁과 민족의식 교육을 통하여 국민정신운동과 민족정기살리기 운동을 전개하고 있습니다. 독자 여러분의 관심을 부탁드립니다.

사단법인 새생활국민운동협회
부설 한국주역과학연구원

문의전화: 사단법인 새생활국민운동협회(Tel 883-3566, Fax 874-3566)
　　　　　　한국주역과학연구원(Tel 3401-0388, Fax 3401-0388)

차　례 1

머리말 …… 3
신비의 문자 …… 11
조심스러운 논리 …… 42
주역의 운명 감정 …… 57
오행의 원리 …… 72
황금 순환 …… 94
최고봉을 향하여 …… 129
신의 지혜 …… 163
시간의 구조 …… 182

차 례 2

기묘한 순환 …… 207
괘상의 본 고향 …… 231
세계 밖의 세계, 세계 안의 세계 …… 251
완벽한 순환을 찾아서 …… 277
시간의 끝, 공간의 밖 …… 293
천지 개벽 …… 310
시간 에너지 …… 327
신의 물방울 …… 347
관상(觀象)과 관상(觀相) …… 368

玉虛眞經 (1)

無狀之狀 無物之象 是謂惚恍
형상 없는 형상, 물건 없는 모양, 이래서 황홀하다 한다.

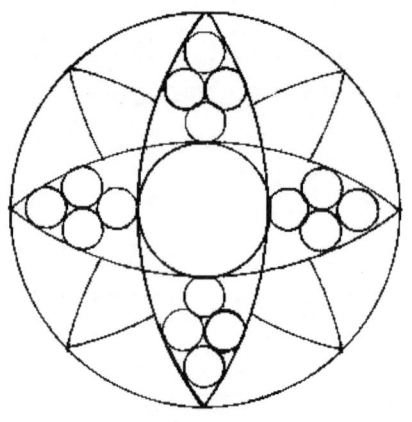

신비의 문자

주역과 관련된 글자 중에서 '간지(干支)'라는 것보다 더 신비한 것은 없을 것이다. 간지는 갑자(甲子)·을축(乙丑)·병인(丙寅)·정묘(丁卯) 등으로 이어져서 60번 만에 제자리로 순환하는 성질을 갖는 문자(文字)이다. 이 때문에 간지는 달력 등 순환을 나타내는 곳에 사용할 수 있다.

원래 간지는 갑을병정무기경신임계(甲乙丙丁戊己庚辛壬癸)라는 10간과 자축인묘진사오미신유술해(子丑寅卯辰巳午未申酉戌亥)라는 12지를 합쳐서 만든 것이다. 수학의 원리에 의해 10과 12라는 숫자 두 개를 조합하면 60이라는 숫자를 얻게 되어 있다. 문제는 60이라는 각각의 요소에 어떠한 뜻이 있느냐이다.

전설에 의하면, 중국의 황제가 우리 나라의 치우씨와 싸우는 과정에서 간지가 탄생했다고 한다. 황제는 치우씨에게 패하여 멸망 직전에 이르자 하늘에 빌었는데, 하늘은 황제에게 천간 10자와 지지 12자를 내려주었다. 황제는 이것을 병법에 응용해 치우씨를 물리쳤다는 것이다. 이것이 간지의 기원이다. 중국의 옛 도시 발굴 결과 간지는 이미 수천 년 전부터 사용되었던 것이 분명하다.

필자는 어려서부터 간지에 대해 상당한 매력을 느껴 왔다. 간지는 신비 그 자체였던 것이다. 전설이 말해 주듯, 간지는 성인을 능가하는 어떤 지혜가 함유되어 있는 것처럼 보인다. 그래서 필자는 언제나 간지의 뜻을 깨닫기를 희망했다.

일반적으로 천간은 하늘의 작용을 10개로 나눈 것이고, 지지는 땅의 작용을 12개로 나눈 것이라 한다. 말하자면 하늘의 숫자는 10이고, 땅의 숫자는 12라는 뜻이다. 이는 주역에서 말하는 천3 지2라는 내용과 비슷하다. 그러나 연관성은 눈에 띄지 않는다. 다만 천간은 오행을 둘로 나누었다는 것이고, 지지는 그냥 12개라든가, 혹은 6기(六機)라는 것을 둘로 나누었다는 것이다.

어느 것이든 시원한 해명이 없다. 어째서 오행이 천인가? 또한 6기는 어째서 지인가? 하늘은 둥글다는 설명과 땅은 모나다는 설명과 연관시켜도 5와 6은 나오지 않는다. 보통 사람들은 이런 일에 신경 쓰지 않는 것 같다. 그저 천간과 지지가 있고, 그것은 달력에 쓰이는 것이며, 따라서 생년월일시를 간지로 나타낼 수 있고, 그것을 해석하여 운명을 알 수 있다고 간단히 말해 버릴 뿐이다.

그러나 필자에게 이런 설명은 통하지 않았다. 천은 어째서 오행인가? 지는 어째서 6기인가? 이 질문에 확실한 대답이 없으면 절대로 믿을 수 없었다. 쉽게 생각하기에, 오행이란 2차원 평면의 범주화로 나타낼 수 있다. 즉, 동서남북과 중앙이다. 오행이 먼저인지 동서남북이 먼저인지 무어라 말할 수 없지만, 결과적으로는 일치하는 범주이다. 또한 6기라는 것은 3차원 공간 요소 6개로 볼 수 있다. 그리고 주사위를 돌려 가면서 보면 한 평면당 5개의 요소가 있으니 30이 나올 수 있다. 30에 음양이라는 것을 도입하면 60이 된다. 이 외에도 여러 가지 방법으로 5와 6을 설명할 수 있다.

 하지만 이처럼 우연히 만들어진 것은 결코 범주가 될 수 없다. 범주란 필연적이어야 한다. 그리고 그것은 공간의 구성과 절대적으로 관련이 있어야 한다. 이러한 조건을 무시한다면 결코 합리적이지 않다. 필자는 다분히 신비주의자이지만, 그렇다고 자연의 합당한 진리를 외면하지는 않는다.

 사실 신비란 심오한 자연의 진리 그 자체를 의미하는 것이다. 사물을 꿈꾸듯 바라보는 것은, 그 사람에게는 신비할지 모르겠지만, 객관적으로 보면 미친 짓이다. 미쳤다는 것과 신비하다는 것은 아주 다르다.

 필자는 30년간이나 주역을 공부해 왔지만, 미친 짓은 아주 질색이다. 자기 자신을 속이면서까지 신비에 빠질 필요는 없다. 학문이란 오로지 규명(糾明)이다. 진리가 아니면 아무리 신비해 보여도 버려야 한다. 간지도 마찬가지이다. 만일 그것에서 모순이 발견되면 버려야 하고, 또한 간지 자체는 합리적인 수순에 의해 자연적으로 등장해야 하는 것이다. 이 장에서는 그것을 살피고자 하는데, 잠시 다른 얘기를 해 보자.

 자연수에 관한 이야기이다. 자연수란 1, 2, 3, 4, 5…… 등으로 물건의 개수를 셀 수 있는 숫자를 말한다. 자연수의 속성이 사물의 개수를 지정해 주는 것이어서, 이것은 범주로 사용할 수 있다. 기실 주역의 모든 체계는 자연수로 이루어져 있다. 간지라는 것도 60개여서 자연수인데, 어디선가 60이라는 체계가 등장해야 한다. 그러나 우리는 먼저 자연수가 무엇인지를 알아야 한다. 다소 어려워서 질문의 뜻조차 이해가 안 되는 사람도 있을 것이다.

여기서 말하는 자연수의 정의와 숫자의 정의는 아주 다르다. 흔히 말하는 숫자는 소수점을 포함할 수도 있다. 예를 들어 2.3, 4.11014, 1.235…… 등 소수점을 포함하는 숫자의 개수는 작은 수직선에도 무수히 많다. 우리는 1에서 10 사이를 소수점 숫자로 나누면 끝없이 나눌 수 있다. 예를 들어 1.1, 1.23, 2.45, 2.455, 2.4545, 2.111001147, 2.00011345678 등……. 이러한 수는 헤아릴 수 없이 많다. 하지만 자연수는 한정되어 있다. 1에서 10 사이를 예로 들면 1, 2, 3, 4, 5, 6, 7, 8, 9, 10 열 개뿐이다.

이런 성질 때문에 자연수는 범주로서 사용되는데, 사실 자연수처럼 신비한 것은 없다. 주역도 바로 자연수 체계를 연구하는 학문이다. 자연수에 관한 신비는 수천 년 전부터 많은 철학자나 수학자들에 의해 논의되어 왔다. 자연수란 아주 어려운 개념인데, 최근에 와서야 겨우 그 정의가 이루어졌다. 인류는 수천 년 동안 자연수를 사용해 왔으면서도 그 정의를 내리지 못했다. 자연수의 정의는 수학이 발달한 근대에 와서야 가능했는데, 이것은 바로 범주론의 관점이었다.

자연수를 최초로 완전히 정의한 사람은 페아노라는 유명한 수학자이다. 그의 정의를 보자.

우선 '아무것도 아닌 것'을 ∅라고 하자. 한문으로 무(無)가 바로 ∅인 것이다. ∅자체는 없는 것이다. 그렇지만 인간 의식은 ∅로 표현하고 있다. 아무래도 상관없다. 수학에서는 ∅를 공집합이라고 말한다. 원소가 없다는 뜻이다. 우리는 앞서 태극이 원소가 없는 그 무엇이라는 것을 살펴본 바 있다. 수학에서는 공집합을 0이라고 말한다. 즉, ∅ = 0이다.

그러나 논리 체계란 엄정해야 하는 것이다. 정의가 분명하지 않으면 쥐뿔이나 거북이털 같은 것이 등장한다. 즉, 의미 없는 사물이 등장하는 것이다. 이래서는 논리 질서가 바로 설 수 없다. 더구나 자연수라는 것은 모든 수의 근원이기 때문에 정의가 철저해야 한다.

방금 우리는 0의 정의를 내렸다. 이제부터 이것으로 자연수의 정의를 내릴 수 있다. 0이라는 것은 그 안에 비록 원소는 없으나 우리의 인식이 그것을 바라보고 있다. 그래서 그것을 하나라고 말할 수 있는 것이다. 이러한 논리는 저 유명한 장자(莊子)도 설파한 바 있지만, 오늘날 수학자인 페아노도 이런 방식으로 논리를 전개하고 있다. 페아노의 논리를 보자.

0의 정의는 ∅라는 개념으로 만들어질 수 있었다. 다음으로는 1인데, 이는 0, 그것이 하나라는 것으로 정의할 수 있다. 이것을 수학 기호로 써 보자.

$\{0\} = 1$

이것은 0이 하나라는 뜻인데, { }는 인간이 그것을 인식한다는 뜻이다.

장자는 말했다.

"없는 것은 하나이다. 그리고 없는 것과 하나는 둘이다. 또한 없는 것과 하나와 둘은 셋이다."

이러한 식으로 모든 수에 이를 수 있다. 페아노의 논법은 장자의 논법과 완전히 일치한다. 오늘날 수학자들은 페아노의 정의에 감탄하면서 찬성하고 있다. 그의 정의를 보자.

{0, 1} = 2

따라서 3의 정의는 이렇다.

{0, 1, 2} = 3

이와 같은 방식으로 무한히 많은 자연수를 정의할 수 있을 것이다. 오늘날 수학에서는 이와 같은 정의를 채택하고 있는바, 원소의 개수만으로 자연수의 정의를 내릴 수 있다는 것이 주된 사상이다. 페아노의 정의는 그 일례를 보여 주고 있을 뿐이다. 여기서 개수가 같다는 것은 범주의 개수가 같다는 뜻이다. 범주의 정의도 바로 자연수의 정의에서 등장하는 것이다.

지금까지 우리는 자연수의 정의를 통해서 범주의 정의를 알 수 있었다. 이에 따라 우리는 주어진 문제를 푸는 방법을 얻은 것이다. 즉, 하나의 범주에서 원소의 숫자가 밝혀지면 다른 범주에서 그 숫자를 찾으면 되는 것이다. 예를 들어 간지 60개를 이해하기 위해 어디선가 60개의 범주를 찾으면 된다는 뜻이다. 이제부터 그 방법을 알아보자.

간지 60개는 12×5, 또는 6×10이라는 체제를 갖추고 있다. 우리는 이러한 숫자를 찾으면 된다. 가장 만만한 것은 12라는 숫자인데, 이 숫자는 벌써부터 알고 있었다. 순환군을 보라. 그것들은 12라는 범주를 갖고 있다. 그뿐이 아니다. 이미 군주괘 12개에 대해서는 일일이 지지(地支) 12개 문자가 배당되어 있다. 그것을 써 보자.

子 丑 寅 卯 辰 巳 午 未 申 酉 戌 亥

이것은 우리에게 아주 익숙하다. 이러한 방식은 사실 군주괘 외에도 적용할 수 있다. 왜냐 하면 순환군 자체는 양극(兩極) 순환 체제이기 때문이다. C군을 예로 들어 보자.

☷ ☷ ☷ ☷ ☷ ☷ ☷ ☷ ☷ ☷ ☷ ☷
子 丑 寅 卯 辰 巳 午 未 申 酉 戌 亥

이것은 ☷ 와 ☷ 를 양음으로 놓고 지지를 배당한 것이다. 군주 괘는 ☷ 과 ☷ 를 양음으로 놓고 지지를 배당했다. 이와 같은 방식으로 나머지 D, F, L군에도 지지를 배당할 수 있다. H군만은 제외됐는데, 그것은 4개의 원소로 이루어졌기 때문이다. 결국 12개의 순환 체제를 갖춘 순환군은 5개인데, 그것은 5×12 = 60이라는 내용을 함유하고 있다. 이는 간지 체계와 일치하는 것인데, 문제는 5를 오행과 맞추는 일이다. 이 작업을 시작하자. 우선 순환군 6개의 위상도를 살펴보자.

$$E-D-\binom{F}{L}-C-H$$

이 위상도는 수리 논리와 기하 논리를 적용하여 정밀하게 만들어진 것이다. 그 내용을 다시 보자.

1 2 4 8 16 32······

이 숫자들은 E군의 숫자들이다. 이것의 중간 숫자를 취하면 다음과 같이 된다.

```
1   2   4   8   16   32  ……
     \_/ \_/ \_/ \__/ \__/
      3   6   12   24  ……
```

아래의 수열은 D군이다. 다시 이것의 중간 숫자를 취해 보자.

```
3   6   12   24   48  ……
     \_/ \__/ \__/ \__/
      9   18   36  ……
```

아래 수열은 F군인데, 여기서 또 중간 숫자를 취할 수 있다.

```
9   18   36   7   14   28  ……
     \_/  \__/ \_/ \__/ \__/
      27   54  43   21  ……
```

여기서 아래 수열은 C군이다. 또다시 C군의 중간 숫자를 취하면 다음과 같다.

```
27   54   43   21   42 ……
      \__/ \__/ \__/ \__/
       16   32   63  ……
```

아래 수열은 E군이다. 모든 과정을 보면 다음과 같이 순환한다.

E → D → F → C ───▶ E

H군은 제외되어 있다. H군은 원소가 4개여서 함께 행동(?)하기가 불편하기 때문이다. 이번 기회에 아주 빼 버리고 원소가 12개인 순환군끼리 모여 보자. H군은 중간 숫자 연결 규칙에 위배되어 있기 때문에 빼 버렸다. 다만 D → F는 D → L로 써도 상관없다. L과 F는 원래 같은 순환체를 양 방향에서 바라본 것이기 때문이다. 이제 위상도를 다시 그려 보자.

$$E \to D \to (\begin{smallmatrix}F\\L\end{smallmatrix}) \to C$$

이 그림은 C에서 끝나 있다. H로 나아가지 않는 것이다. 이제 이 그림을 다시 그릴 수 있다.

$$\begin{matrix} & F & \\ E & D & C \\ & L & \end{matrix}$$

이 그림은 E D ($\begin{smallmatrix}F\\L\end{smallmatrix}$) C와 같은 것이다. F와 L은 상하로 떨어져 있는 것이므로 그 사이에 D를 밀어넣은 것뿐이다.

이제 이 그림을 오행도와 비교하자.

```
    F                  火
  E D C   ──▶   木  土  金
    L                  水
```

여기서 당장 알 수 있는 것은 D = 土라는 사실이다. 앞으로 문제는 목화금수(木火金水)를 짝짓기해야 하는 것이다. 먼저 생각할 수 있는 것은 단군 팔괘도의 값이 가장 큰 E군인데, 이는 화(火)에 배당시킬 수 있다. 이것은 오행의 상생 원리인 화생토(火生土)를 설명해 주고 있다. E → D는 주역의 논리이거니와, 화(火) → 토(土)와 일치하는 것이다.

우리는 지금 주역 논리를 근원으로 삼아 오행 논리를 해석하고 있는 중이다.

여기서 잠시 다른 얘기를 해 보자. 오행에 있어 상생(相生)·상극(相剋) 논리는 오랜 옛날부터 사용되어 왔다. 그런데 그 논리적 근원은 밝혀지지 않았던 것이다. 사실 오행에서 말하고 있는 '이긴다', '낳는다'라는 언어의 정의마저 분명치 않다. 생(生)이니 극(剋)이니 하는 것은 그저 개념일 뿐이다. 이들 개념이 수학적으로 정의되어 있지 않다는 것은 큰 문제이다.

필자는 오랜 세월 동안 오행의 상생 상극의 원리를 믿기는 했지만 사용하지는 않았다. 왜냐 하면 주역적 근거를 발견할 수 없었기 때문이다. 필자가 오행의 논리에서 가장 괴로워했던 부분은 토(土)가 관련된 사항이었다. 그것은 화생토(火生土)였는데, 둘레와 중앙 관계가 이렇다는 것이 금방 이해되지 않았던 것이다. 다음을 보자.

⚌ → ⚍ → ⚎ → ⚏ ....▶ ⚌

 이것은 4상(四象)의 전개 과정인데, 여기서는 토(土)가 없다. 게다가 4상에서는 목생화(木生火)·화생금(火生金)·금생수(金生水)·수생목(水生木)이다. 그런데 오행 논리에서는 화생토(火生土)가 돌연 등장한다. 이것을 그림으로 비교하자.

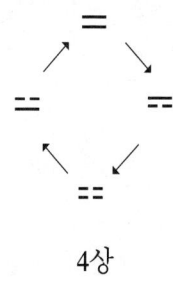

4상

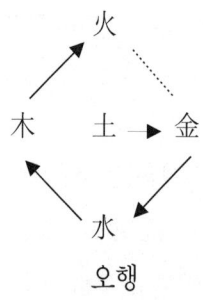

오행

 두 그림은 아주 다르다. 4상도에서는 주역적 구조 논리가 분명하고 완전성이 유지된다. 그러나 오행에서는 대칭성이 파괴되어 있을 뿐 아니라 화(火)가 돌연 중앙으로 향하는 이유가 설명되어 있지 않다.

이런 이유 때문에 필자는 주역을 처음 공부할 때 오행 논리를 배제시켰다. 그것은 분명치 않은 논리를 사용할 수 없기 때문이었다. 그러나 필자는 오행 논리를 반드시 규명하리라 마음먹었다.

이 문제는 그리 쉬운 것이 아니다. 나무를 태우면 불이 되고, 물에서 나무가 나오고……. 이와 같은 유치한 주장으로는 결코 합리성이 인정되지 않는다. 이런 식은 요리법에서 인정될지 모른다. 하지만 고도의 과학 체계인 주역에서는 그러한 설명을 근거로써 채택할 수 없다.

그런데 오행에는 또 다른 문제도 있다. 수치 문제인데, 예로부터 1, 2, 3, 4, 5는 수화목금토(水火木金土)라고 정해져 있었다. 그러나 1이 왜 수(水)인가, 3은 왜 목(木)인가 등이 확실히 설명되어 있어야 하는 것이다. 언뜻 보기에 5보다는 3이 중앙 숫자이다.

1 2 3 4 5

이것을 보라. 어느 숫자가 중앙에 있는가? 여기서 구체적으로 따지자는 것은 아니다. 다만 오행 논리에는 설명되지 않은 것이 많다는 것이다. 그것은 장차 고도의 합리적 원리에 의해 설명되어야 한다. 다만 오행의 상생 문제는 지금 어렴풋이 풀리고 있는 중이다. 그것은 D가 토(土)로서 정해지고, 또한 E → D라는 과정 논리가 성립되기 때문이다. 나중에 더욱 정밀한 논리가 필요하겠지만, 현재 대충 이해할 수 있는 것은 오행과 5개 순환군은 서로 짝지을 수 있다는 것이다.

다시 본론으로 돌아오자. 우리는 가장 높은 값을 화(火)라고 결정했는데, 이것을 출발점으로 하면 오행을 모두 정의할 수 있다. 土는 이미 정해졌는바, 이것은 D이다. E는 화(火)인데, 화(火)의 반대는 수(水)이다. 따라서 C를 수(水)와 짝지을 수 있다. 그리고 D → F는 토생금(土生金)이므로 F를 금(金)으로 정할 수 있는 것이다. 금(金)이 정해지면 목(木)은 자동이다. 서로 반대이기 때문이다. 따라서 L은 목(木)이 된다. 모든 것을 정리해 보자.

$$
\begin{array}{ccc} & F & & & 金 \\ E & D & C & \longrightarrow & 火 \quad 土 \quad 水 \\ & L & & & 木 \end{array}
$$

이 그림은 E = 화(火), D = 토(土), F = 금(金), C = 수(水), L = 목(木)을 의미한다. 이렇게 해서 오행의 실체가 규명된 것이다. 또한 오행에 익숙한 사람에게는 오행을 통해 순환군 5개의 의미를 이해한 셈이다. 다만 우리는 순환군 → 오행, 이와 같은 과정으로 이해해야 한다. 왜냐 하면 순환군 5개는 주역의 논리로써 이루어져 있지만 오행은 근거 없이 말로 이루어진 체계이기 때문이다.

우리는 이제 오행을 주역의 괘상으로 이해할 수 있게 되었다. 그것은 다음의 과정으로 이끌어 준다.

E → 화(火) → 병정(丙丁)
D → 토(土) → 무기(戊己)
F → 금(金) → 경신(庚辛)
C → 수(水) → 임계(壬癸)
L → 목(木) → 갑을(甲乙)

여기서 갑을병정…… 등은 오행의 음양으로 정의되어 있는 요소이다. 소위 천간이라는 것인데, 신비의 문자이다. 이제 그 신비가 풀리고 있는 중이다. 다음을 보자.

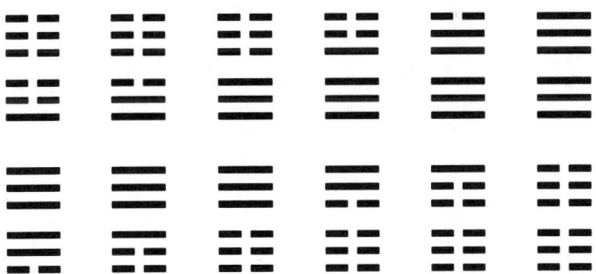

이것은 우리의 단골 메뉴인 군주괘인데, 여기에는 중요한 사실이 숨어 있다. 획수를 세어 보자. 음은 2획(--)이고, 양은 1획(—)이다.

☰ → 11 → 양수

☷ → 10 → 음수

☷ → 9 → 양수

☷ → 8 → 음수

☰ → 7 → 양수

☷ → 6 → 음수

☰ → 7 → 양수

☷ → 8 → 음수

☳ → 9 → 양수

☶ → 10 → 음수

☵ → 11 → 양수

☵ → 12 → 음수

 무엇이 보이는가? 숫자를 보지 말고 그 성질을 보라. 홀수·짝수가 교대로 나타나고 있지 않은가! 이것은 예외 없이 일정하게 나타나고 있다. 다음을 보자.

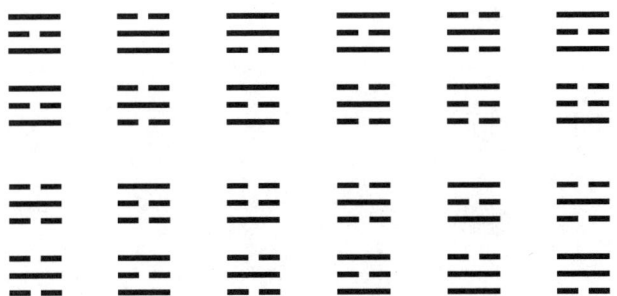

이것은 C군인데, 오행의 수(水)로 밝혀진 것이다. 이들의 수치를 보면 다음과 같다.

☷ → 8 → 짝수

☶ → 9 → 홀수

☵ → 8 → 짝수

☳ → 9 → 홀수

☴ → 10 → 짝수

☲ → 9 → 홀수

☱ → 10 → 짝수

☷ → 9 → 홀수

☷ → 10 → 짝수

☷ → 9 → 홀수

☷ → 8 → 짝수

☷ → 9 → 홀수

이상에서 보듯이 C군도 홀짝이 정확히 교대로 나타난다. 다른 군들도 마찬가지인데, 그것을 확인하기 전에 먼저 살펴볼 것이 있다.

子 丑 寅 卯 辰 巳 午 未 申 酉 戌 亥

이것은 12개의 원소를 갖는 지지(地支)인데, 순환군 원소와 일치한다. 그런데 주목할 것은 지지에는 음양이 정해져 있다는 것이다.

자(子) → 양
축(丑) → 음
인(寅) → 양
묘(卯) → 음
진(辰) → 양

사(巳) → 음
오(午) → 양
미(未) → 음
신(申) → 양
유(酉) → 음
술(戌) → 양
해(亥) → 음

이들 내용으로 인해 지지와 순환군은 정밀하게 짝지을 수 있다. 군주괘에 대해 맞추어 보자.

☷ → 양 → 자(子)

☷ → 음 → 축(丑)

☷ → 양 → 인(寅)

☷ → 음 → 묘(卯)

☳ → 양 → 진(辰)

☰ → 음 → 사(巳)

☰ → 양 → 오(午)

☱ → 음 → 미(未)

☲ → 양 → 신(申)

☳ → 음 → 유(酉)

☴ → 양 → 술(戌)

☵ → 음 → 해(亥)

이와 같은 과정은 C군에도 적용할 수 있다. C군에 있어 사(巳)→☶ 이다. 모든 과정은 독자들이 각자 해 보라. 여기서는 지면을 아끼고 다음으로 넘어가자.

이번에는 천간(天干)을 다루겠는데, 순환군과 천간은 이미 짝짓기를 마친 상태이다. E군의 경우 병정(丙丁)이고, 병(丙) → 양, 정(丁) → 음이다. 이제 이 내용을 E군에 접합시키자.

☷ → 양 → 자(子) → 병(丙) → 병자(丙子)

☷ → 음 → 축(丑) → 정(丁) → 정축(丁丑)

☷ → 양 → 인(寅) → 병(丙) → 병인(丙寅)

☴ → 음 → 묘(卯) → 정(丁) → 정묘(丁卯)

☳ → 양 → 진(辰) → 병(丙) → 병진(丙辰)

☲ → 음 → 사(巳) → 정(丁) → 정사(丁巳)

☰ → 양 → 오(午) → 병(丙) → 병오(丙午)

☱ → 음 → 미(未) → 정(丁) → 정미(丁未)

☵ → 양 → 신(申) → 병(丙) → 병신(丙申)

☶ → 음 → 유(酉) → 정(丁) → 정유(丁酉)

☷ → 양 → 술(戌) → 병(丙) → 병술(丙戌)

☴ → 음 → 해(亥) → 정(丁) → 정해(丁亥)

이상에서 보면 지지 12개는 순환하는데, 천간은 순환하고 있지 않다. 이유는 천간 지지의 성질 때문인데, 지지는 자체 순환이고, 천간은 순환군 사이를 뛰어넘고 있다. 그래서 천간이라 했을까? 어쨌건 같은 방식으로 D군을 따져 보자. D군은 土인바, 이것은 무기(戊己)로 나타난다.

☷ → 음 → 사(巳) → 기사(己巳)

☳ → 양 → 오(午) → 무오(戊午)

☱ → 음 → 미(未) → 기미(己未)

☶ → 양 → 신(申) → 무신(戊申)

☵ → 음 → 유(酉) → 기유(己酉)

☴ → 양 → 술(戌) → 무술(戊戌)

☲ → 음 → 해(亥) → 기해(己亥)

☷ → 양 → 자(子) → 무자(戊子)

☳ → 음 → 축(丑) → 기축(己丑)

☱ → 양 → 인(寅) → 무인(戊寅)

☰☰ → 음 → 묘(卯) → 기묘(己卯)

☰☰ → 양 → 진(辰) → 무진(戊辰)

　이상으로 D군의 간지(干支)를 정했다. 이와 같은 방식으로 모든 군에 대해서도 간지를 정할 수 있는데, F → 경신(庚辛), L → 갑을(甲乙), C → 임계(壬癸)로 나타난다. 그러나 여기서 그만 생략하기로 하고 이제 모든 군들을 정리하자.
　그 방식은 갑을병정…… 과 자축인묘……를 차례로 합치는 매우 고전적인 방법이다. 즉, 동양에 있어 가장 신비한 문자인 60갑자는 달력에 쓰이는데, 이는 모든 날짜에 각각의 의미를 나타낸다.
　서양에서는 1965년·1978년 등과 같이 숫자를 쓰고 있다. 숫자는 60갑자와는 달리 별다른 뜻이 없다. 그저 예수가 태어난 해를 중심으로, 그 이전을 기원 전(B.C.)이라 하고, 그 이후를 기원 후(A.D.)라 일컬어지며, 그 때부터 1년씩 더해져 현재에 이르고 있을 뿐이다. 그러나 동양에서는 연월일시에 60갑자를 배당해서 각각의 시간에 알맞은 뜻을 나타낸다. 60갑자는 원래 그 자체에 뜻이 담겨 있으므로 이것을 날짜에 붙이면 그 또한 뜻을 갖게 되는 것은 당연한 일이다.
　간지가 이렇듯 날짜에 뜻을 부여하기 위해서는 천체 운행을 정확히 살펴야 한다. 무작정 아무 해를 갑자로 정해서는 안 된다. 갑(甲)에도 자(子)에도 각기 다른 뜻이 있기 때문이다. 왜냐 하면 그것은 음양의 논리로써 분명히 정의된 개념인바, 아무 곳에나 갖다 쓸 수는 없다. 천체의 경우 간지를 붙이려면 사실상 천체의 조건이 수반되어야 한다. 그렇지 않으면 간지란 한낱 이름만 남게 될 것이다.

그 예로 일주일을 7일로 나누어 월화수목 금토일로 붙인 것은 아무런 뜻이 담겨 있지 않다 그저 이름일 뿐이다. 월요일이라고 해서 달과 어떤 관계가 있는 것은 아니다. 다른 요일도 마찬가지이다. 중국에서는 일주일을 제1천일, 제2천일이라 말한다. 이것은 그저 1요일, 2요일이라 말하는 것과 마찬가지이다.

그러나 간지는 이처럼 단순한 이름이 아니라 음양의 구성을 나타내는 치밀한 구조식이다. 좀더 알기 쉽게 풀이한다면, 물을 H_2O라 하고 소금을 $NaCl$이라고 하는데, 간지는 이처럼 구성 성분을 나타낸 분자식이다. 그러므로 물을 $NaCl$이라고 하면 절대 안 된다. 왜냐 하면 $NaCl$은 나트륨과 염소의 결합체이고, 물은 수소와 산소의 결합체이기 때문이다.

간지를 일정한 날짜에 정확히 붙이면 그것은 매우 유용하게 쓰인다. 그 날의 성질을 미리 파악할 수 있기 때문에 사주 팔자나 농사 등에 사용할 수 있다.

그러나 간지를 날짜에 붙이는 방법은 설명하지 않겠다. 왜냐 하면 우리는 단지 간지를 괘상으로 해석하는 방법을 규명하고자 할 뿐이기 때문이다. 그것의 가치는 독자 스스로 판단할 일이다. 만일 간지가 주역과 상관없는 존재라면 우리는 그것에 관심조차 가질 필요가 없다. 간지는 수천 년 간이나 사용되어 온 신비 문자이기 때문에 당연히 주역적 해석이 이루어져야 한다. 이제 모든 괘상에 대해 간지를 붙여보자.

甲子	乙丑	丙寅	丁卯	戊辰	己巳	庚午	辛未	壬申	癸酉
䷁	䷁	䷁	䷁	䷁	䷁	䷁	䷁	䷁	䷁
甲戌	乙亥	丙子	丁丑	戊寅	己卯	庚辰	辛巳	壬午	癸未
䷁	䷁	䷁	䷁	䷁	䷁	䷁	䷁	䷁	䷁
甲申	乙酉	丙戌	丁亥	戊子	己丑	庚寅	辛卯	壬辰	癸巳
䷁	䷁	䷁	䷁	䷁	䷁	䷁	䷁	䷁	䷁
甲午	乙未	丙申	丁酉	戊戌	己亥	庚子	辛丑	壬寅	癸卯
䷁	䷁	䷁	䷁	䷁	䷁	䷁	䷁	䷁	䷁
甲辰	乙巳	丙午	丁未	戊申	己酉	庚戌	辛亥	壬子	癸丑
䷁	䷁	䷁	䷁	䷁	䷁	䷁	䷁	䷁	䷁
甲寅	乙卯	丙辰	丁巳	戊午	己未	庚申	辛酉	壬戌	癸亥
䷁	䷁	䷁	䷁	䷁	䷁	䷁	䷁	䷁	䷁

　이상으로 60갑자에 대한 괘을 모두 열거해 보았다. 예부터 60갑자의 괘상화는 많이 이루어졌었다. 그들은 각자의 논리대로 60갑자를 주역의 64괘에 대비시켰다. 그러나 그 동안 우리가 전재한 방식은 최초로 이루어진 수학적 논리였다.

　예전에는 군주괘 외에 다른 순환군은 아예 없었으며, 60갑자 외에 남겨진 4개의 괘상에 대한 설명도 이 논의와는 전혀 다른 것이었다. 그들은 64괘 중 단순히 ䷁, ䷁, ䷁, ䷁ 4개의 괘상을 빼 놓았을 뿐 구체적으로 60갑자와 60괘를 대비시킨 결과를 내놓지 못했다. 왜냐 하면 단지 60개의 괘상과 1년 360일을 맞추는 작업을 했을 뿐이다.

그 내용에는 12개의 군주괘의 모두 포함되어 있었는데, 나머지 4개의 순환군은 완전히 틀린 것이었다. 그들은 시각적인 논리로 군주괘는 발견했으나 더 이상의 진보는 이루지 못했던 것이다. 그러나 그들이 제외시킨 4개의 괘상도 잘못된 것이었는데, 우리는 그 4개의 괘상이 H군이라는 것을 잘 알고 있다. 그들을 비교해 보자.

옛것은 ☷,☷,☷,☷ 이고 H군은 ☷,☷,☷,☷ 이다. 여기서,

☷ → ☷, ☷ → ☷

는 제법 비슷해 보인다. 또한,

☷ → ☷, ☷

도 조금 비슷한 것 같다. 60갑자 중 예전에 남겨진 4개의 괘상은 그 나름대로 논리가 있지만 수학적이거나 과학적으로 논리 정연하지가 않아서 소개하기조차 민망하다. 그러므로 여기서는 다만 H군과 60갑자의 관계를 조사하자.

60갑자는 5개의 순환군으로 이루어져 있다. H군과 5개 순환군과의 관계를 살펴보면 그 이유를 알 수 있을 것이다. 우리는 특이점 분류라는 방식으로 순환군들의 관계를 살펴보겠다. 특이점 분류 방식은 앞에서도 이미 공부한 바 있다.

제4권 신의 지혜 37

☷ (3, 4) → ☰ → E군

☷ (1, 6) → ☷ → C군

☷ (2, 5) → ☷ → D군

☷ (1, 3) → ☷ → L군

☷ (3, 6) → ☷ → F군

( ) 속의 숫자는 효를 뜻하며 그것이 변하면 우측 괘상으로 된다는 것이다. 이상은 모두 H군의 변환으로 나타났는데, 문제는 그 변환 방식에 모두 규칙성 또는 완전성 존재 여부에 있다. 그것을 파악하기 위해 ( ) 속의 숫자들을 정리하고 좌표를 정해 놓자.

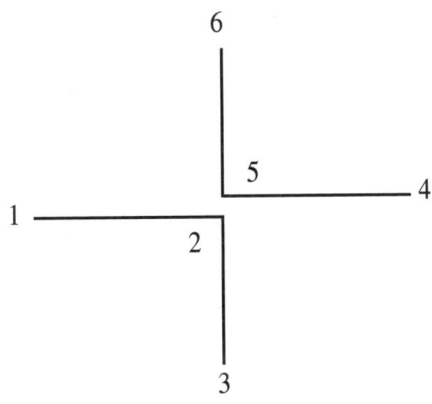

이 좌표는 6효 주사위를 펼쳐 그린 모양이다. 6효 주사위는 마주 보는 면의 값이 보통 주사위와는 좀 다르다. 보통 주사위는 마주 보는 면의 값이 7인 데 반해, 6효 주사위는 5, 7, 9이다. 자세히 살펴보면 다음과 같다.

이 그림에서 1과 4는 지(地), 2와 5는 인(人), 3과 6은 천(天)이다. 주사위는 보통 3차원, 즉 6면체인데, 차원 3개를 서로 직교하여 천인지로 만든 것이 6효 주사위이다. 6효 좌표는 여기에 상하 괘를 나누어 놓은 것이다. 이 좌표는 괘상의 각 효를 2차원으로 보여 주고 있다. 주사위는 보통 서로 마주 보는 면의 값이 모두 7이기 때문에 평등 주사위라고도 할 수 있다. 그러나 6효 주사위는 주사위에 성질을 부여하기 위해 천인지를 나누어 놓은 것이다. 따라서 이것을 불평등 주사위라 해도 좋다. 하지만 6효 주사위를 던진다 해도 각 숫자는 평등하게 나타난다.

좌표 설명은 이것으로 끝내고 그들이 어떤 작용을 나타내는지 살펴보자. 우리는 방금 전 5개의 순환군들이 H군에서 변환될 수 있음을 보았다. 그것을 다음과 같이 간략하게 간추려 보자.

E → (3, 4)
C → (1, 6)
D → (2, 5)
L → (1, 3)
F → (4, 6)

여기서 문제는 위의 숫자들이 어떤 의미가 있느냐이다. 이것을 알아보기 위해서는 6효 좌표가 필요하다.

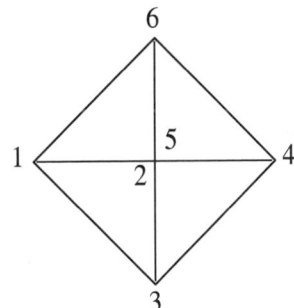

이것은 현대 수학의 x, y, z좌표인데, 여기서 네 변의 주소를 보자. 네 변은 수학적 표현으로 (1, 3), (3, 4), (4, 6), (6, 1)이고, 중앙은 (2, 5)이다. 이것은 우리가 방금 정리한 5개 순환군 변환과 완전히 일치한다. 다만 네 변의 표현에서 ( ) 속의 숫자는 거리를 뜻하지만 5개 순환군에서는 변환 요소를 의미한다. 그러나 위상적 의미는 전적으로 같다.

따라서 5개 순환군은 네 변과 중앙을 나타낸다고 할 수 있다. 이것이 바로 H군으로부터 변화된 5개 순환군의 규칙성인 것이다. 그 규칙성은 완전성과 중앙 교차성을 완벽하게 나타내고 있다. 결론적으로 말하면 E, C, D, F, L군은 H군으로부터 변환된 것인데, 그 내용은 4방과 중앙이라는 위상 지점을 나타내고 있다. 이것은 오행 4방과 중앙을 의미한다는 것과 완전히 일치한다.

이제 우리는 5개 순환군이 태고의 개념인 오행이라는 것을 알게 되었다. 그러나 5개 순환군의 잠재된 내용은 끊임없이 파헤쳐야 한다. 그것은 결국 인류가 오랫동안 사용해 온 오행의 뜻을 더욱 깊게 이해하는 결과를 가져올 것이다.

이제 우리는 5개 순환군, 즉 오행 괘상이 H군으로부터 유도된다는 사실을 알게 되었기 때문에 H군을 근원으로 삼을 수 있고, 이것을 제외한 60개 괘상은 60갑자와 완전히 일치시킬 수 있다. 60갑자의 뜻이 분명해진 이상 그 응용을 무제한 확장시킬 수 있다. 다음 장에서 실제를 살펴보자.

玉虛眞經 (2)

知者不言 諸不知

잘 아는 사람은 말을 안하고 모르는 사람은 말을 한다.

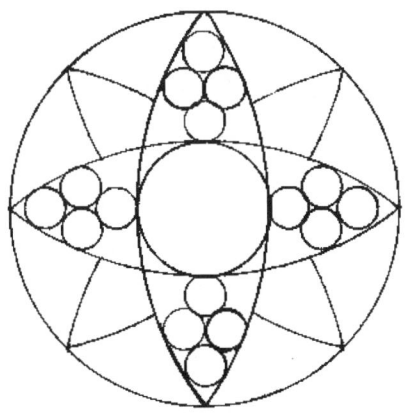

조심스러운 논리

　세 사람의 학자가 기차 여행을 하고 있었다. 기차가 벌판을 가로질러 가는데, 저쪽 편에서 흑염소 떼가 지나가는 것이 보였다. 한참을 달린 기차 앞에 또다시 흑염소 떼가 나타났다. 그 뒤 기차는 하루 종일 달렸는데, 그 때마다 흑염소 떼가 눈에 띄었다. 다음 날도 역시 여행은 계속되었다. 그러나 벌판을 지날 때면 으레 흑염소가 보였고, 세 사람은 그것을 물끄러미 바라보고 있었다.
　그 때 함께 여행하고 있던 생물학자가 말했다.
　"이 나라의 염소는 모두 흑염소이군."
　그러자 그 옆에 있던 물리학자가 이렇게 말했다.
　"이 나라는 검은 염소가 대부분이군."
　그러자 마지막으로 가만히 듣고 있던 수학자가,
　"이 나라에는 적어도 한쪽 면이 검은 염소가 한 마리 이상 존재하는군."

 이 이야기는 수학자의 철저하고도 조심스러운 사고 방식을 보여준다. 검은 염소를 연속적으로 보았다 해도 기차 안에서만 보았기 때문에 한쪽 면밖에 확인할 수가 없다. 다른 한쪽, 즉 안 보이는 면이 어떤 색인지 누가 알겠는가! 그래서 수학자는 자신이 바라본 면에 대해서만 조심스럽게 얘기했을 뿐이다.

 이에 비해 물리학자의 말은 조심성이 결여되어 있다.

 '검은 염소가 대부분……'

 여기서는 '대부분'이라는 말이 잘못된 것이다. 기껏해야 며칠 기차로 여행한 것뿐인데 '대부분'이라고 말할 수는 없다. 생물학자 역시 그 지방만 흑염소가 있을 뿐 다른 지방에는 흰 염소가 더 많을 수도 있는 것이다. 그러므로 학자의 말은 논리성이 전혀 없다.

 우리는 지금까지 철저한 논리성을 바탕으로 주역을 공부했다. 그런데도 필자는 대충대충 얘기한 것 같아 마음이 놓이지 않는다. 앞서 살펴본 내용을 다시 한 번 보자.

$$\begin{matrix} & & F & & \\ E & D & & C & \\ & & L & & \end{matrix}$$

 이것은 순환군의 위상 배치도로 H군의 변환 특이점 분류에서 재확인되는 내용이다.

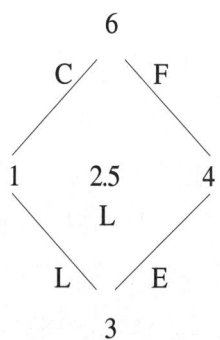

이 그림은 H군에서 해당 숫자 위치의 효가 변하면 나타나는 괘상이다. 예를 들어 ☷에서 3, 4효가 변하면 ☶이 되는데, 이 괘상은 E군에 속한다. H군은 확인된 어떤 논리에 의해서 제외되어 있는 것이었다. 그런 반면 오행은,

火
木 土 金
水

이와 같은 위상 배치도를 이루며 火 → 土 라는 원리를 포함하는 체계이다. 그렇다면 오행이 바로 5개 순환군인가? 두 가지를 비교해 보자.

```
    E            火
L  D  F       木 土 金
    C            水
```

 이들은 서로 같은 것일까? E → D는 확인된 논리이다. 그리고 火 → 土는 예부터 사용하던 내용이다. 그렇다면 E = 火, D = 土인가? 필자는 앞장에서 이러한 과정을 밟아 오행과 5개 순환군을 일치시켰다.

 그러나 무엇인가 아쉽다는 생각이 든다. 옛 사람이 말한 화생토(火生土)라는 상생(相生) 원리는 어디에서 시작되었을까? 그리고 5개 순환군에서 D를 중앙에 배치한 논리는 옳은 것일까? 이러한 것들이 필자의 논리를 혼란스럽게 만들고 있다.

 우리는 이 장의 맨 앞에서 얘기한 여행객 중 어떤 사람에 해당될까? 생물학자인가, 물리학자인가? 또는 수학자처럼 조심스럽게 논리를 전개해 왔는가?

 필자는 마음이 놓이지 않는다. 60갑자는 신비하고, 아름답고, 편리하고, 체계적인 문자이기 때문에 그것을 완벽하게 괘상으로 번역하고 싶다.

 한 가지 문제가 또 있다. 지지(地支)에 있어서 오(午)는 양의 기운이 가장 강함을 일컫는 문자이다. 반면 자(子)는 음의 기운이 가장 강한 것을 표현한다. 그런데 우리는 다음과 같이 단정하고 있다.

☷ → 子, ☰ → 午

이것은 물론 예부터 주장되어 온 논리이다. 그대로 받아들인 것이다. 그러나 문제가 좀 있다. 군주괘에서 가장 양기가 강한 괘는 당연히 ☰이 아닌가! 그리고 음기가 가장 강한 괘는 ☷이다. 그런데도,

☰ → 巳, ☷ → 亥

이와 같은 명명법을 채택하고 있는 것이다. 이에 대해 필자는 유감을 밝혀둔다. 그리고 나중에 이 문제의 당위성을 논의할 것이다.

여기서 잠시 앞장에서 논한 D가 중앙을 차지하는 이유에 대해 좀 더 보충하자. D는 오행에 있어 ±이기 때문에 무엇보다도 중요하다. 그것은 중앙이 결정되어야 다른 것들을 이해하기 쉽기 때문이다. 우리는 D의 중앙 배치 이유를 다음과 같이 설명했다.

$$E \to D \to \binom{F}{L} \to C \dashrightarrow H$$

이 위상도에서 H는 쉽게 제거시킬 수 있다. 그리고 F와 L사이에 D를 집어넣을 수도 있다. 위상적으로는 동치(同値)이기 때문에 결과에는 전혀 변화가 없다.

하지만 이런 위상 논리는 다분히 시각적이다. 좀더 완전한 논리를 찾아야만 한다. 문제는 왜 D가 중앙에 배치되어야 하는가이다. 우선 이 문제를 해결하는 방법을 정리해 두자.

여기 다섯 개의 요소가 있다고 가정해 보자. 그런데 4개의 요소는

서로 비슷하고 나머지 1개는 매우 독특하다. 이 경우 5개 요소를 어떻게 배치하겠는가? 이 문제는 비교적 단순하다. 서로 닮은 4개의 요소는 평등하기 때문에 네 곳에 나누어 배치하면 된다. 그리고 유독 불평등한 1개는 중앙에 배치한다. 이것이 바로 대칭 논리 또는 완전성의 논리이다.

이처럼 만일 D가 독특하고 다른 4개 군이 서로 비슷하다면 D를 중앙에 배치해도 좋으리라! 이제부터 닮은 꼴을 조사하자.

그 전에 먼저 앞에서 논한 내용을 다시 한 번 살펴보기로 하자. 우리는 ☰ ☷ ☵ ☶은 양괘, ☷ ☰ ☲ ☳은 음괘라는 사실을 이미 알고 있다. 고전 주역 원전 주역에 나타난 이 내용을 우리는 철저히 증명해 보았다. 따라서 다시 반복하지는 않고 단지 음괘·양괘만을 밝혀보고자 한다.

☰ ☷ ☵ ☶ → 양괘

음괘는 다음과 같다.

☷ ☰ ☲ ☳ → 음괘

이제 이 개념으로 순환군들을 만들어 보자. 그럼 먼저 E군을 살펴보자.

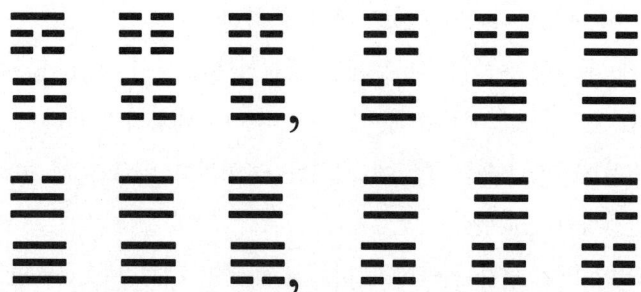

단순하게 괘상을 세 개씩 묶었다. 왼쪽에서 오른쪽으로 전개된다. 이제 E군의 괘상을 다음과 같이 정리하자.

양 음 음 음 음 양
음 음 양, 음 양 양

음 양 양 양 양 음
양 양 음, 양 음 음

이것은 앞의 괘상과 일치할 뿐만 아니라. 전개 순서도 또한 왼쪽에서 오른쪽으로 펼쳐진다. C군을 살펴보자.

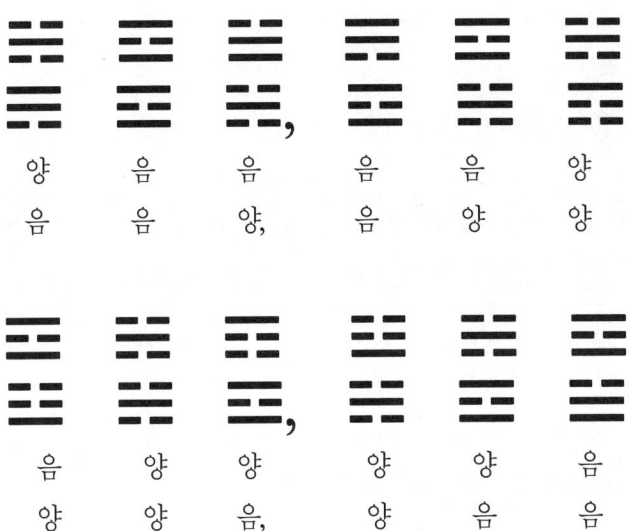

음양을 따지면 E군과 완전히 일치한다. 즉, 닮은 꼴이다. F군을 살펴보자.

양 음 음 음 음 양 음 양 양 양 양 음
음 음 양, 음 양 양, 양 양 음, 양 음 음

어떤가? 앞의 군들과 완전히 일치하지 않는가! 이제 E, C, F군은 서로 닮은 꼴임이 확인되었다. 이제 L군을 살펴보자.

☰☷☷, ☷☷☰, ☷☰☰, ☰☰☷
양 음 음 음 음 양 음 양 양 양 양 음
음 음 양, 음 양 양, 양 양 음, 양 음 음

이처럼 E, C, F, L군들은 서로 닮은 꼴이었다. 이제 남은 것은 D군뿐이다. 이것도 또한 닮은 꼴인지 D군을 살펴보자.

☷☷☰, ☰☷☷, ☰☰☷, ☷☰☰
음 음 양 양 음 음 양 양 음 음 양 양
양 음 음, 양 양 음, 음 양 양, 음 음 양

아무리 살펴봐도 앞의 군과 같은 곳이 없다. 자리를 이동해도 역시 마찬가지이다. D군은 E, C, F, L군과는 전혀 색다른 존재이며, 흐름이 거꾸로 되어 있다. 그러므로 아무리 회전시켜도 다른 군들과 일치하지 않는다.

 그 이유는 무엇일까? 그것은 주역의 신비일 뿐이다. 이제 우리는 독특한 D군의 자리를 지정해 줄 수 있다. 그 자리는 바로 사각형의 중앙밖에 없다.

 이렇게 해서 D군은 중앙을 차지했고, 또한 그 때문에 오행의 土에 해당된다는 것도 입증되었다.

 만일 앞에서 말한 까다로운 수학자가 이 과정을 지켜봤다면 어떻게 말할까?

 "D군이 중앙에 배치된 것은 전혀 틀림이 없다. 다만 나머지 군들에 대해 목화금수(木火金水)를 배당시킨 것을 완전하지 않다."
아마도 이렇게 말했을 것이다. 필자 자신도 이 수학자와 같은 생각이다.

E → 火, F → 金, L → 木, C → 水

이렇게 되기까지는 이유가 좀 약한 것 같다. 그래서 그것을 보강하고자 한다.

☰ (2, 5) → ☷
E   C

☱ (2, 5) → ☳
L   F

여기서 숫자는 효의 변환 위치를 나타낸다. 2, 5는 중앙 변환으로서, 가장 크게 변했다는 의미이다. 중앙 변환에 의해 E, C와 L, F가 생겨났다는 것은 그것들이 서로 가장 멀게 자리잡고 있다는 뜻이다. 오행에서 水火와 木金은 가장 멀게 마주보고 있다. 이로써 E, C와 L, F는 水火와 木金으로 짝지을 수 있는데, 문제는 EC가 水火인지, 木金인지 아직 모른다는 것이다.

D군의 경우 중앙 변환을 취하면 H군이 되는데, 이는 매우 적절하다. H군은 5가지의 변환을 통해 다른 모든 군들을 만들어 내기

때문에 중앙이 된다. D군은 오행의 중앙이어서 짝이 없고 바깥에서 기다리는 H군이 짝이 될 수밖에 없다.

문제는 여전히 4개 군에 있다. 이들의 오행은 어떻게 정해질까? 우선 D군의 변환을 보자.

☷ (1, 3) → ䷗ F
☷ (3, 4) → ䷒ C
☷ (4, 6) → ䷊ L
☷ (6, 1) → ䷓ E

여기서 ( ) 속의 숫자는 효 변환의 자리인데, 이들만 간추려 보자.

(1, 3) (3, 4) (4, 6) (6, 1)

이 수열은 6원소 체계에서 순환을 의미한다. 즉,

F → C → L → E ┈┈▶ F

이것은 4개 군이 둘레를 이루고 있다는 뜻이다. 물론 이들의 오행은 여전히 밝혀지지 못했다. 다음을 보자.

☷☷ → $\begin{matrix} 7 & -7 \\ 7 & -7 \end{matrix}$ → E

☷☷ → $\begin{matrix} 3 & -3 \\ 3 & -3 \end{matrix}$ → C

☳☷ → $\begin{matrix} 5 & 1 \\ 5 & 1 \end{matrix}$ → L

☶☷ → $\begin{matrix} -1 & -5 \\ -1 & -5 \end{matrix}$ → F

여기서 L과 F만 유의해 보자.

☳☷ → $\begin{matrix} 5 & 1 \\ 5 & 1 \end{matrix}$ → L

☶☷ → $\begin{matrix} -1 & -5 \\ -1 & -5 \end{matrix}$ → F

이상에서 L은 양값이 높고 F는 음값이 높다. 이것은 L은 상향, F는 하향이라는 뜻으로 즉시 오행에 적용할 수도 있다. 오행에서 木은 상향, 金은 하향하는 존재이다. 즉,

木 = L, 金 = F

라는 해석에 도달할 수 있다. 이 정도면 최소한 물리학자의 수준에는 이른 것 같다. 다음으로 E와 C를 살펴보자.

☰☷ → $\begin{matrix} 7 & -7 \\ 7 & -7 \end{matrix}$ → E

☷ ☷ → 3 -3 → C
        3 -3

이것을 합해 보면 이렇게 된다.

  14, - 14 → E
   6, - 6 → C

이 수치를 크기 순으로 나열해 보자.

   14 → E
    6 → C
  - 6 → C
  - 14 → E

이것은 C가 중앙에 있고 E는 변두리에 있는 모습이다. 또는 중앙으로 다가가고, 변두리로 멀어지는 것이라고도 할 수 있다. 오행에서 水는 소극적이고 중앙으로 몰려드는 성질이 있다. 火는 적극적이고 크게 퍼져 나간다.

   水 = C, 火 = E

수학자는 고개를 갸우뚱할 것이고 생물학자는 찬성할 것이다. 물리학자는 그저 불만은 없다고 말할 것 같다.

이렇게 5개 순환군에 대해 오행 해석을 모두 끝마쳤다. 다소 미심쩍은 생각이 들지만 오행의 개념을 정할 때 순환군에서 출발했다고 생각하면 틀림이 없다. 순환군의 성질이 원래 그 정도로 표현될 수밖에 없는 것이기 때문에 이것을 명명하면 충분히 논리적으로 볼 수 있다. 다만 오행을 먼저 정의한 상태에서 다시 순환군으로 해석하면 논리가 깔끔하지 못한 법이다.

이것의 관계도를 표시하면 다음과 같다.

$$(순환군) \underset{해석}{\overset{명명}{\rightleftarrows}} 오행$$

당초 오행이란 이상화(理想化)된 개념이다. 또한 순환군은 수학적으로 정의된 개념이고, 오행은 언어적 개념이다. 수학적 개념과 언어적 개념이 만나면 원래 논리가 깔끔하게 이루어질 수 없는 법이다.

玉虛眞經 (3)

大道廢 有仁義 慧智出 有大僞.

큰 도가 폐지되어 인의가 있고, 지혜가 나와서 큰 거짓이 있게 되었다.

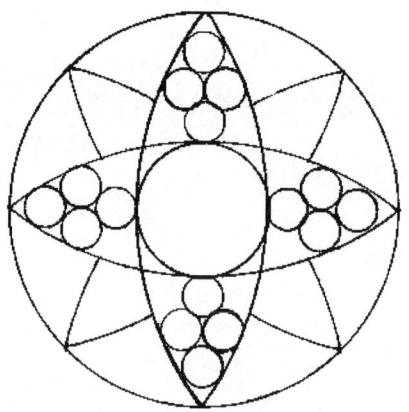

주역의 운명 감정

 우리는 앞서 간지(干支)를 괘상으로 변환시켰다. 그러면 생년월일시를 모두 괘상으로 표현할 수 있어서이고, 그 자체를 해석하는 것만으로도 훌륭한 사주 감정법이 된다. 그 동안 논리적인 주역 공부에만 치중했기 때문에 상당히 지친 독자들도 있을 것이다. 그런 사람에게는 주역의 괘상을 이용한 사주 추명(四柱推命)이 상당히 흥미를 줄 것이다.
 항간의 사주 추명은 흔히 간지술(干支術)이라고도 일컬어지는데, 그것은 간지 해석으로 운명을 논하기 때문이다. 간지 추명은 임의의 간지들을 서로 조합해서 해석하는 것이다. 말하자면 간지 조합에 의미를 부여하는 것이다. 물론 의미를 부여하는 원칙도 없고 논리도 없다. 잠깐 간지술의 현황을 점검하고 넘어가자.
 사주 추명은 크게 두 부분으로 나누어져 있다. 첫째는 간지 조합이고, 둘째는 오행 논리이다. 이 중에서 가장 보기 싫은 것이 간지 조합으로 이유도 없이 마구 제시해 놓고는 신비한 척하여 여간 보기 싫은 것이 아니다. 예를 들어 간지들 중 무엇과 무엇이 만나면 귀인이고, 문창이고, 역마살이 되며, 또는 고독해진다고 말한다. 그러나 이러한 해석이 나오는 이유는 없다. 그저 옛 사람이 책에 써놓았기 때문이다.

필자도 사주법을 공부하였으나 논리가 없어서 아주 질색하고 말았다. 그러나 문자만은 그럴 듯하여 도화살·역마살·태을귀인·문창성 등 화려한 문자가 그득하다. 하지만 간지 조합에 대해 그러한 해석을 부여할 이유가 없다.

논리란 고작해야 오행의 논리가 있는데, 그것은 상생(相生)과 상극(相剋)에 지나지 않는다. 필자는 이것도 마음에 들지 않았다. 상생이니 상극이니 하는 것은 수학이나 물리학적 개념도 아니고 일부러 설정한 언어적 개념일 뿐이다. 논리 전개도 도저히 납득할 수 없는 것투성이이다.

나무가 타면 불이 되고, 불이 굳으면 흙이 되고, 흙 속에는 금속이 있으며, 금속이 다시 물이 되고, 물이 변하여 나무가 된다는 식이다. 필자는 상당히 부끄러움을 느꼈다. 이런 엉터리 논리로 다른 사람의 사주를 봐 준다면 분명히 거짓말밖에는 안 될 것이기 때문이었다. 물론 필자 자신도 그런 방식은 절대 믿지 못한다. 단지 남에게는 신비한 척 속일 수는 있다.

앞으로 좀더 많이 논의되겠지만 오행의 상생·상극의 원리는 쉽게 이해되지 못할 것이다. 왜냐 하면 오행이나 상생·상극도 전혀 정의된 개념이 아니기 때문이다. 그리고 그들 간에 이기고 지는 이유도 꿈 해몽에 불과하다.

예를 들어 흙은 물을 이긴다고 되어 있는데, 여기서 이긴다는 것은 바로 막는다는 뜻일 것이다. 하지만 흙으로 막든지, 나무판자로 막든지 상관없다. 또한 나무가 흙을 이긴다는 의미는 나무 뿌리가 땅을 파고 들어갈 수 있다는 뜻이다. 아무튼 상극의 정의는 정확히 내릴 수 없지만 개념은 이해할 수 있을 것 같다.

다음을 보자.

물을 (막는다)
불을 (끈다)
금속을 (녹인다)
나무를 (꺾는다)
흙을 (파헤친다)

( ) 속에 있는 것은 한마디로 없애 버린다, 또는 이긴다라는 뜻이 될 수도 있다. 상생도 이와 비슷한 방식으로 개념화할 수 있을 것이다.

나무를 태우면 (불이 일어난다)
물을 주면 (나무는 자란다)
용암 불덩이가 나오면 (흙이 생긴다)
흙을 파보면 (금속이 있다)

금속을 녹이면 (액체가 된다)

간지 조합에 막연히 해석을 붙인 것보다는 다소 논리적이다. 우리는 앞서 오행의 근거로 살펴본 바 있다. 순환군 논리를 그로써 간지까지 괘상화를 이룩할 수 있었던 것이다. 괘상화가 이루어지면 사물의 해석은 자연히 이루어지므로 사주를 해석할 수 있게 된다.

운명은 인간이 태어난 해와 달, 날짜와 시간에 의해 분명히 영향을 받는다. 이는 생물학적으로 확실히 밝혀진 사실이다. 예를 들어 과학자들은 어떤 생물을 조사하여 현재의 시간이나 날짜 등을 알아 맞출 수 있다. 좀더 진일보한 연구가 진행되면 달이나 해를 맞출 수도 있을 것이다. 그러나 현재 상태로는 추측에 불과하다.

운명도 사주 해석과 완전히 부합하는지도 한계는 알 수 없다. 다만 사주는 태어난 시각에 대한 일반적인 성향을 해석해 주는 것이기 때문에 운명 해석과 유사하다.

이제 사주 해석에 대해 살펴보자. 사주를 뽑는 법은 논하지 않겠다. 그것은 대개 자신의 사주를 알고 있을 것이기 때문이다. 모르면 철학관이나 서점에 가서 책을 슬쩍 살펴보라.

이제 자신의 사주를 안다고 가정하고 시작해 보자. 예를 들어 을축년(乙丑年) 갑자월(甲子月) 병인일(丙寅日) 계묘시(癸卯時)라 하자. 항간의 사주법은 이들을 배합해서 그 뜻을 알아낼 것이다. 물론 여기에는 아무런 뜻도 없다. 하지만 우리가 현재 논의하는 사주법은 100% 진리라고 할 수는 없지만 기존 사주법보다는 좀더 확실한 근거가 있다.

먼저 앞서 공부한 도표를 사용하여 주어진 간지를 괘상으로 전환시켜 보자.

을축년(乙丑年) → ䷗
갑자월(甲子月) → ䷗
병인일(丙寅日) → ䷗
계묘시(癸卯時) → ䷗

이상으로 사주의 괘상화가 이루어졌다. 이것은 그 사람의 운명 성분이라고 할 수 있는데, 이 성분을 배합함으로써 그의 운명을 이해할 수 있다. 우선 괘상을 배합하기 위해서는 먼저 괘상을 정렬시켜야 한다.

여기서 연원일시의 순서로 운명 전개를 나타낼 수 있는데, 그러기 위해서는 우선 괘상을 배합해야 한다. 배합하는 방법을 살펴보자. 먼저 연주괘 ䷗ 에서 아래 괘를 취한다. 그 다음은 다른 기둥의 상괘를 가져온다.

이것이 1단계이다. 2단계는 연주의 상괘를 취하고 다른 기둥에서 하괘를 가져온다.

위에서 같은 괘가 두 개 나타났는데, 월과 시의 괘상 아래가 모두 ☷이기 때문이다. 이상 여섯 개의 괘상은 연주에서 얻어지는 괘상 배합이다.

다음은 월주의 괘상 배합을 만들어 보자. 방법은 연주와 마찬가지 이다. 먼저 월주의 하괘를 취하고 일시년에서 상괘를 가져온다.

이것은 월주 1단계이다. 2단계는 월주 상괘를 취하고 다른 곳에서 하괘를 가져온다.

이렇게 해서 월주의 괘상 배합 6개를 모두 얻었다. 일주와 시주도 이와 같은 방법으로 괘상 배합을 얻을 수 있다. 그것을 모두 배합해 일주를 나타내 보자.

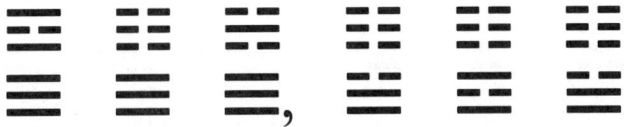

시주도 괘상으로 나타낼 수 있다.

이렇게 해서 사주에 대한 괘상 배합이 모두 얻어졌다. 이것을 모두 정렬시켜 보자.

64 주역 원론

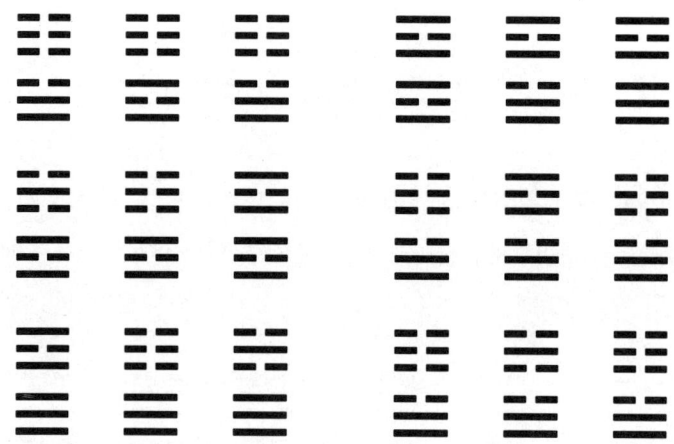

 이상으로 사주 배합을 모두 정렬시켰는데, 이것은 그 사람의 운명 성분이다. 다른 종류만 골라내면 모두 몇 가지나 될까?

 이 사람의 경우 운명 성분은 9개인데, 특히 ䷁이 8개나 들어 있어 특징을 보이고 있다. ䷁, 이 괘상은 연못이 땅 속 깊이 자리잡고 있어 지극히 안정되어 있다. 바다와 같은 안정을 이루고 있는 것이다. 이런 사람은 평생 안정된 삶을 영위하게 된다. 큰 건물을 소유하고, 고향에서 살며, 직업의 변화가 거의 없고, 자식이 지도층 인사가 될 것이다.
 나머지 괘상은 일일이 해석하지는 않겠지만 이 사람은 대체로 운수가 좋다. 여자라면 미색도 겸비했을 것이다. ☳ 는 여자에게 있어서 미를 상징하는 괘상이고, ☲ 은 바다에서 떠오르는 괘상이니 명성을 얻을 것이다. 인기 있는 사람은 ☲ 이 괘상으로 표현된다.

여기서 유의해야 할 것은 어떠한 괘상이든 배합에 나타난다면 2개가 최소한이라는 것이다. 그 외에 괘상 배합에서는 어떠한 내용이 있는가 살펴보자.

A B C D
A' B' C' D'

이것은 사주의 상하 괘를 표현한 것이다. 배합을 취하면 다음과 같다.

A A A   B B B   C C C   D D D
B' C' D'   C' D' A'   D' A' B'   A' B' C'

B C D   C D A   D A B   A B C
A' A' A'   B' B' B'   C' C' C'   D' D' D'

이 괘상 조합은 모두 24개이지만 중복되는 것이 두 개씩 있으므로 12개가 된다. 이는 최대 숫자이므로 어떤 사람이든지 운명 성분이 12개는 넘을 수 없다. 운명 감정에 취미가 있는 사람은 64괘에 대해 인간 사회적 해석표를 미리 준비해 둘 필요가 있다.

주역에 의한 사주풀이에는 시간을 포함시킬 수 있는데, 이는 세월에 따라 운명이 변하는 것을 해석하는 방법이다. 먼저 매년 변화하는 운수를 보기 위해서는 해당되는 연도를 괘상으로 만들고 시작한다. 해당 연도의 괘상을 $\frac{E}{E'}$ 라고 하자. 이것을 본래 사주와 함께 쓰면,

A B C D
A' B' C' D'

   E
   E'

이제 그림과 사주의 괘상을 배합하면,

A B C D
E' E' E' E'

E E E E
A' B' C' D'

이와 같이 8개의 괘상을 얻는다. 이것이 바로 해당 연도의 운수이다. 이 방법을 사용하면 한 사람의 운수를 1년씩 평생 동안 계산할 수 있다. 원한다면 매달의 운수도 계산할 수 있다. 먼저 해당 월을

괘상으로 바꾼 후 사주와 배합한다. 해당 월의 괘상이 $F \atop F'$ 라고 하고 사주와 함께 써 보자.

A B C D
A' B' C' D'

 F
 F'

이것을 배합하면,

A B C D
F' F' F' F'

F F F F
A' B' C' D'

 이와 같이 해당 월의 운수에 대한 8개의 괘상을 얻는다. 이와 같은 방법으로 1년 12개월을 다 계산할 수 있다.
 다만 괘상을 해석할 때는 유의할 사항이 있다. 월의 운수를 볼 때는 그 해의 운수를 염두에 두어야 한다는 것이다. 예를 들어 해당 월의 운수가 '다행'이라고 나타날 때 그 해의 운수가 '불행'이면 총 운수는 '불행 중 다행'인 것이다. 그것은 연(年)이 먼저 있고 달이 나중에 있기 때문이다.

  마찬가지로, 매일의 운수를 해석할 때에는 조금 번거롭지만 그 달의 운수를 감안해야 한다. 하지만 그 해의 운수를 약간만 참조하고 당월을 깊게 음미하는 것이 좋다. 또한 어느 경우에는 아예 당월의 괘상만 신경 쓰면 된다.

  이제껏 살펴본 시간 사주를 정리하자.

$$\begin{matrix} A & B & C & D \\ A' & B' & C' & D' \end{matrix} \quad \rightarrow \quad 사주$$

$$\genfrac{}{}{0pt}{}{E}{E'} \text{ 해당 연} \quad \genfrac{}{}{0pt}{}{F}{F'} \text{ 해당 월} \quad \genfrac{}{}{0pt}{}{G}{G'} \text{ 해당 일이면,}$$

$$\left.\begin{matrix} A & B & C & D \\ E' & E' & E' & E' \\ \\ E & E & E & E \\ A' & B' & C' & D' \end{matrix}\right\} \rightarrow \quad 시간\ 연\ 사주$$

$$\left.\begin{matrix} A & B & C & D \\ F' & F' & F' & F' \end{matrix}\right.$$

```
F  F  F  F  ┐
A' B' C' D' ┘  →  시간 월 사주


A  B  C  D  ┐
G' G' G' G' │
            │  →  시간 일 사주
G  G  G  G  │
A' B' C' D' ┘
```

이제 시간 사주를 모두 정리했는데, 더 원한다면 24시간 사주도 만들 수 있다.

사주 전체를 해석하는 방법은 다음과 같다.

첫째, 시간을 포함하지 않은 사주 배합 괘상(12개)에 비중을 많이 두어야 한다. 이것은 평생 변치 않는 그 사람의 운명 성분이다. 이를 바탕으로 시간 운수도 발생한다.

둘째, 시간을 포함한 경우에는 연월일 등의 비중을 두어 해석하면 된다. 흥미가 있는 독자라면 자신의 운명 도표를 만들어 매달 사용할 수도 있다. 운수가 100% 맞지 않는다 하더라도 어느 정도 참작하면 나쁘지도 않을 것이다. 또는 해당 시간에 나타난 괘상을 공부의 대상으로 삼아도 좋을 것이다.

이제 사주 공부를 마치자. 이 장에서 공부한 괘상 배합법은 잘 활용하면 무궁 무진한 묘미가 있을 것이다. 하지만 괘상을 뽑아 놓고 그것을 해석할 줄 모른다면 무슨 소용이 있으랴! 그러니 괘상 공부를 더욱 열심히 해야 한다.

玉虛眞經 (4)

見素抱樸 少私寡欲

소박함을 보고 안으며, 자신을 적게 하고 욕심을 버린다.

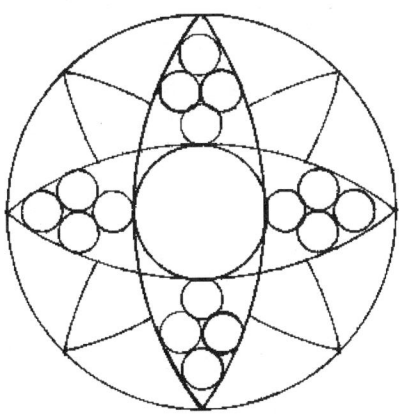

오행의 원리

　오행은 아주 편리한 존재이다. 단지 과학적 논리가 약하다는 것이 흠이다. 특히 오행의 상생·상극 원리는 너무나 사변적이다. 앞서 얘기한 수학자라면 오행은 아무 짝에도 쓸데없다고 내동댕이칠 것이다. 그러나 오행의 체제는 너무도 편리하여 버리기 아깝다.
　만일 오행의 체계가 수리과학적으로 충분히 의미가 있다면 그것을 사용해도 좋을 것이다. 이제부터 그것을 고찰하자. 주역을 공부하는 사람이 마땅히 해야 할 일인 것이다. 만일 오행을 주역과 결부시킬 수 없다면 그것을 버릴 수밖에 없다.
　왜냐 하면 주역은 모든 사물을 해석할 수 있는 것인데, 오행이 주역으로 해석될 수 없다면 그것은 허망한 존재에 불과할 것이기 때문이다. 이 세상에 번역할 수 없는 언어가 있을까? 올바른 언어라면 반드시 해석할 수 있을 것이다. 미친 사람이 자기도 모를 소리를 지껄이는 것은 언어가 아니다. 마찬가지로, 오행도 헛소리가 아니라면 주역으로 해석이 가능할 것이다.

필자는 오행의 연구에 20년 동안이나 매달렸었다. 오행이란 목(木) 화(火) 토(土) 금(金) 수(水)라고 하지만, 이렇게 문자로 만들어 놓고 그것을 범주로 사용하자고 하면 근거가 없는 것이다. 그런 방법으로는 많은 범주가 만들어질 수 있다.

예를 들어 인도의 범주는 지(地) 수(水) 화(火) 풍(風)이다. 오행과 비교하면 금(金) 목(木)이 없고 풍(風)이 들어가 있다. 범주라는 것은 그것이 만들어지기 전에 먼저 타당한 이유가 있어야 한다. 생각나는 대로 아무거나 그럴 듯하게 꾸며댈 수는 없는 노릇이다.

오행은 자연계에서 볼 수 있는 중요한 요소들인데, 거기에는 공기가 빠져 있다. 하늘과 땅을 빼놓는다 해도 공기, 즉 풍(風)은 빼놓을 수 없는 존재이다. 주역에는 8개의 범주가 있지만 이는 어디까지나 음양 삼획이라는 수리 논리 구조에서 등장한 수치이다.

오행의 근거는 무엇인가? 팔괘의 경우 3차원 공간 성분으로 그 내용을 설명할 수 있다. 즉,

(x, y, z) $(-x, y, z)$ $(-x, -y, -z)$ $(x, -y, z)$ $(x, y, -z)$
$(x, -y, -z)$ $(-x, y, -z)$ $(-x, -y, z)$

등이다. 이것은 삼차원 공간 성분 x, y, z로 이루어져 있다. 여기에 중앙을 추가하면 9가 되고, 또한 바깥을 더하면 10이 된다. 오행의 경우는 2차원 공간 요소와 그 중앙에 의해 구성될 수 있다.

(x, y) (- x, - y) (- x, y) (x, - y)

그리고 (0)

이다. 여기서 (0)은 중앙을 의미한다. x, y는 2차원 직교 성분이다. 차원 성분은 자연의 보편적 범주이다. 이것으로 모든 운동을 나타낼 수 있으며, 위상 공간에서 차원을 넓히면 우주의 모든 사물을 해석할 수 있게 될 것이다.

우리는 3차원 공간의 8요소를 시간 중복을 통해 주역 체계를 구성할 수 있었다. 오행이란 2차원 체계인데, 그것에 시간성은 포함시키지 않았다. 단지 오행에는 그 작용을 간략하게 정리해 놓았기 때문에 사물의 성질을 개략적으로 보기에 편리하다.

오행의 원리는 상생과 상극 두 가지가 있을 뿐이다. 여기서 우리는 상생이나 상극이 과연 무슨 뜻인지 살펴봐야 할 것이다. 정의(定義)를 분명히 하자는 뜻이다.

예를 들어 물질의 정의를 따져 보자. 이에 대해 물리학자들은 다음과 같이 말한다.

"물질이란 공간을 차지하고 있는 것이다."

참으로 단순한 대답이지만 확실한 것 같다. 물질의 정의는 공간이라는 절대 범주를 사용했다.

그렇다면 공간이란 무엇인가? 거리가 있는 것이다.

또 거리는 무엇인가? 그것에 대해서는 수학적인 정의가 내려져 있다. 즉, A와 B라는 사물이 있을 때 그들 사이에 C가 있으면 이것을 거리라고 한다. 이 때 C = 0이면 A = B가 되고 거리는 존재하지 않는다. 그런데 이 정의도 사실은 엄밀하지 못하기 때문에 수학자들은 받아들이지 못한다. 공간에 대한 완벽한 정의가 있지만 너무나 수학적이어서 생략하겠다.

우리는 오행의 상생·상극을 다루고 있는바, 그 정의는 엄밀해야 한다. '이긴다', '진다'라는 말은 싸움의 용어이다. '낳는다', '만든다'는 생산 용어인 것이다. 이들의 정의는 수학적으로 내려져야 하겠지만, 그것이 힘들다면 주역적 해석이라도 가해져야 할 것이다. 그렇지 않으면 상생·상극은 생활 용어일 뿐 범주로써 사용할 수 없다. 필자는 상생·상극의 원리를 사용하기 위해 그 뜻을 규명하려고 무던히 애를 써 왔다. 이제부터 그것을 논의해 보자.

오행의 정의는 생략하자. 그것은 2차원 공간 요소로 조합된 4가지 영역과 좌표 원점으로 환원시킬 수 있기 때문이다. 따질 것은 상생 상극인데, 우선 사회적 현황을 보자.

아버지가 자식에게 엄격하다고 하자. 이것은 '이긴다'에 해당될 것이다. 이제 자식 입장에서 보자. 아버지가 자신에게 엄격한 것이 좋을 리 없다. 그런데 아버지도 할아버지에게 똑같이 당한다고 하자. 이럴 때 손자는 할아버지를 존경하겠는가? 필자는 그렇다고 생각하는데, 독자들은 어떤지?

달리 말해 보자. 어떤 인간이 나를 억압하거나 해친다고 하자. 그것은 극(剋)에 해당될 것이다. 그런데 나를 극하는 사람을 또다시 극하는 사람은 어떻게 보일까? 고맙지 않겠는가!

나를 미워하는 사람을 적이라고 하자. 그 적을 미워하는 사람은 어떨까? 나는 그 사람을 좋게 볼 것이다. 적의 적은 친구이기 때문이다. 내 물건을 빼앗아 가는 놈이 있다고 하자. 그런데 그놈의 물건을 어떤 사람이 빼앗아 가면 나는 매우 고소하게 생각할 것이다. 그리고 그 사람을 좋게 여길 것이다.

이상에서 엄하다, 억압하다, 해치다, 미워하다, 빼앗다 등을 극(剋)이라고 하고 예쁘다, 고맙다, 좋게 본다 등을 생(生)이라고 하자. 그러면 다음과 같은 관계가 성립한다.

```
       극     극
  A  →   B  →   C
  ▲              │
  └──────────────┘
         생
```

이 관계에서 A, B, C는 임의의 요소이다. 위의 관계는 일반적으로 성립하는 성질이다. 이제 A, B, C에 범주를 대입해 보자.

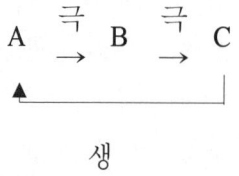

```
       극     극
  木  →   土  →   水
  ▲              │
  └──────────────┘
         생
```

결과는 여전하다. 누구나 알고 있는 상극·상생의 관계이다. 하지만 여기서 중요한 것은 만일 상극이 증명된다면 그것으로 상생도 증명할 수 있다는 것이다. 여기에는 만일이라는 단서가 붙어 있다. 그것은 우리는 아직 상극을 증명한 것이 아니기 때문이다. 단지 상극이 성립된다는 가정하에 상생을 따져 본 것이다.

이제 상생을 살펴보자. 어떤 남자가 여자를 사랑한다고 하자. 그런데 그 여자가 다른 남자를 사랑한다면 처음의 남자는 그 남자를 어떻게 생각하겠는가? 아마도 죽이고 싶을 것이다. 이 관계는 다음과 같이 묘사될 수 있다.

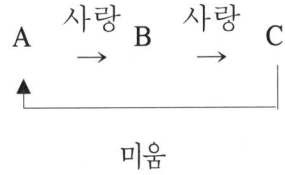

여기서 사랑을 생이라고 보고 미움을 극이라고 본다면 역시 오행의 상생·상극의 원리를 얻는다. 하지만 여기서도 상생이 입증된 요소에서는 상극도 입증될 수 있다는 단서가 붙어 있다.

우리는 아직 아무것도 증명하지 못했다. 다만 상생을 증명하면 상극을 증명한 것이고, 또한 상극을 증명하면 상생도 증명된다는 것을 알았다. 따라서 우리는 상생이나 상극 중 하나만 증명하면 된다.

그런데 여기서 미심쩍은 것은, 사랑이니 미움이니 고맙다는 개념은 논리적 요소가 아니라는 점이다. 하지만 방법이 있다. 순수하게 논리 형식만을 따져 보자.

A → B → C → D → E
A → C → E → B → D

위와 같은 두 체계가 있다고 하자. 만일 A, B, C, D, E가 오행이고

A → B ·············▶
A → C ·············▶

등 두 체계가 존재한다면 이는 오행의 상생 상극과 일치하는 체계가 된다. 여기서는 화살표가 성립하는 이유가 상생인지 상극인지 물을 필요가 없다. 화살표가 성립되는 체계만 있으면 된다. 우리는 우선 이유를 따지지 않고 위와 같은 화살표를 성립시키는 체계를 찾아볼 것이다. 그 중 하나는 간단히 찾을 수 있다. 다음을 보자.

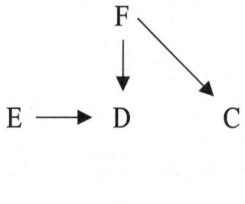

L

이 그림은 H군을 떼어낸 위상 관계도로 그 진행 과정이 나타나 있다.

E → D → F → C ·············▶

이것은 중앙 연산에 의한 흐름도인데, C에서 E로 순환할 수 있다. 하지만 E와 C의 거리가 멀다는 것에 유의하자. 그래서 우리는 다음처럼 가상도를 그릴 수 있다.

E → D → F → C ··············· (L) ···············▶ E

이 그림에서 점선은 확인되지 않은 체계이다. 단지 모종의 이유가 점선 체계를 성립시켜 줄 것이라고 믿는다. (L)은 그저 통과 지점에 있다는 것만으로도 필요 조건을 갖추고 있는 셈이다. 위의 체계에서 우리는 D가 土라는 것을 이미 알고 있다. 또한 E, F, C, L이 각각 화(火) 금(金) 수(水) 목(木)이라는 것도 알고 있다. 게다가 E → D → F → C까지는 중앙 연산 체계로 확립되어 있는 것이다.

그뿐이 아니다. 화살표는 오행의 상생과 정확히 일치하고 있다. 따라서 우리는 이미 상생 체계는 증명을 마쳤다고 볼 수 있다. 그리고 이로써 상극도 간접 증명이 이루어진 셈인데, 단지 간접 증명이라는 단서가 부담이 된다. 그래서 상극 체계에 대해서 직접 증명을 시도하려고 한다. 사실 이 장의 주요 목적은 상극 체계의 직접 증명이다. 그것은 다음과 같은 체계의 발견을 뜻한다.

C → E → F → L → D

화살표의 이유가 중요한 것이 아니다. 그러한 체계가 어딘가에 존재한다면 우리는 그 체계를 곧바로 상극 체계라고 인정할 수 있을 것이다. 탐색 작업을 시작하자.

- 49	19	- 25	37	61	- 21	- 55	7	1	- 11	- 35	47
- 29	- 33	- 27	- 15	9	57	23	- 45	- 51	- 63	43	- 5
55	- 7	- 1	11	35	- 47	49	- 19	- 25	- 37	- 61	21
- 23	45	51	63	- 43	5	- 29	33	27	15	- 9	- 57

이 도표는 무엇을 나타내는 것일까? 절대 무작정 그린 것이 아니다. 숫자들은 완전한 규칙에 따라 채워진 것이다. 다시 도표들을 보자.

	3	- 59	- 53	- 41	- 17	31	- 3	59	53	41	17	- 31
13	- 49	19	- 25	37	61	- 21	- 55	7	1	- 11	- 35	47
- 39	- 29	- 33	- 27	- 15	9	57	23	- 45	- 51	- 63	43	- 5
- 13	55	- 7	- 1	11	35	- 47	49	- 19	- 25	- 37	- 61	21
39	- 23	45	51	63	- 43	5	- 29	33	27	15	- 9	- 57

칸 밖에 가로 세로로 숫자를 써놓았는데, 그들이 교차함으로써 칸 안에 숫자가 만들어진 것을 확인하라. 연산은 합을 사용한 것이다. 예를 들어 13+3 = 16 → - 49이다. 65를 모드(mod)로 사용한 것은 두 말할 나위가 없다. 주역에서는 오직 65가 모드이다.

그림에서 세로줄을 보자.

13, - 39, - 13, 39

인데, 이것은 괘상

의 수치이다. 괘상들은 무엇인가? 바로 H군이다. 수열

13, - 39, - 13, 39

은 H군의 흐름을 나타낸다. 그림에서 H군은 아래로 진행되는 것이다. 따라서 39는 다시 13으로 진행된다.

가로줄을 보자. 이들은 바로 다음의 수열을 수치화한 것이다.

이들의 수치는 그림에서 좌 → 우로 진행시켜 놓았다. 괘상들은 D군이다. 수치로 다시 써 보면 다음과 같다.

3, - 59, - 53, - 41, - 17, 31, - 3, 59, 53, 41, 17, - 31

여기서 끝수 - 31 다음은 물론 3으로 순환 구조이다. 이제 칸 속의 숫자들을 괘상으로 변환시켜 보자.

이 그림에서 칸 안의 괘상들은 어떠한 뜻이 있을까? 칸 밖의 세로 가로는 H군과 D군이었다. D군은 오행 중앙군이고 H군은 제외된 것이지만 중앙의 성질을 갖고 있다. 말하자면 오행 체계에 있어서 D군은 안에 있는 중앙이고, H군은 바깥에 있는 중앙이다. 위의 그림은 H+D로 만들어진 것인데, 괘상들은 중앙 결합의 산물인 셈이다. 문제는 괘상들의 배치가 무슨 뜻이 있느냐이다. 이제 괘상들을 모두 소속군으로 환원시켜 보자.

E	C	L	F	E	C	L	F	E	C	L	F
F	E	C	L	F	E	C	L	F	E	C	L
L	F	E	C	L	F	E	C	L	F	E	C
C	L	F	E	C	L	F	E	C	L	F	E

이제 규칙성이 보이는가? E, C, L, F 군이 모두 질서 정연하게 자리잡고 있다. 이 그림은 시사하는 바가 많다. 첫째,

D+H → (E, C, L, F)

라는 것이다. 이는 오행에서 土가 모든 것을 낳았다는 뜻이다. 물론 목(木) 화(火) 금(金) 수(水)가 모여서 土를 이루었다는 뜻도 된다. 그림의 괘상들은 원통에다 배치할 수 있는데, 둘레는 H군이고 중앙은 D군이 된다. 그리고 원통 주변에는 E, C, L, F 군이 나선을 이루며 아름답게 배치된다. 그 모양은 다음과 같이 될 것이다.

```
      F
    E D L
      C
```

이 그림에는 H군이 빠져 있는데, 둘레에 있기 때문에 그릴 수가 없었다. 독자들은 원통을 만들고 그 둘레에 나선형 도표를 그릴 수 있다. 나선형은 두 가지 종류가 될 수 있는데, 그것을 함께 만들면 4차원 초입체가 된다. 물론 우리는 그것을 만들 수 없다. 원통으로 만족해야 할 것이다.

그런데 지금 우리의 문제는 상극 체계를 발견하는 일이다. 위의 그림을 보라. E와 F가 바뀌어 있다. 따라서 E와 L이 마주 보고 F와 C가 마주 보고 있다. 둘레는,

C → E → F → L

구조로 되어 있는데, 화살표는 H군의 흐름 방향에서 추출할 수 있다. 이 부분만 다시 보자.

	D →			
H	E	C	L	F
↓	F	E	C	L
	L	F	E	C
	C	L	F	E

그림에서 H군의 흐름에 따라,

C → E → F → L

임을 알 수 있다. D군의 방향은

E → C → L → F

이지만, 그것은 중복 순환으로서 각 원소가 3번씩 나오므로 생각지 말자. 우리가 유의해야 하는 것은 4각 순환이다. 도표는 분명 C → E → F → L을 보여 주고 있는데, 이는,

수(水) → 화(火) → 금(金) → 목(木)

과 일치한다. 이것은 상극의 과정이다. 단지 아쉬운 것은 土가 들어선 자리가 없다는 것이다. 따라서 순환 과정은 완성된 것이 아니다. 이것은 마치 상생을 따져 본 위상도의 미비점과 닮아 있다. 두 종류의 위상도를 함께 그려 보자.

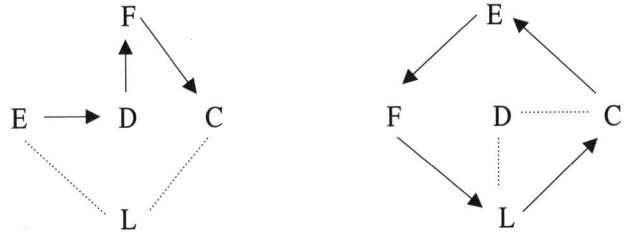

두 그림은 잘되는 듯하다가 무엇인가 빠져 있다. 오행의 상생·상극도는 위상도와 비슷할 뿐이다. 이 정도로 만족해야 할 것인가? 그럴 수는 없다. 상생·상극은 원리라는 완곡한 딱지가 붙어 있는

데, 대강 처리할 수는 없다.

  걱정할 필요 없다. 적당히 얼버무리는 방법이 아니기 때문이다. 여기서 현대 수학이 필요하다. 현대 물리학에는 벡터와 스칼라라는 개념이 있는데, 벡터는 방향과 크기가 있는 요소이고 스칼라이는 크기만 있는 것이다. 예를 들어 무게·길이 등은 스칼라고, 힘·속도 등은 벡터이다.

  그런데 오행은 어떤가? 그 자체는 스칼라이다. 그러나 그것의 작용, 즉 상생이나 상극은 방향이 존재한다. 따라서 상생·상극의 원리는 벡터가 되는 것이다.

  수학을 모르는 사람은 그저 그런 개념이 있다는 정도로 구경만 하고 있으면 된다. 축구 선수가 아니더라도 운동 경기에 참여할 수 있는 법이다. 반칙도 알고 골 득실도 알고 있다. 관중을 속일 수는 없는 법이다. 그리고 벡터라는 것이 그리 어려운 것도 아니다. 다음을 보라.

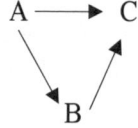

  이것은 힘의 작용인데, 방향과 크기를 나타내는 그림이다. 역학(力學)에 아주 흔히 나타나는 그림인데, 이것은 하나의 법칙을 보여주고 있다. 그것을 관계식으로 써 보자.

$$\vec{AC} = \vec{AB} + \vec{BC}$$

이것은 벡터 식이다. A에서 C까지의 힘은 A에 B, 그리고 B에서 C까지의 힘을 합친 것이라는 뜻이다. 이것은 마치 돌아서 가도 서울만 가면 그만이라는 식인데, 우주의 진리도 바로 이런 것이다. 오늘날 인류가 만든 모든 건물들은 이 법칙에 의거해 구조를 이루고 있다. 이런 것을 다루는 학문이 역학(力學)이지만, 우리는 이 원리를 역학(易學)에 응용하고 있다. 상생 위상도를 보자.

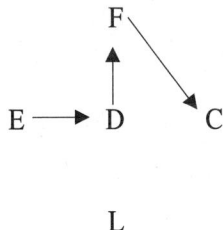

이 그림에서 C는 E로 화살표가 정해져 있는데, 우리는 '벡터 합 원리'에 의해 C → E를

(C → L) + (L → E)

로 대신할 수 있다. 좀 유식하게 쓰면 다음과 같다.

$$\vec{CE} = \vec{CL} + \vec{LE}$$

이제 여기서 밝혀진 진리를 대입해서 상생 위상도를 다시 그려 보자.

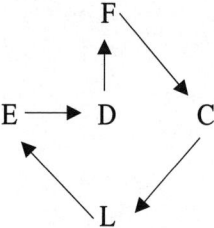

이 그림은 완벽한 오행 상생도이다. 이제 상극 위상도 쪽을 살펴 보자. 미완성인 위상도는 다음과 같다.

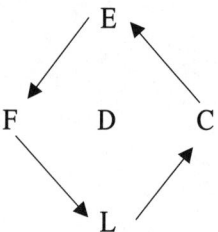

이 그림은 H+D에 나타난 것인데, 이 뜻은 H와 D가 서로 힘을 합쳐 둘레의 모든 요소를 만들어 냈다는 것으로 이해할 수 있다.

이 방식은 오행의 논리와 잘 부합된다. 어쨌건 D는 중앙에 위치하는 것이 마땅한데, 그것에 이르는 길이 없는 실정이다. 이 문제는 벡터 합 원리를 응용하면 쉽게 해결된다.

$$\vec{LC} = \vec{LD} + \vec{DC}$$

이 방정식은 D를 포함하는 통로를 만들어 준다. 이 결과를 위상도에 반영하자.

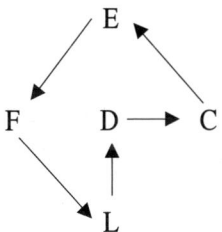

이 그림은 완벽한 오행 상극도이다. 이제 상생 상극도가 모두 완성되었다. 만족하는가? 필자는 흡족하지는 않지만 대체적으로 만족하는 셈이다.

독자들은 어떤가? 어떤 독자들은 뻔한 내용을 길게 설명했다고 생각할 수도 있을 것이다. 오행의 상생·상극 원리는 중국 사람이 수천 년 동안 사용해 온 것인데, 그것을 어째서 의심하느냐는 뜻일 것이다. 의심이 아니라 다만 확인하고자 하는 것뿐이다.

어떤 사람들은 뻔한 것을 왜 확인하느냐고 물을 것이다. 과연 그럴까? 필자는 아직도 미심쩍다. 백마를 눈으로 봤어도 보지 않은 다른 쪽을 확인해 보지 않은 이상 백마라고 믿지 않는 것이 필자의 성품이다. 그러나 결코 인간을 의심한다는 뜻이 아니다. 자연의 원리에 대해서이다.

오행의 상생・상극을 진리라고 믿는 사람은 상당히 편안할 것이다. 뻔한 것을 믿고 있으니까. 하지만 주역은 그런 식으로 생각해서는 안 된다. 만물의 뜻을 규명하는 것이 주역인데 그것을 대충 공부한다면 굳이 주역을 공부하겠는가?

지금껏 이 책을 읽어 온 독자들은 필자를 지극히 논리적인 사람이라고 상상할 것이다. 그러나 필자의 욕심은 바늘 끝도 쪼개 보고 싶은 심정이다. 오늘날 거대한 컴퓨터의 부속품은 현미경으로 봐야 할 만큼 미세하고 정밀하다. 큰 학문을 이루기 위해서는 이처럼 세밀해야 한다. 그래야 튼튼한 체계를 갖출 수 있다.

엉성한 개념과 대충의 논리를 적용해서 얻은 체계를 과연 진리라고 할 수 있을까? 90% 확신할 수 있는 내용을 10단계에 걸쳐 사용했다고 하자. 전체적인 신뢰도는 얼마일까? 이것을 수학으로 계산하면 20% 가량 된다. 독자들은 20%만 신뢰할 수 있는 내용을 학문이라고 인정할 수 있겠는가? 주역은 수십 단계를 거치고 있다.

만일 99% 확신할 수 있는 내용을 20단계를 거친다고 하자. 그러면 신뢰도는 40%로 떨어진다. 이것이 과연 옳은 말인지 의심스럽다. 40%만 옳은 학문이 진정 학문인가!

오늘날 주역의 현실은 이보다 더 심하다. 그래서 서양의 과학자들은 주역을 아주 무시해 버린다. 그들은 TV도 만들었고, 자동차・비행기·휴대폰·옷감·약·컴퓨터·건물 등 인류 문명의 모든 원리를 규명했다. 달에 가서 돌을 가져오는 판인데, 달은 달(月)이고 음(陰)이니 태양이 가면 달이 오고 등등…… 이러한 논리는 신비한 듯 보이지만 헛소리에 불과하다.

그러나 주역은 진리이기 때문에 신비한 것이다. 그것은 오늘날의 과학을 능가하고 있다. 이와 같은 학문을 대충 흘려 버리고 넘어가서야 되겠는가!

애기가 다소 길어졌는데, 오행의 상생·상극의 원리를 그대로 믿고 안심할 사람은 그렇게 해라. 다만 그것이 확실한 진리인지 알고자 하는 사람에게 한마디만 더 하겠다. 우리는 방금 벡터 원리를 이용해서 오행 상극도를 그린 바 있다. 그것을 다시 보자.

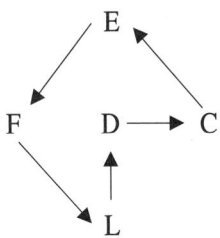

이 그림은 오행 상극도와 일치한다. 그런데 약간의 문제가 있다. 왜냐 하면 L에서 D로 향한다. 말인가? 벡터 원리로 따져 보면 F나 E 또는 C에서 D로 향해도 된다. 그런데 여기서는 L에서 D로 향한 것이다. 이는 오행 상극도와 맞추기 위해 일부러 그렇게 한 것처럼 느껴진다. 그래서 한마디만 덧붙이려고 한다.

L군은 원래 유별난 존재이다. 우리는 앞서간 군들의 성질을 공부할 때 이미 그것을 알고 있었다. 그 외에 H+D로 모든 괘상을 만들었는데, D를 L로 대치해도 모든 괘상이 만들어진다. 그리고 L은 D와 밀접한 관계에 있다. 우리는,

$$E\,D\,(\,{F \over L}\,)\,C\,H$$

에서 L이 D와 이웃 관계에 있다는 것을 알고 있다. 아무튼 이런저런 이유로 L로부터 D로 향하는 것이 무리일 것 같지는 않다.

　미진하지만 이 정도로 오행의 상생·상극에 대한 과학적 분석을 마치자. 감히 수학적 분석이라고는 하지 않겠다. 상생·상극 원리를 진리로서 사용하든가, 혹은 의사 진리(擬似眞理)로서 사용하든가, 아니면 아예 상생·상극을 사용하지 않는 것은 독자들의 생각에 맡기겠다.

　다만 필자는 상생·상극 원리를 조심스럽게 사용할 것이다. 즉, 의사 진리라고 생각한다는 뜻이다. 이 말은 오행의 원리를 믿기는 하지만 완벽하게 증명했다고 볼 수 없다는 것이다. 그리고 필히 덧붙일 얘기는 오행과 관련된 순환 체계, 즉 60갑자에 대해서는 다시 한 번 논의하겠다는 것을 밝혀 둔다.

玉虛眞經 (5)

同於道者 道亦樂得之 同於德者 德亦樂得之
도에 한가지로 하는 자는 도 또한 즐기고, 덕에 한가지로 하는 자는 덕 또한 즐긴다.

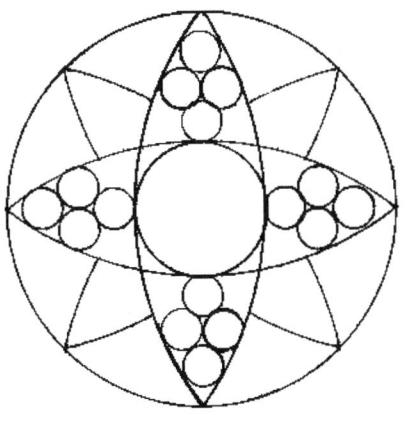

황금 순환

　순환성은 대칭성과 함께 자연 현상의 중요한 속성이다. 우리는 이러한 현상을 쉽게 발견할 수 있는데, 주역에서도 당장 순환군들이 등장하고 있다. 28수괘(二十八宿卦)도 등장했는데, 이것의 순환성은 다소 특이했다. 원소가 28개기 때문이다. 우리는 보통 12원소의 순환 체계에 익숙하다. 물론 순환이라는 것이 반드시 12 또는 12의 배수일 필요는 없다. 단지 주역에서는 12가 흔히 등장할 뿐이다.
　여기서 우리는 한 가지 문제를 발견할 수 있다. 그것은 순환을 나타낼 때 어떤 요소들을 사용하는 게 가장 좋으냐이다. 편리한 점 외에 대칭성이나 함축성 또는 단순성이나 아름다움 등을 따져 보자는 것이다. 예를 들어 군주괘는 아주 단순하고 아름답다. 이것을 괘상으로 나타내 보자.

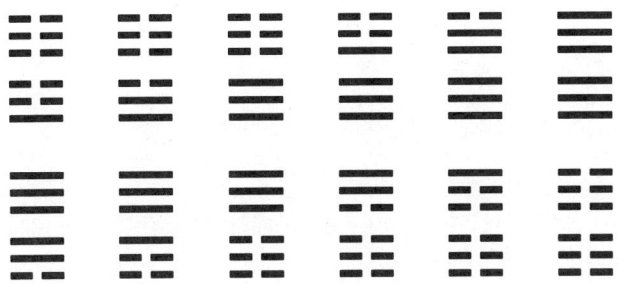

　이 괘상들은 단순하고 아름다울 뿐만 아니라 눈에 가장 잘 띄는 모습이다. 그래서 옛 사람들은 군주괘라고 이름 붙였다. 군주괘는 괘상의 시간 대륙에서도 장엄하게 해안선을 일주하고 있다.
　해안선, 즉 최외곽 일주선으로는 28수도 있는데, 이는 2차원 단군도의 둘레를 감싸고 있다. 이들은 아름다움에 더해 신비하기까지 하다. 우리는 앞서 28수괘들의 정교한 규칙성을 음미한 바 있다.
　군주괘도 양의 기운이 차차 자라나다가 궁극에 이르러 다시 음의 기운이 자라나는 모습은 참으로 경이롭다. 사실 이들을 순환의 모델로 삼는다면 간결성이나 대칭성, 또는 아름다움에 나무랄 데가 없을 것이다. 그러나 문제가 전혀 없는 것은 아니다. 군주괘를 생각할 때 이것은 오행의 화(火)에 해당된다. 이는 평등성에 문제가 있다. 만일 D군, 즉 土를 순환의 모델로 보면 어떨까? 이것은 괘상들이 단순하거나 풍부하지 못하다. 더구나 오행 중 어느 하나에 편중된다는 의미가 있다.
　그렇다면 오행이 골고루 배합된 60갑자는 어떨까? 이것은 수천년 전부터 가장 신비하고 아름다운 순환 모델로 알려져 왔다. 하지만 이것에도 다소 문제가 있다. 잠시 고찰해 보자.

甲子, 乙丑, 丙寅, 丁卯, 戊辰, 己巳……

매우 질서정연하다. 그 내용을 분해하면 천간이라는 10개 원소, 즉

甲 乙 丙 丁 戊 己 庚 辛 壬 癸

등과 지지라는 12개 원소, 즉

子 丑 寅 卯 辰 巳 午 未 申 酉 戌 亥

등이 계속 이어지고 있다. 이것은 분명 질서 있는 모습이다. 그런데 과연 아름다운가? 60갑자를 다시 써 보자.

甲子, 乙丑, 丙寅, 丁卯, 戊辰, 己巳……

어떤가? 틀림없이 아름다울 뿐만 아니라 신비하다. 그러나 이제 60갑자의 성분을 써 보자.

木陽子, 木陰丑, 火陽寅, 火陰卯, 土陽辰, 土陰巳…….
어떤가? 木2, 火2, 土2……라는 식으로 진행한다. 보기 좋은가?

하필 왜 이렇게 둘씩 나타나는 것일까? 木火土金水는 상생의 순서이다. 그러나 둘로 나누어 진행하기 때문에 번거롭다. 게다가 양을 양끼리 음을 음끼리 합친다는 것도 대칭성을 해치고 있다.

甲 → 양, 子 → 양

인바, 甲子는 있어도 甲丑이나 乙子는 없다. 이는 소극적인 것처럼 보인다. 사상(四象)처럼 ⚏ ⚌ ⚎ ⚍로 전개하면 안 될까! ⚌는 양끼리, ⚏는 음끼리이다. 그러나 ⚍와 ⚎는 음양을 바꾸어서 결합했다. 따라서 60갑자의 체계는 ⚌와 ⚏를 택한 셈이다. 이왕이면 ⚍와 ⚎도 사용하면 좋으리라. 순환체를 목적으로 한 60갑자가 ⚌와 ⚏로 치우쳐 있다는 것은 다소 문제가 될 수 있다.

문제는 이뿐만이 아니다. 아주 큰 문제가 있다. 60갑자를 괘상으로 써 보자.

甲子   乙丑   丙寅   丁卯   戊辰   己巳 …….

여기서 괘상들은 몇 가지 원칙에 의해 채택된 것이다. 그것은 木火土金水와 육기(六機)를 양과 음으로 나누어서 진행하는 방식이다. 이 자체는 훌륭한 규칙이다. 그러나 그것이 만들어진 결과는 어떤가? 다음 괘상들을 보자.

이들은 규칙성과 대칭성이 없다는 것을 금방 알 수 있다. 괘열은 다음에 무엇이 나올지를 전혀 예측할 수가 없다. 뿐만 아니라 특징조차 없다. 그러나 60갑자에 붙인 괘상이기 때문에 문화적 가치는 있다고 볼 수 있다. 괘상이란 수학적 구조물이기 때문에 거기에 이름을 붙인다면 타당성이 존재해야 한다.

예를 들어 午라는 문자는 양의 기운이 가장 강한 뜻으로 사용하고, 丙이라는 문자도 마찬가지이다. 따라서 丙午는 가장 강한 양을 나타내야 하는데, 괘상으로 만들면 ☰이다. 이 괘상은 과연 양기가 가장 강한 것인가? 가장 양기가 강한 괘상은 오히려 ☰이다.

그런데 전래의 명명법에는 ☰은 午가 아니라 巳로 되어 있다. 당초 巳의 정의는 아직 양기가 극대화되기 전을 의미한다. 우리는 12지를 순환형으로 그릴 때 午가 가장 높은 곳에 위치함을 알 수 있다. 그런데도 ☰은 巳라고 지칭하는 것이다.

이는 다분히 문화적이다. 사실 午의 응용 예로써 하지(夏至)를 논하는데, 이 날은 낮의 길이가 가장 긴 날이므로 ☰로 표현해야 하는 것이다. 물론 하지 다음날부터는 밤의 길이가 늘어나기 시작하므로 ☰에 해당시킬 수 있다. 이 문제는 달력에 관한 문제이기 때문에 혼동이 올 수 있지만 다음으로 표현된 문제라고 하자.

문 : 순환체에 있어 양기가 가장 강한 때를 표현하는 문자는 무엇인가?
답 : 午이다.
문 : 64괘 중 가장 양기가 강한 괘상은 무엇인가?
답 : ☰ 이다.

이것은 사실이 뻔한 내용이다. 그러나 달력 문화에 있어서는 가장 양기가 높은 현재 순간을 채택하지 않고 찰나를 선택했기 때문에 ☰ 대신 ☵을 쓰는 것이다. 그래서 간지는 다분히 문화적이라고 볼 수 있다. 아니, 간지가 문화적이 아니라 달력에 간지를 붙이는 방식이 문화적이라는 것이다. 필자는 누가 뭐래도 64괘 중 가장 양기가 큰 괘상이 ☰이라는 생각에 변함이 없다. 그리고 午를 양극이라고 명명한 이상 ☰을 午라고 해야 옳다고 믿는 것이다.

이런저런 이유 때문에 순환 체계로서의 60갑자는 가장 아름답다고 할 수 없다. 차라리 64괘를 모두 사용해서 순환체를 만드는 것이 더 보기 좋다. 이 때 우리가 확신할 수 있는 것은 ☰이 가장 높은 곳에 배치되고 ☷이 가장 낮은 곳을 차지한다는 점이다. 그리고 ☵ 와 ☲ 은 각각 중간에 존재할 것이다.

독자들은 이러한 순환체를 만들 수 있는가? 어떤 독자들은 쉽게 그렇다고 대답할 것이다. 그러나 실제로 만들어 보라. 이것은 아주 어려운 문제라서 좀처럼 만들 수 없을 것이다. 사실 수천 년 동안 주역 학자들조차도 이러한 순환체를 만들지 못했다. 만일 독자들

중 누군가 순환체를 만들었다면 필자는 그 사람에게 진수 성찬을 대접할 용의가 있다. 물론 훌륭한 안주까지 곁들여서 말이다.

문제를 다시 살펴보자. 즉, 순환체를 만드는 데 있어 64괘 전부를 사용하되 가장 높은 곳에 ☰ 이 있고, 가장 낮은 곳에 ☷ 이 있게 하라. 또한 ☵ 과 ☲ 은 중간에 위치하여야 한다(단, 배치하는 규칙이 존재해야 함).

만일 위와 같은 배치가 만들어질 수 있다면 그것은 가히 황금 순환이라고 할 수 있을 것이다. 이 외에 황금 순환이라고 할 수 있는 것은 오행의 성질을 확실히 나타낼 수 있는 순환 체제일 것이다. 또는 대칭성과 평등성을 겸비한 순환체일 수도 있다. 어쨌건 미리 말할 수 없는 어떤 아름다움과 완전성을 갖춘 순환체일 것이다.

내친 김에 이 장에서는 황금 순환체를 찾아 보자. 우선 그러한 순환체의 존재 형식을 고찰하기로 하자.

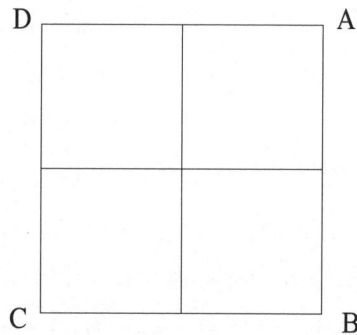

이 도형은 정사각형 4개를 붙여 놓은 것이다. 꼭지점을 표시했는

데, A를 양기가 가장 많은 지점이라고 하고, C를 음기가 가장 많은 지점이라고 하자. 도형을 마름모꼴로 하면 더 편하겠지만 2차원을 바르게 나타내기 위해 이렇게 그렸을 뿐이다.

독자들은 시각적 이해를 위해 A 지점을 가장 높은 곳, C 지점을 가장 낮은 곳으로 생각하라. 그림을 비스듬히 세워 마름모 형태로 만들어서 바라봐도 좋을 것이다. 어쨌건 그림에서 A는 ☰, C는 ☷, D는 ☳, B는 ☱ 등이 배치되어 있다.

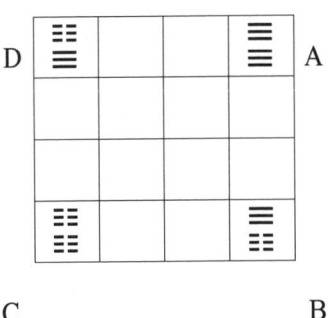

이 그림은 앞의 그림보다 구체적이다. 각 지점에 이름을 붙인다면

A → 午, C → 子, D → 卯, B → 酉

가 적당할 것이다. 또한 A B C D에 대해 火 金 水 木을 붙여도 된다. 기실,

巳午未 → 火, 申酉戌 → 金, 亥子丑 → 水, 寅卯辰 → 木

이다. 문자가 혼돈을 줄 염려가 있다면 아예 사용하지 않아도 좋다. 중요한 것은 문자가 아니라 실제적인 기운을 나타내는 것이다.

여기서 잠깐 짚고 넘어가야 할 개념이 있다. 오행에 있어 火란 주역의 ☰ 이 아니다. 오행의 火는 양기가 가장 강한 사물, 즉 양극을 뜻한다. 따라서 오행의 火는 주역의 ☰ 이 되는 것이다. 또한 오행의 水는 ☷ 이 아니고 ☷ 인 것이다. 다시 말하지만 火는 양극, 水는 음극이다.

$$☰$$
$$☵ \quad ☲$$
$$☳$$

이 그림에서 ☰은 火, ☷은 水이다. 그리고 ☳은 올라가는 성질 즉 木이고, ☶은 내려가는 성질, 즉 金이다. 이것이 바로 오행의 정의이고 기본 개념인 것이다. 다음을 보자.

☰ → ☰ → 火
☷ → ☷ → 水
☳ → ☳ → 木
☶ → ☶ → 金

어떤가? 충분히 이해했으리라 믿는다. 이와 같은 개념은 오행이 만들어질 때 생긴 것이다. 당초 오행의 정의는 이렇게 해서 만들어진 것이다. 이것을 염두에 두고 다음을 진행하자.

木	火
水	金

이 그림은 이해할 수 있는가? 다음을 보라.

木中木	木中火	火中木	火中火
木中水	木中金	火中水	火中金
水中木	水中火	金中木	金中火
水中水	水中金	金中水	金中金

이 그림은 뒤의 그림을 세분화한 것이다. 여기에는 다음과 같은 내용이 들어 있다.

火中火 → 火極 → ☲ → 午
金中金 → 金極 → ☱ → 酉
水中水 → 水極 → ☵ → 子
木中木 → 木極 → ☳ → 卯

사실 이것은 정의에 불과하다. 여기서 중요한 것은 火 金 水 木은 기운의 영역이라는 점이다. 그리고 午 酉 子 卯는 극단 지점을 의미한다.

먼저 여기서 중요한 개념을 하나 만들어 보자.

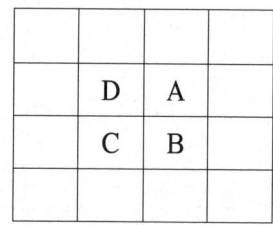

이 그림에서 A B C D는 중앙에 있다. 그 내용을 보면,

A → 火中水
B → 金中木
C → 水中火
D → 木中金

인데, 이들은 모두 서로 정반대 성분으로 구성되어 있다. 水 火는

서로 반대이고 金 木은 서로 반대이다. 따라서 이러한 결합은 본래의 성질을 완화시키고 있는 것이다. 그러나 같은 성질끼리 모이면 강화되는데, 이들을 비교하자.

火中水 → 완화
火中火 → 강화 → 火極 → 午
金中木 → 완화
金中金 → 강화 → 金極 → 酉
水中火 → 완화
水中水 → 강화 → 水極 → 子
木中金 → 완화
木中木 → 강화 → 木極 → 卯

이제 여기서 하나의 개념을 도입하자. 그것은 각 영역의 성분이 완화된 부분을 모아서 새로운 영역으로 이름 붙이자는 것이다. 그 이름을 土라고 하면 어떨까? 세상에는 이만한 이름이 없다. 사실 土의 정의는 이와 같은 논리에서 나온 것이다. 이미 알려져 있듯이 土는 木 火 金 水가 조금씩 모여서 이루어진 것이다. 이제 우리는 A B C D 영역에 土라는 이름을 붙여도 좋다. 이것을 고려하여 그려 보자.

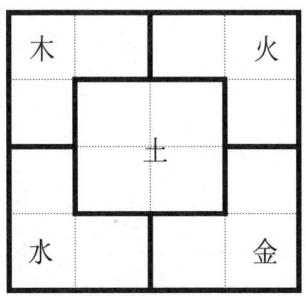

이 그림은 2차원 공간이 5개의 영역으로 나누어져 있다. 즉, 오행의 정의가 잘 나타나 있는 것이다. 그림에는 크기까지 나타나 있는데, 土가 가장 넓다. 나중에 밝혀지겠지만 이것은 큰 의미가 담겨 있다.

다시 진행하자. 이제는 5개 영역을 더욱 세분하자.

					火	火	火	火
					火	火	火	火
		土	土	土	土	火	火
		土	土	土	土	火	火
水	水	土	土	土	土		
水	水	土	土	土	土		
水	水	水	水				
水	水	水	水				

이 그림에서 水와 火, 그리고 土를 표시했다. 木과 金을 표시하

지 않은 것은 영역의 구분을 선명하게 나타내기 위한 것이다. 독자들은 빈 칸에 색칠을 하면 더욱 뚜렷이 볼 수 있을 것이다. 이제 한 종류의 영역을 예로 들어 생각하자. 火의 영역을 보면 다음과 같이 그릴 수 있을 것이다.

火	火	火	火
火	火	火	火
		火	火
		火	火

그림에서 비어 있는 영역은 土이다. 이 곳은 원래 火의 영역이었지만 그 성질이 완화된 지역이기 때문에 土에게 나누어 준 것이다. 이제 이것을 火 위주로 그려 보자.

卯	辰	巳	午
寅	丑	子	未
土	土	亥	申
土	土	戌	酉

갑자기 이상한 것이 등장했다. 그러나 자세히 보면 합리적임을 알 수 있을 것이다. 여기 등장한 12지는 火의 영역에 존재하고 있다.

亥子丑 외에는 평상적인 모습이다. 다만 亥子丑은 土의 영역으로 진행하면 되는데, 이미 통로를 빼앗겨 버렸다. 그러나 문제될 것은 없다.

어차피 亥子丑은 火다운 모습이 있어야 한다. 그것은 火極 쪽으로 향해 감으로써 그 모습을 획득할 수 있다. 모든 火의 가족들은 火極 쪽으로 쏠려 있는 것이 마땅하다. 소속을 따지지 않은 상태에서 亥子丑은 水局인데, 이것이 火에 속하는 바람에 火極 쪽으로 쏠린 것이다. 이것은 다른 말로 火에 속한 水局의 성질인 것이다.

이제 水 영역을 따져 보자.

卯	辰	土	土
寅	巳	土	土
丑	午	未	申
子	亥	戌	酉

이 그림은 水의 영역인데, 巳午未가 水極 쪽으로 쏠려 있는 것이 눈에 뜨인다. 巳午未는 소속을 따지지 않으면 그 자체로는 火局이지만, 水의 영역에 속하는 바람에 진로가 土에서부터 후퇴한 것이다. 火水 영역을 함께 그려 보자.

				卯	辰	巳	午
				寅	丑	子	未
				土		亥	申
				(火)		戌	酉
卯	辰	土					
寅	巳	(水)					
丑	午	未	申				
子	亥	戌	酉				

 이 그림을 土에서 보면, 火 영역에서는 水局이 밀려났고, 水 영역에서는 火局이 밀려난다. 木局과 金局은 水火 영역에서 중성(中性)이기 때문에 전혀 지장을 받지 않았다. 반면 火 영역의 水局과 水 영역의 火局은 자기 영역 내에서 독특하기 때문에 조절을 강요당했던 것이다. 물론 당초에 너무 독특했던 것은 진작에 土쪽으로 쫓겨나고 말았다.

 지금까지의 논리 과정은 다소 사변적인 설명이 주어졌지만 완전성 문제에는 걸리지 않는다. 즉, 충분히 합리적이라고 볼 수 있는 것이다. 모든 것을 정리해 보자. 미리 말해 둘 것은 火 영역은 丙丁 영역이고, 水 영역은 壬癸라는 이름이 정해져 있다는 것이다. 이것을 사용해서 정리하자.

			丁卯	丙辰	丁巳	丙午
			丙寅	丁丑	丙子	丁未
					丁亥	丙申
		土(火)			丙戌	丁酉
癸卯	壬辰					
壬寅	癸巳	土(水)				
癸丑	壬午	癸未	壬申			
壬子	癸亥	壬戌	癸酉			

 전체 그림에서 丁亥·丙子·丁丑과 癸巳·壬午·癸未는 평상에서 물러나 있다. 이들은 원래 평상적인 간지 배합이 아닌 것이다. 丙丁과 亥子丑은 잘 어울리지 않고, 壬癸와 巳午未는 잘 어울리지 않기 때문이다.

 이상으로 水火 영역에 대한 간지 배열을 다 마쳤다. 우리는 이와 같은 방식으로 木金 영역에 대해서도 간지를 배열할 수 있는데, 한 가지 유의할 것이 있다. 그것은 木 영역의 金局과 金 영역의 木局이 중앙에서 밀려나 있다는 것이다. 木金 영역에서 水火局은 중성(中性)이기 때문에 아무런 영향을 받지 않는다. 이러한 상황은 水火 영역에서도 같은 입장이었다. 木金 영역도를 그려 보자.

乙卯	甲辰	乙巳	甲午				
甲寅	乙酉	甲申	乙未				
乙丑	甲戌	土(木)					
甲子	乙亥						
				土(金)		辛巳	庚午
						庚辰	辛未
				辛丑	庚寅	辛卯	庚戌
				庚子	辛亥	庚戌	辛酉

그림에서 甲申·乙酉·甲戌과 庚寅·辛卯·庚辰은 중앙에서 치우쳐 있는바, 이는 甲乙과 申酉戌의 배합이 잘 어울리지 못하고, 庚辛과 寅卯辰이 잘 어울리지 못하기 때문이다.

이상으로 木火金水 영역에 대한 간지 배열을 마쳤다. 이제 남은 것은 土 영역인데, 그보다 먼저 정리할 것이 있다.

		(土)	(土)
	D	A	(土)
	C	B	

이상 土 영역을 그린 것인데, 그림에서 A B C D 지역은 전체적으로 중앙을 차지한다. 그러나 자세히 보면 이들은 사방으로 치우쳐 있다. 이들 중 A를 보자. 당초 A는 火 영역에 속해 있었다. 그러던 것을 土에 편입시킨 것이다. 그 이유는 火中水였기 때문이다. 즉, 火라는 특성이 완화된 지역이기 때문이다. 그런데 이렇게 해서 만들어진 지역마저도 더욱더 완화된 지역을 추출할 수 있다. A가 바로 그런 지역이다. 이 곳은 火中水中水 지역이며, 또한 土中水라는 성질이 있다.

이것은 水向으로 더욱 세분화할 수 있는데, 중앙 쪽으로 갈수록 성질은 0에 가까워진다. 현재 A 지역은 넓은 火 영역에서 3단계나 水向되었기 때문에 성질은 土를 지나 0에 접근해 있는 것이다. 이러한 사정은 B C D 쪽에서도 마찬가지이다. 그들은 金 水 木 방향에서 土화되고 더욱 진행하여 0으로 변해 가고 있는 중이다.

우리는 여기서 적당한 양을 취해서 0의 지역을 선포할 수 있다. 0이라는 지역은 달리 말하면 土中土이다. 너무나 중앙이어서 0의 성질을 갖는다는 뜻이다. 그래서 우리는 이 지역을 土에서 제외시키고 0이라는 지역으로 분양시킬 수 있다. 이 내용을 그림으로 보자.

土	土	土	土
土	0	0	土
土	0	0	土
土	土	土	土

이 그림은 중앙 지역이 빠져나가고 土 영역이 최종적으로 형성된 것이다. 다른 영역과 마찬가지로 12개의 지방으로 형성되어 있다. 이제 우리는 土의 각 지방에 이름을 붙일 수 있다. 그것은 土가 戊 己라는 것과 각 방향의 성질에 의해 午 酉 子 卯를 붙일 수 있는 데 기인한다. 그려 보자.

己卯	戊辰	己巳	戊午
戊寅			己未
己丑			戊申
戊子	己亥	戊戌	己酉

이 그림에서는 중앙 지역을 비워 놨는데, 이 지역은 0이다. 土中 土라는 뜻으로 60갑자의 체계에서 제외된다.

이상으로 60갑자 모두에 대해 위치화를 마쳤는데, 우리는 이것으로 간지를 찾을 수 있다. 기존의 방식은 순환군에 오행을 배당시켰는데, 이번에는 위상 공간에서 곧바로 오행을 배당시키는 것이다. 오행의 위상 공간은 2차원 단군도가 그대로 적용된다. 2차원 단군도는 당초 오행의 성질을 완벽하게 위치화한 것이다.

이제 여기서 새로운 60갑자가 만들어질 수 있다. 이것은 순환군 5개로 만든 60갑자와 다른 것인데, 저마다의 특성이 있다. 우선 새로운 60갑자를 만들기 위해 단군도와 오행 위상도를 나란히 그려 보자.

乙卯	甲辰	乙巳	甲午	丁卯	丙辰	丁巳	丙午
甲寅	乙酉	甲申	乙未	丙寅	丁丑	丙子	丁未
乙丑	甲戌	己卯	戊辰	己巳	戊午	丁亥	丙申
甲子	乙亥	戊寅	0	0	己未	丙戌	丁酉
癸卯	壬辰	己丑	0	0	戊申	辛巳	庚午
壬寅	癸巳	戊子	己亥	戊戌	己酉	庚辰	辛未
癸丑	壬午	癸未	壬申	辛丑	庚寅	辛卯	庚申
壬子	癸亥	壬戌	癸酉	庚子	辛亥	庚戌	辛酉

중앙은 60갑자 체제에 포함되지 않는다. 土, 즉 戊己 영역에서는 12지가 가지런하게 순환을 이루고 있다. 그러나 다른 영역에서는 치우침을 보이고 있다. 이는 오행의 특성을 잘 보여 주는 대목이다. 모든 칸을 채우고 있는 간지는 단군도의 당 위치와 부합시킬 수 있다. 여기서 간지와 괘상을 일일이 맞추어 놓지는 않겠지만, 독자들은 60갑자 괘상도를 만들어 놓는 것이 좋을 것이다. 60갑자의 괘상은 괘상 공부에 큰 도움이 되는 것은 아니다. 다만 사주 추명이라든가, 달력의 간지를 괘상으로 전환시켜 하루하루의 괘상을 음미하는 데 쓰일 수 있다. 단군도를 그려 보자.

단군도는 괘상의 기운에 따라 배치된 것으로 오행의 성질을 위치에 완전히 반영하고 있다. 이제 우리는 두 종류의 간지 괘상도를 갖게 되었는데, 두 간지도(干支圖)는 일장 일단이 있다. 순환군에 의한 간지도는 오행의 군을 추려냈을 때만 규칙성을 갖는다. 예를 들어 火군은 바로 군주괘로서 일정한 법칙으로,

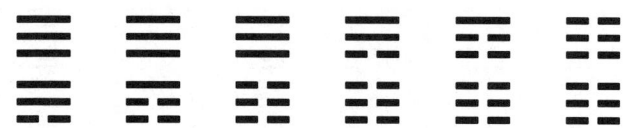

이와 같은 규칙성을 갖는다. 하지만 이것이 간지도 속으로 들어갔을 때는 규칙성을 나타나지 않는다. 뿐만 아니라, 괘상의 실제 음양 기운과 간지가 갖는 기(氣) 표현이 일치하지 않는 것이다. 반면 단군도에 의한 간지표는 기와 일치하지만 오행군 하나를 통째로 끄집어냈을 때는 자체 질서를 갖지 않는다. 이것을 확인하자.

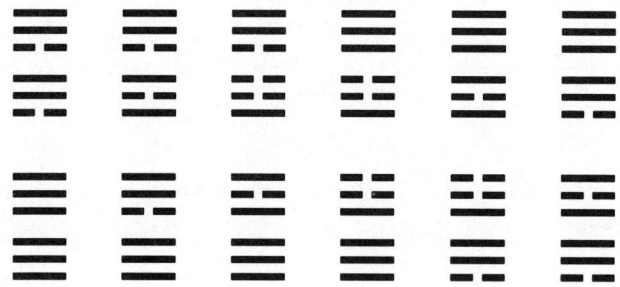

이 괘상들은 규칙성이 없다. 단군도에 의한 간지표는 전체적으로는 가장 정확한 기운을 표현하고 있을 뿐이다. 이와 같이 두 종류의 간지표는 장단점이 있는 것이다. 다시 비교해 보자.

단군 간지표　　　　　　　순환군 간지표

$\begin{pmatrix} 부분\ 규칙이\ 없다 \\ 전체\ 규칙이\ 있다 \end{pmatrix}$　　　$\begin{pmatrix} 부분\ 규칙이\ 있다 \\ 전체\ 규칙이\ 없다 \end{pmatrix}$

　두 간지표는 상호 대조적이다. 단지 공통성이란 간지를 순서대로 나열했을 때 다음 괘상을 찾아낼 수 없다는 것이다. 즉, 진행 규칙이 없다는 뜻이다. 이것이 60갑자의 현황이다. 물론 이로써 간지표가 틀리다는 것은 절대 아니다. 다만 간지표가 두 종류이기 때문에 난감하다. 굳이 한 종류만 취하고 나머지를 버리라면 독자들은 어떻게 하겠는가? 두 가지를 또 한 번 비교하자.

(단군 간지표)
위상 논리 → 오행 → 간지표

(순환군 간지표)
수치 논리 → 오행 → 간지표

　이상에서 우리는 위상 논리나 수치 논리 중 하나를 선택해야 함을 알 수 있다. 이러한 상황은 가끔 등장한다. 독자들이라면 무엇을 택하겠는가? 둘 중 어느 것을 취해도 좋지만 버리는 것이 아깝다. 그러나 걱정할 것 없다. 간지표가 두 종류 있다는 것은 각각 쓰임새가 따로 있다는 뜻이다. 그러므로 각자 적당한 곳에 쓰면 된다. 예를 들어 달력이나 사주 추명에는 위상 논리에 의한 간지표가 적합할 것이다.

　두 종류의 간지표는 나름대로 특징이 있다. 다만 간지표 자체는 황금 순환이라고 볼 수 없다. 황금 순환은 좀더 아름답고 완벽한 대칭성을 갖추어야 한다. 여기서 황금 순환 한 가지를 찾아내 보자.

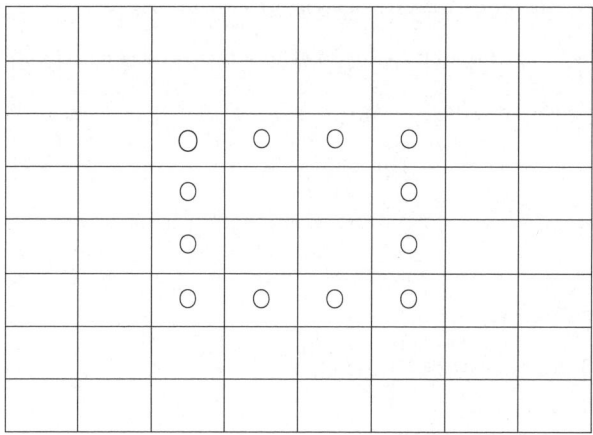

　이 그림은 단군도인데, ○을 표시한 곳은 ± 영역이다. 이것은 전체 그림에서 가장 안정된 위치에 자리잡고 있다. 게다가 ○은 12라는 아주 안정된 원소 개수로 순환하고 있는 것이다. 또한 ☰과 ☷ 이라는 극단을 제외시키면 중앙 통로에서 순환하고 있다. 이제 이들 순환 체계의 괘상을 살펴보자.

䷁	䷖	䷗	䷂
䷓			䷔
䷏			䷢
䷉	䷍	䷎	䷀

 이 그림에 나타난 괘상들은 음양이 잘 배합되어 있고 극단적인 괘상, 즉 ☰ ☷이 배제되어 있다. 우리는 앞서 ䷀와 ䷁의 뜻을 음미한 바 있는데, 본 순환도에서는 그것이 포함되어 있다. 이것들의 순환군 소속을 써 보자.

C	L	F	C
F			L
L			F
C	F	L	C

 이 그림은 중앙에 C가 있고 L과 F가 그것을 감싸고 있다. 각각은 완전한 대칭을 이루고 있는 것이다. C군은 원래 치우침이 없는 순환군으로서 6개 순환군 중에서 가장 아름답다. 그것이 중앙을 차지하고 있는 것이다. 또한 F와 L은 서로 회전 대칭인바, 이들이 C군 옆에 사이좋게 자리잡고 있다.
 또한 우리는 이들 괘상의 규칙성을 쉽게 찾을 수 있다. 그것은 4

상 규칙, 즉 ⚏ ⚌ ⚎ ⚍에 정확히 일치하고 있다. 4상으로 순환도를 그려 보자.

⚏	⚏	⚌	⚌
⚏			⚌
⚎			⚍
⚎	⚎	⚍	⚍

이 그림은 사상이 3단계로 나누어져 있는데, 이것은 하나의 상(像)이 초(初)·중(中)·종(終)으로 나누어짐을 보인다. 이는 사물의 변화 단계를 잘 보여 주고 있다. 예를 들어 인생은 태어나고 → 늙고 → 병드는 것이다. 물건의 경우는 만들어지고 → 유지되고 → 파괴된다. 3이라는 숫자는 최상의 시간 범주인 것이다. 지지(地支)에 있어 각 局이 3개씩으로 이루어진 것도 이것을 반영한다.

巳午未 → 火局
申酉戌 → 金局
亥子丑 → 水局
寅卯辰 → 木局

여기서 局이라는 것은 4상(四象)의 상(像)과 같은 뜻이다. 본 순환도는 황금 순환의 조건을 훌륭히 갖추고 있기 때문에 상당히 보기 좋다. 이제 이들의 수치 관계를 적어 보자.

0	2	4	6
-2			4
-4			2
-6	-4	-2	0

 이 숫자들은 상하 괘의 값을 더한 것인데, 순환의 모습을 극명하게 보여 주고 있다. 수열은 양값이 커지다가 극한에 이르면 다시 작아지고, 0에 이르면 다시 음값이 증가하며, 극한에 이르면 다시 작아진다. 또 다른 수의 값을 살펴보자.

+6	+4	+2	0
+4			-2
+2			-4
0	-2	-4	-6

 이 그림은 앞의 그림을 회전시킨 것이 아니다. 다른 수리 규칙을 사용하여 제자리에 값을 매긴 것이다. 그 규칙이란 하괘의 값에서 상괘의 값을 뺀 것인데, 이것은 상하 괘의 압력을 보여 준다. 예를 들어 ☷☷ 등은 상하가 같은 기운이므로 서로의 압력이 0이다. 그러나 ䷊ 의 경우, 하괘는 ☰로 상향성이 3이고, 상괘는 ☷로서 하향성이 3인바, 중간의 압력은 6이 된다. 이는 활력이 많다는 뜻이

다. 우리는 ䷊가 완벽한 조화의 괘라는 것을 이미 공부한 바 있다. 그리고 ䷋는 조화가 무너지고 있는 모습이라는 것도 공부했다. 불은 올라가고 물은 내려가서 상하가 붕괴되는 것이다. 이러한 현상은 그림에 잘 나타나 있다. -6이라는 수치가 말해 주듯 ䷋는 괘상이 풀려나가고 있는 것이다. 다른 괘상들은 6과 -6 사이의 현상을 표현하고 있다.

이것은 에너지의 값이 아니다. 에너지 값은 ䷊을 6, ䷋을 -6으로 표현한 바 있으나, ䷊와 ䷋을 각각 6과 -6으로 나타내고 있는 것은 에너지의 조화이다. 현대 과학에서는 이것을 엔트로피라고 하는데, 주역에서 매우 중요한 개념이다. 당연한 일이다. 주역의 사물의 구조를 추상하는바, 사물의 구조는 기(氣)의 조화로써 이루어진다. 지금 우리가 살피고 있는 순환 체계는 기의 조화를 다양하게 보여 주고 있다. 이들의 구조를 다시 보자.

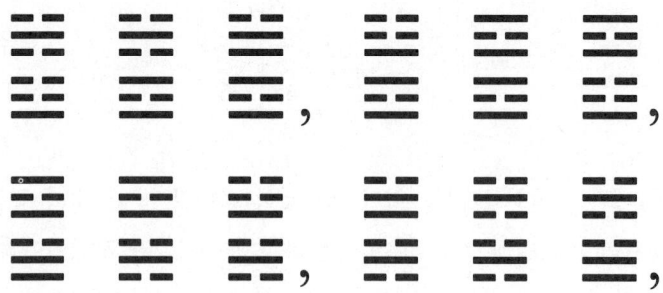

이 괘열들은 3개씩 끊어서 보면 木火金水로 순환하고 있는데, 그림으로 그려 보면 또 다른 모습을 발견할 수 있다.

제4권 신의 지혜   123

☷	☵	☴	☶
☵			☶
☳			☶
☳	☳	☲	☶

맨 위쪽의 가로줄을 보면,

☷ ☵ ☴ ☶

로 되어 있는데, 상괘를 주목하자. 이들은 ☵ → ☶로 진행하는데, 양의 기운이 증가하고 있음을 보여 주고 있다. 이는 다른 말로 '음의 기운이 감소하고 있다'는 뜻도 되는데, 여기에 초점을 맞추자. ䷊는 상하의 기운이 같아서 조화를 이루고 있다. 상괘인 ☷가 아래로 양기를 내려주면 하괘 ☰는 위로 음기를 올려주고 있는 모습이다.

여기서 잠시 괘상 ䷊를 보자. 이 괘상은 아래에 ☰이 있어 위로 강하게 양기가 치솟는 반면, 위쪽에는 ☷이 있어 아래로 음기가 넓게 덮이는 모습이다. 결국 양음이 만나 작용을 일으키게 되는 것이다.

그런데 ䷊는 음양이 서로 교차하는 것 외에 특별한 작용이 있다.

먼저 ☲를 보면 전체적으로는 양의 성질을 띠고 있는데, 중앙에 음효가 있다. 이 음효는 양에 둘러싸여 아래에서 받쳐 주고 위에서 끌어당기며 위로 올라간다. 즉, 음기가 위로 공급되는 현상이다. 반면 ☵은 전체적으로는 음의 성질을 띠고 있지만, 중앙에 양효가 갇혀 있어 괘가 하강할 때 함께 내려오는 것이다.

결론적으로 말하면, ☵은 양기를 하강시키는 작용과 함께 아래를 음기로 덮어 주고, ☲는 음기를 상승시키는 작용과 함께 위를 양기로 떠받들어 준다. 이러한 유익한 작용은 64괘 중 이것이 가장 두드러진다. 그렇기 때문에 원전에서는 괘명을 기제(旣濟)라고 하여 명예를 부여하고 있다. ䷾ 의 뜻을 유념하여 진행해 보자.

이런 상태에서 균형이 최초로 깨진 것이 바로 ䷰ 이다. 이 괘상은 상괘의 음기가 약화되면서 서서히 아래 괘를 감당하기조차 힘들어지는 모습이다. 원전 괘명이 혁(革)으로 현상 유지가 어려워지고 있음을 표현하고 있다. 이것이 계속 진행되면 ䷶ 이 되는데, 이 괘상은 여전히 아래를 짓누르고 있지만 심하게 요동친다. 이로써 상체가 붕괴되기 시작했다는 뜻이다. 이러한 현상은 전체적인 흐름으로 파악하는 것이 보다 이해하기 쉽다.

$$☵ \rightarrow ☱ \rightarrow ☳$$

이는 음기의 감소, 즉 양기의 증가를 나타내는 과정이다. 결국 상괘가 ☳에 도달하면 괘상은 ䷲ 가 되어 화려한 작용을 마음껏 펼칠 수 있게 된다.

이제 모든 과정을 이어서 생각하면 그 동안 상괘의 양기가 증가한 대신 하괘의 음기가 증가하는 방향으로 움직인 사실을 알 수 있을 것이다.

☷ → ☵ → ☳ → ☲

☷은 아래에서 위를 잡아당기지만 역부족이고, ☵는 이미 떠난 모습을 나타낸다. ☳은 화살이 활을 떠나고 로켓이 기지를 떠난 모습으로서 매우 진취적인 형태이다. 그러나 ☷는 ☲를 쫓아가지 못하니 서로 어긋나는 모습이다. 원전 괘명은 규(睽)로 어긋남을 표현한다. 즉, 아들이 고향을 떠나 서울로 향하는 것은 희망적이지만, 고향에 홀로 남은 부모는 허전할 수밖에 없다.

다음 단계를 보자.

☲☷, 이 괘상은 상하가 괴리되어 기(機)와 기(氣)가 무너지는 형상이다. 그러던 중 상괘가 더 이상 멀어지지 않고 다음과 같이 반전을 시작한다.

☲☷ → ☶☷

여기서 ☶은 ☲가 전진을 멈춘 모습이다. 먼저 적진을 향해 돌진하던 군대가 후속 부대가 따르지 않는 모습을 보고 그 자리에 멈춘 격이다. 본대와 간격을 맞추기 위해 잠시 후퇴하는 것이 좋을 듯하다. 그것은 바로 ☶으로 나타낸다. 이 괘상은 일단 후퇴는 시작했

지만 아직 우군을 만나지 못한 상황을 보여 준다. 원전 괘명은 곤
(困)으로 내면이 부실한 상태이다. 연못에 물이 없거나 후퇴하는 부
대가 우군과 멀리 떨어져 있는 상황을 암시한다.

　후퇴하는 부대가 결국 본대에 귀환한 모습은 ☷이다. 이제 진형
을 새로이 정비하고 반격에 나설 차례이다. 그러나 이 때 가장 먼
저 필요한 것은 휴식과 정돈으로 ☷이 원전 괘명은 절(節)로서 분
수를 지키는 것이다.

　다음 단계는 진격을 준비하는 일, ☷이다. 이 괘상은 미래를 향하
여 나아가는 젊은이의 당당한 모습이지만, 앞날에 난관이 있다. 모
든 일에는 이처럼 다 난관이 있는 법, 돌파하는 의지가 필요하다.
삼국지에서 유비와 관우·장비가 모여 의형제를 맺고 미래를 꿈꾸
는 모습이 바로 ☷이다. 그러나 앞날은 결코 희망만이 존재하지
않고 안개 속에 묻혀 있으므로 천천히 잘 살피며 나아가야 한다.

　마침내 공을 세울 기회가 온다. 즉, ☷이다. 사냥꾼이 짐승을 만
나고, 군대가 적을 만나고, 운동 선수가 상대 선수를 만난 모습이
다. 천지의 작용이란 만남이 이루어진 후에 나타나는 법이다. ☷는
만남의 조화를 나타내는 64괘 중 가장 아름다운 모습이다.

　이상으로 주어진 순환 체계를 점검했는데, 이 체계는 비록 자그마
한 순환이지만 가히 황금 순환이라 할 만하다. 이보다 규모가 큰
황금 순환이 있다면 그것은 64괘를 총망라한 순환일 것이다. 이것
은 앞부분에서 이미 독자들에게 제시했던 문제인데, 반드시 필요
충분 조건을 갖추어야 한다. 그것은 당연히 완전성을 일컫는 것이

고, 괘상을 한 방향으로만 정리해서는 결코 이 완전성을 이루지는 못할 것이다.

  예를 들면 선천 복희 팔괘도는 위에서 아래로 흐르는 일방적인 형식이므로 완전성에 위배된다. 물론 아래에서 위로 흐르는 형식으로 괘상을 정리해도 완전성의 문제에 걸리게 된다. 따라서 황금 순환이란 상향 하향을 조화시켜 완전성을 이루어야 하는 것이다.

  이 장에서는 12개 원소의 황금 순환을 살펴보았다. 그러나 원소의 숫자에 구애받을 필요는 없다. 조건만 완전하다면 64개이든 60개이든 아무런 상관없다. 그리고 방금 검토한 12개 원소로 만들어진 체제만이 유일한 12개 원소의 황금 순환이라고도 할 수 없다. 어떤 형식을 취하든 완전성만 보장되는 순환 체제는 이루어진다. 우주나 인간 사회가 다양한 순환 체계를 이루고 있기 때문에 이에 적응하기 위해서 우리는 순환의 최적 모델, 즉 여러 종류의 황금 순환을 알고 있어야 한다. 그리고 우리는 최상의 황금 순환이 과연 무엇인지도 생각해 봐야 할 것이다.

玉虛眞經 (6)

可以爲天下母 吾不知其名 字之曰道

가히 천하의 어머니라 하지만 나는 그 이름을 알지 못한다. 억지로 이름을 붙여 도라 한다.

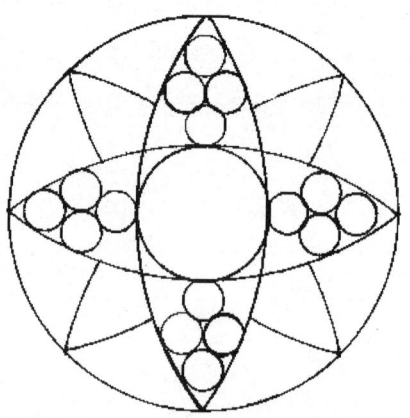

최고봉을 향하여

    필자는 오랫동안 심혈을 기울여 이 책을 썼다. 좀더 부지런히 작업을 했다면 일찌감치 완성을 봤을지도 모른다. 하지만 아쉬움은 없다. 무엇보다도 중요한 것은 내용이기 때문이다. 물론 한 가지 걱정거리도 있다. 아무리 훌륭한 내용이라 해도 이해해 주는 사람이 없다면 아무 소용 없는 일에 진땀을 흘린 결과가 되기 때문이다. 오늘날 전세계는 과학 문명이 극도로 발달하여 합리적 사고 방식이 전 인류에 뿌리 내리고 있다.

    그런데도 불구하고 유독 주역 부문에서만은 아직도 그러한 사고 방식이 본격적으로 이루어지지 않고 있다. 거의 모든 사람이 주역을 사주나 관상 정도쯤으로 알고 있는 것이다. 예전에는 사서 삼경(四書三經) 중에 주역이 들어 있다는 것을 아는 사람도 많았기 때문에 잘 모르지만 주역을 대단히 존중했었다. 하지만 오늘날에는 이나마도 찾아보기 어렵다. 물론 주역이 사서 삼경 중에 포함되어 있다고 해서 더 주목을 받을 필요는 없다. 사실 주역이란 누가 어느 곳에 소속시키든 상관없이 인류 최고의 학문인 것이다. 그렇기 때문에 더욱더 합리적인 연구가 필요한데, 우리 사회는 이를 외면하고 있다.

그런데 이것은 유독 우리 나라만의 현상인 것 같다. 미국만 하더라도 많은 수학자나 물리학자들이 또한 주역을 과학적으로 규명하기 위해 대단한 노력을 기울이고 있다. 필자는 주역의 과학성을 들어 우주인 도래설까지 주창한 바 있는데, 우리 나라 사람들은 왜 신비적·미신적 개념에만 머물러 있을까?

먼 옛날 우리의 조상들은 금속 활자를 만드는가 하면, 천문 관측을 위한 과학적 천문대인 첨성대 등도 만든 바 있다. 이처럼 우리 민족은 원래부터 과학적 정신을 소유하고 있었던 것이다. 사실 오늘날에도 서구 과학 문명에 많은 도전을 하고 있다. 그렇다면 그 어느 것보다도 중요한 주역에 있어서도 과학적 정신을 발휘 못 할 이유가 없다. 필자가 이 글을 쓰는 이유도 실은 그러한 사업에 일익을 담당하기 위함이다.

하지만 가장 중요한 것은 독자의 향학열이다. 모처럼의 과학적 주역 이론서라 할지라도 이해하는 사람이 없다면 무슨 소용이 있으랴! 필자는 10년 전에도 과학적으로 구성된 주역 이론서를 쓰려고 한 적이 있다. 하지만 그 때는 의욕이 나지 않았었다. 세상에 누구를 만나도 그들은 주역에 대한 이해가 너무도 부족했던 것이다. 사회 지도층이나 공부를 많이 한 사람도 주역이라 하면 으레 점술이

나 미신으로 생각하고 가치를 부여하지 않았다.

　무엇보다도 필자를 실망시킨 것은 정작 합리적이고 과학적이어야 할 젊은 학생들의 무지였다. 그들은 오히려 비과학적인 내용을 더욱 좋아했다. 과학적인 내용이 조금이라도 나오면 흥미를 잃는다. 필자는 오랜 세월 동안 주역을 강의해 왔는데, 그 때마다 느끼는 것은 학생들의 이상한 태도였다. 즉, 별로 쓸데없는 부분을 설명할 때 그들은 오히려 눈이 반짝였다. 그러나 아주 중요한 부분에 이르러 약간이나마 합리적인 설명을 시작하면 그들은 흥미를 잃고 금방 졸기 시작하였다.

　필자는 당시 이렇게 생각한 적도 있었다.

　'이들은 왜 과학적이고 합리적인 논리를 전개하면 졸고, 모호하고 거짓된 내용까지 포함된 필요 없는 설명을 하면 눈을 반짝이며 정신을 집중하는 것일까?'

　사람은 누구나 자기에게 맞는 수준이 있을 것이다. 그러나 그 수준을 높일 생각을 하지 않는 것은 무엇 때문일까? 예전에 갈릴레오가 '지구는 태양 주위를 돌고 있다'고 했을 때 당시의 지식층들은 신성을 모독한 갈릴레오를 죽여야 한다고 들고일어났다. 주역을 과학적으로 파헤치면 과연 신성 모독이 되는 것일까?

　필자는 10년 전에 크게 실망해 대책을 강구했었다. 어차피 올바른 주역을 가르칠 수 없다면 주역에 대한 소개라도 하고 싶었다. 그래서 주역에 관한 소설을 쓰게 되었던 것이다. 어쩌면 지금 이 글을 읽는 독자들 중에 그 소설을 읽은 사람도 있을 것이다. 그 소설은 주역 자체에 대해서 과학적으로 설명하지는 않았지만, 주역이 우주 최고의 학문이라는 것은 충분히 피력하고 있다.

이제 세월이 흘러 세상도 많이 변했다. 최근에는 각종 주역 강좌가 생겨나고, 일부에서는 과학적 사고 방식도 수용하는 것을 볼 수 있었다. 지금이야말로 합리적인 주역을 세상에 내놓을 때라고 생각한다. 필자는 이 책을 읽는 독자들이 어떤 분들일까 몹시도 궁금한데, 이왕이면 젊은 학도들이길 기대한다. 아무래도 고정 관념에 사로잡혀 있는 기성 세대보다는 신세대가 과학적 주역을 이해할 가능성이 높기 때문이다.

물론 기성 세대라 할지라도 마음만 옳게 가지면 과학적인 주역을 충분히 공부할 수 있는 것이다. 오히려 주역을 공부해 본 적이 있는 사람이라면 더욱 크게 성취할 것이다. 왜냐 하면 문자 풀이식 전통 주역 공부에서 그들은 지금쯤 앞으로 더 나아가지 못한 채 막혔을 수도 있기 때문이다.

사실 인간의 지성은 나이와는 상관없다. 어떤 사람들은 20대 초반에 지성이 가장 왕성하다고 주장하고, 또 어떤 사람들은 40대 초반을 주장하기도 한다. 그러나 필자는 50대나 60대, 10대라도 전혀 상관없다고 생각한다. 지성이란 한 순간에 얻어지는 것이 아니라 계속적으로 쌓여 나가는 것이다. 나이에 따라 솟아나는 것이 아니다.

다만 나이가 아주 많은 분들에게는 이 책을 권장하고 싶지 않다. 이해의 여부를 떠나서 최고의 학문을 공부하고도 나이가 많아서 써먹을 데가 없는 것이 아쉽기 때문이다.

필자는 최고의 주역을 공부해서 최고의 업적을 남기기를 바란다. 물론 사회적 출세나 위대한 과업을 꿈꾸지 않는 도인이나 순수한

학자라면 죽는 날까지 주역을 공부해야 할 것이다. 특히 과학적인 주역 이론은 반드시 한 번쯤 눈여겨 읽어 봐야 할 것이다.

공자는 죽는 순간까지 주역 연구를 쉬지 않았거니와, 오늘날은 주역을 하나의 학문으로서 깊게 연구해야만 한다. 그것은 태평스럽게 고전 풀이만으로 되는 일이 아니다. 현대 문명이 이루어지기까지는 피눈물나는 과학자들의 노력이 있었듯이, 주역이란 학문도 과학화가 시도되어야 하는 것이다. 그래야만 주역이 미신이 아닌 학문으로 인정받고, 그 깊은 원리가 인류 발전에 기여하게 될 것이다.

무엇보다도 중요한 것은 정밀한 기초 개념 확립이다. 그것은 인류가 오늘날과 같은 문명을 이룩할 수 있었던 것도 정밀한 과학 논리가 확립되었기 때문이다. 꿈풀이식 주역은 영원히 사라져야 한다. 주역은 오늘날의 과학 수준을 넘어서고 있기 때문에 이로써 국가 발전과 인류의 지성을 높이는 데도 기여할 수 있다.

이제 주역의 핵심 내용으로 들어가 보자. 이 장에서는 주역의 가장 중요한 부분을 살펴볼 것이다. 다음의 괘상을 보라.

이들은 어떠한 괘상인가? 언뜻 보기에 (5, 1)인 괘상, 즉 양5 음1의 괘상들이다. 그러나 (5, 1)인 괘상은 다음과 같다.

 이 괘상과 앞의 괘상들은 어떤 차이가 있는가? ☰ 과 ☷ 이 추가되었을 때와 그렇지 않을 때의 차이인데, 그것이 무엇을 뜻하는 것일까?

 무엇이 보이는가? 여전히 똑같다고? 그렇다면 괘상들을 좀더 멀리서 바라보자. 나무를 보지 말고 숲을 보라는 뜻이다. 그래도 잘 모르겠다면 힌트를 주겠다. 괘상 ☰은 성질이 순수한 양이므로 간단히 ─ 으로 표시해도 된다. ☷ 도 마찬가지이다. 그렇다면 무엇을 발견할 수 있는가?

☰ → ⚎
☰ → ⚎
☰ → ⚎
☰ → ⚎

 이해할 수 있는가? 해답은 같은 성질을 하나로 표현했다는 것이다. 다음을 보자.

이들은 어떤가? 모두 ☷로 표시할 수 있다. 하나만 더 보자.

　이들은 ☷ 으로 표시된다. 이제 충분한 이유를 깨달았을 것이다. 이것을 인류가 발견한 첨단 수학의 개념인 위상 개념이라고 한다. 이것은 옛날 우리 조상들이 유의하지 못했던 아주 중요한 개념으로써 위상 수학적 개념이라고도 일컬어진다. 20세기에 접어들어서 겨우 확립된 위상 수학은 주역을 좀더 쉽게 이해할 수 있게 만드는 지름길 역할을 한다. 아직 지성이 발달하지 못했던 옛날에는 위상 수학적 개념을 파악하기조차 못 했다. 그렇기 때문에 주역의 올바른 이해란 사실상 불가능했던 것이다. 필자도 위상 수학적 개념을 통해 비로소 주역을 완전히 해독할 수 있었다.
　필자가 자주 우주인 도래설을 얘기하는 것도 이와 같은 이유 때문이다. 5,000년 전에 인류는 문자나 숫자도 사용하지 못했고 수학이라는 것도 존재하지 않았다. 하물며 최첨단 수학인 위상 수학이 있을 턱이 없다. 그러므로 '옛 사람은 주역을 몰랐다'는 필자의 주장의 근거도 여기에 있다. 위상 개념은 자연의 보편적 개념, 즉 우주적인 개념인 것이다. 20세기에 와서야 비로소 이 개념이 밝혀진 것은 인류의 지성이 옛날부터 점점 더 발전하여 이제서야 겨우 그 이론을 이해할 수 있게 되었기 때문이다.

옛날에는 수학자나 과학자·철학자 등을 가릴 것 없이 위상 개념을 몰랐던 것이다. 설사 알았다 해도 그것의 쓰임새를 이해하지 못했을 것이다. 하지만 주역의 가장 심층부에는 처음부터 이러한 개념이 자리잡고 있었던 것이다. 단지 인류가 그것을 뒤늦게 발견하여 이제 그 신비가 서서히 밝혀지고 있다. 다시 괘상을 보자.

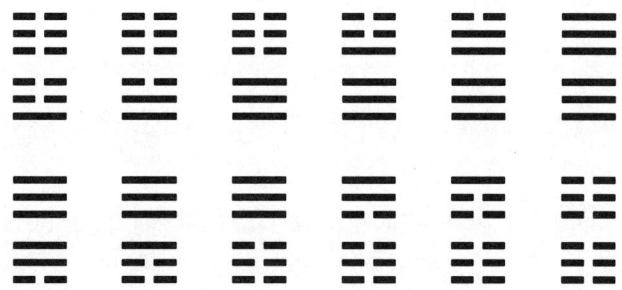

이것은 군주괘인데, 좀더 간단히 표현할 수 있다. 즉,

인데, 이것은 위상 약도(位相略圖)라고 한다. 다시 보자.

☰ → ⚌

☷ ☶ ☵ ☳ → ⚏

☲ → ⚎

위에서 보듯이 군주괘란 겨우 ☳ ☰ ☶ ☷ 만 이해하면 충분하다. ☳ 은 음 아래에 양이 잠복하고 있어서 앞으로 성장이 기대되는 모습이다. 그리고 양이 성장하여 위에 있는 음을 뚫고 발산하지 않는 한 여전히 ☳ 인 것이다.

☳ 은 양이 최소한인 ⚎ 이고,

☰ 은 양이 최대한인 ⚌ 이다.

물론 획수가 6개인 주역 체계 안에서 논하는 것이다. 위상 수학 개념은 6이라는 숫자에 특별히 연연해하지 않는다. 그것을 고무줄 수학이라고도 하는데, 마음대로 늘이거나 줄일 수 있기 때문이다. 다음을 보라.

― ⟶ ☷ ⟶ ☰ ⟶ ⚌
 늘린다 늘린다 줄인다

이것이 바로 위상 개념이다. 이 개념에서는 사물이 연속적 구조를 갖는다. 고무줄 개념이기 때문에 가능한 것이다. 이것은 매우 유연한 생각이지만 자연의 구조가 반드시 이에 따르는 것은 아니다. 단적인 예로 에너지는 많고 적음을 나타내는 유연성을 갖고 있는 것처럼 보이는데, 사실은 최소량이 존재하는 불연속적 구조이다. 그것을 양자(量子)라고 하는데, 이 개념을 바탕으로 만들어진 것이 바로 양자 역학(量子力學)이다. 양자 역학은 위상 수학과 대조되는 첨단 물리학이다.

그러나 주역은 이 두 가지 개념을 모두 포함하고 있다. 사실 주역은 양자 역학이나 위상 수학 개념을 훨씬 앞서고 있는데, 그것은 다음에 살펴보기로 하고 이 장에서는 위상 수학적 개념을 이해하는 것으로 충분하다. 다시 괘상을 보자.

☷ 은 아주 특수한데, 위상 개념으로 더 이상 축소할 수 없는 것이다. 이것은 괘상 ䷾ 이 가장 다양한 구조를 갖고 있다는 뜻이다. 이미 우리는 이 유명한 괘상을 주의 깊게 살펴보았는데, 원전 이 괘명을 기제(既濟)라는 멋진 이름으로 붙여 놓았다. 괘상 ䷿ 도 마찬가지이다. 다만 이 괘는 다양함을 갖추었지만 내부 작용이 비생산적이기 때문에 미제(未濟)라 명명했다.

괘상 중 가장 간단한 것은 ☰ 과 ☷ 이다. 그러나 이것들은 그저 양(―)과 음(--)으로 표현될 수 있다.

두 번째로 단순한 괘상들은 ☳ ☵ ☶ ……과 ☴ ☲ ☱ …… 등인데, 이들은 ⚋ 과 ⚊ 으로 표현된다. 군주괘는 ⚋ ⚊ ⚋ ⚋ 로 쓸 수 있지만, 이 중에서 ⚊ 과 ⚋ 은 ― 과 -- 으로 다시 쓸 수 있다. 따라서 군주괘는 ⚋ ― ⚋ -- 으로 쓸 수 있는 것이다.

주역은 참으로 간단하다. 우리가 실제로 ⚊의 뜻을 잘 이해하고 있다면 군주괘 중 5개는 완전히 해독할 수 있다. 필자는 20년 이상 ⚊을 바라보며 음미하고 있는 중이다.

그렇다면 위상 개념을 사용하여 주역 64괘의 약도를 그리면 모두 몇 종류나 될까? 이것이 바로 이 장의 주제이다. 이 부분은 주역의 이론 중에서 아주 중요하고 가장 아름다운 부분이다. 필자는 초기에 이 개념을 접하고 한 달 동안이나 기뻐한 적이 있다.

여기서 잠시 다른 일화를 소개하자. 고대 수학자 피타고라스에 대한 이야기이다. 독자들은 피타고라스 정리를 들어본 적이 있을 것이다. 아니, 누구나 이 정리를 알고 있을 것이다. 피타고라스 정리는 직각 삼각형의 세 변의 관계를 나타낸 것이다.

'직각 삼각형에 있어 세로 변의 제곱과 가로 변의 제곱을 더하면 빗 변의 제곱과 같다.'

이 정리는 단순하지만 아주 중요한 것이다. 피타고라스는 이것을 발견하고 너무 기쁜 나머지 소 100마리를 잡아서 하늘에 제사를 드렸다고 한다. 필자도 그 심정을 이해한다. 필자도 주역의 위상 구조를 발견하고는 너무 기뻐 경제적 여건만 허락했다면 소 1000마리쯤 잡아서 옛 성인에게 제사를 지내고 싶었다. 하지만 단지 술 몇 잔으로 마음을 달래야 했었다.

다시 주역으로 화제를 돌리자. 문제는 64괘 모두를 위상적 구조로 본다면 모두 몇 종류가 되느냐이다. 그것을 알아보기 위해서는 우선 양극과 음극으로 나누자. 이것은 다음에서 보듯이 단순하다.

☰ → ―

☷ → --

이 다음으로 단순한 것은,

☳ ☵ ☶ ☱ → ⚏

☴ ☲ ☷ ☱ → ⚎

이다. 주역 64괘 괘상 중에서 ⚏과 ⚎은 이들뿐이다. 다음으로 생각할 수 있는 것은 ☳와 ☶이다. 이 괘상들을 찾아보자.

☳☳ ☳☳, ☳ ☳, ☳ ☳, ☳ → ☳

☶☶ ☶☶, ☶ ☶, ☶ ☶, ☶ → ☶

이들 외에 ☳와 ☶을 찾을 수는 없다. 다음은 ⚌과 ⚍인데, 이것들은 다소 복잡하다.

☰☰ ☰☰, ☰ ☰, ☰, ☰☰ ☰☰ → ⚌

☷☷, ☶☷ ,☵☷ ,☴☷ → ☳

이들 외에는 ☵과 ☶은 더 이상 없다. 다음은 ☳과 ☴이다.

☴☴☴☴ → ☵

☳☳☳☳ → ☶

이상이 ☳과 ☴의 모든 것이다. 이제 남은 것은 ☵와 ☶인데, 이것은 그대로 위상 구조를 나타낸다. 이제 주역 64괘 모두에 대해 위상 구조를 살펴봤는데, 그 종류는 놀랍게도 12개에 불과하다. 그 복잡다단한 괘상이 겨우 12개로 정리된 것이다. 이것이 바로 주역의 뿌리에 자리잡고 있는 절대 구조이다. 괘상의 해석은 결국 12개의 구조를 해석하는 것으로 귀결한다.

12개도 많은가? 어쩌면 그럴지도 모른다. 하지만 생각해야 할 구조가 64개에서 무려 5배나 줄었다. 이제 12개의 위상 구조만 해석하면 실제로 64괘에 대한 완벽한 뜻을 깨달을 수 있다. 우리는 지금 주역의 최고봉에 올라와 있다. 내려다보니 세계는 12개의 산맥으로 이루어져 있다.

여기서 또 한 번 신기하게 느끼는 것은 12라는 숫자이다. 하필 12일까? 거기에서 양극과 음극을 빼면 10개밖에 안 된다. 이 또한 재미있는 일이다. 인간에게 있어 10보다 익숙한 숫자가 어디 있단 말인가! 인류는 현재 10진법을 생활 속에서 사용하고 있다. 또한 12는 순환을 상징하는 유명한 숫자이다.

　우리는 방금 64개 괘상을 분석하여 절대 구조 12개로 축소시켰다. 이에 대한 성질은 계속 규명해야 하지만 당장에 떠올릴 수 있는 의문은 이들 12개 위상 구조들이 정말로 순환하고 있는가이다. 우선 이것을 살펴보자.

　─은 양을 나타내는 위상 성분인데, 그 구조를 보면,

　　⚏ ⚎ ⚍ ⚌ ☰ ……

등으로 얼마든지 늘일 수 있는 사물이다. 하지만 이 모든 것은 결국 ─이라는 구조로 나타난다. 위상 구조가 제아무리 고무줄 구조라 해도 그 성분의 구조 범주는 이미 정해져 있는 것이다. 이것은 절대로 파괴될 수 없는 구조 형식이다. 주역의 괘상이란 바로 이런 점 때문에 위대하다고 할 수 있다. 그 안에 위상 원리를 포함하고 있으나 절도(節度)를 유지하고 있는 것이다. 그럼 여기서 절도의 변화를 살펴보자.

　　─ → ⚋

　이 변화는 ─위에 --이 출현한 것이다. ─위에 ─이 출현해서는 전혀 의미가 없으므로 변화를 주기 위한 필요 충분 조건은 --의 출현밖에 없다.

― → ⚌

이 변화는 --이 아래에 출현한 것이다. ―은 위 혹은 아래에 --이 출현함으로써 위상 구조가 변한다. 이러한 입장은 음도 마찬가지이다. 즉,

-- → ⚌

-- → ⚌

인 것이다. ―과 --은 각각 두 가지 경우로 변화할 수 있다. 그러나 이렇게 되면 간단하게 정리할 수 없다. 유일한 변화 방법은 없을까? 있다. 그것은 본래의 성분에 다른 성분을 추가하되 상하에서 등장하는 게 아니라 침투하는 것이다. 다음을 보라.

― → ☳

이 변화는 ―에 --이 중앙 지역으로 침투한 것이다. 이것은 유일한 변화인데, 원래의 효가 --이어도 마찬가지이다. 즉,

-- → ☶

이것은 양이 가운데로 침투한 것으로 유일한 변화이다. 우리는 여

기에 또 다른 성분을 침투시킴으로써 위상 변화를 꾀할 수 있다.
다음을 보라.

☳ → ☶

이 과정은 중앙 지역에 반대의 성분이 침투함으로써 이루어지는
위상 변화이다. 이와 같은 과정은 ☷에서도 이루어질 수 있다. 즉,
다음과 같다.

☷ → ☵

이제 이것을 정리해 보자. 양을 위에 배치하고 음을 아래에 배치
해서 동시에 진행하자.

(⚊)
(☶)
(☵)
(☲)
(☳)
(⚋)

이 그림은 양극과 음극에서 시작한 변화가 중앙으로 향하고 있음
을 보여 준다. 변환의 시작이 양극과 음극이었기 때문에 그 방향은

중앙 외에는 있을 수 없다.

이제 ⚏과 ⚌의 변화를 시도해 보자. 이들은 비대칭이기 때문에 중앙에 어떠한 효를 갖다 놓아도 위상 변화는 이루어질 수 없다. 따라서 다른 방식을 강구해야만 한다. 예를 들어 이들의 위와 아래에 다른 성분을 추가시켜 보자.

⚏ → ☳
⚏ → ☶

이 두 과정은 ⚏ 위에 —을 놓거나 아래에 --을 놓는 경우에 해당된다. 그러나 새로운 변화는 나타나지 않았다. ☳와 ☶은 앞에서 이미 나온 구조이다. 그렇다면 한 가지 방법밖에 없다. 이번에는 상하의 기운을 교환하여 중앙에 삽입시키는 방식이다.

⚏ → ☵

이 과정은 상하가 기운을 상대방에게 보내 새로운 위상 구조를 만든 것이다. 이것은 ⚌에도 적용할 수 있다.

⚌ → ☲

이것도 위의 과정도 똑같은 중앙 교환 변화이다. 이들은 같은 원리에 따라 아래와 같이 또 한 번 변화시킬 수 있다.

☷ → ☶
☷   ☳

☷ → ☴
☷   ☱

이 과정은 중앙에서 서로 기운을 교환해서 생긴 것이다. 이러한 과정들은 무한히 반복할 수 있지만 이 정도에서 마치자. 주역 64괘의 위상 구조는 모두 12개뿐이기 때문이다. 우리는 이미 12개의 위상구조에 대해 변환 관계를 모두 분석해 놓은 상태이다. 이제 이 모든 것을 한 번에 그려 보자.

$$
\begin{array}{c}
(\,—\,) \\
(\,☰\,) \\
(\,☱\,) \\
(\,☳\,)(\,☲\,)(\,☴\,) \qquad (\,☶\,)(\,☵\,)(\,☷\,) \\
(\,☳\,) \\
(\,☶\,) \\
(\,--\,)
\end{array}
$$

이 그림에서 ☳과 ☵은 좌우에서 중앙으로 향하고 있다. 이것도 유일한 변화의 방향인 것이다. 그리고 전체적으로 보면 한 가지 구조가 눈에 띈다. 즉 수직 변화는 위상 구조가 홀수이고, 수평 변화는 위상 구조가 짝수로 되어 있다는 것이다.

이들은 총체적으로는 1, 2, 3, 4, 5, 6으로 되어 있기 때문에 수평 수직 관계를 더욱 자세히 그릴 수 있다. 이것은 장차 12개 위상 구조를 체계적으로 이해하는 데 중요한 자료가 될 수 있다. 총체적인 관계를 다시 그려 보자.

1	1	1	1	1	1
2	3	3	3	3	2
2	4	5	5	4	2
2	4	6	6	4	2
2	4	5	5	4	2
2	3	3	3	3	2
1	1	1	1	1	1

위의 그림은 각 위상 구조를 숫자로 표시했는데, 여기서 칸은 별 의미가 없다. 다만 점진적으로 중앙을 향할 때 상대적 계층 관계를 표시한 것이다. 또한 수평 수직으로 칸수가 7이라는 것을 확인시키기 위함이다. 이는 위상 구조들의 외부에 형성된 또 하나의 위상이다. 위상 구조들을 괘상으로 만들었을 때 상호 관계는 나중에 다시 논할 것이다.

여기서 분명히 강조하는 것은 주역 64괘를 알기 위해서는 12개의 위상 구조를 철저히 깨달아야 한다는 점이다. 괘상은 반드시 12개의 위상 구조를 통해서만 이해될 수 있기 때문이다. 과거이든 현대이든 또는 지구이거나 저 멀고 먼 별나라이거나 위상 구조를 통하지 않고 괘상을 논한다는 것은 어딘가 허술한 부분이 없을 수 없다.

특히 주역의 효를 논할 때 위상 구조는 절대적으로 필요한 것이다. 우리는 주역 64괘가 12개의 위상 구조로 줄어든다는 것에 두고 두고 다행스럽게 생각해야 한다. 주역이 얼마나 단순한가! 뿌리가 단순하기 때문에 괘상에 대해 얼버무리거나 거짓된 설명이 붙을 수 없다. 그러므로 괘상을 해석할 때 가장 먼저 위상 구조를 떠올려야 한다. 그 이후로 각종 수치라든가 순환군 소속·대륙 지도·단군도 등을 논의할 수 있다.

위상 구조에 대해 간단히 설명해 보자. ―은 양극이며, 가장 간단한 위상 구조이다. 괘상으로는 ☰ 이지만 이에 대한 해석이 잡다할 수 없다. 괘상 자체가 단일 구조이므로 복잡한 해석이 필요 없다는 것이다. 그것은 오로지 양이라는 사실만을 알면 될 뿐이다. 그리고 우리가 인식해야 하는 것은 효의 위치에 따른 약간의 변화뿐이다.

예를 들면 제6의 위치는 양의 극한으로서 지나치고, 제1의 위치는 양의 최소한으로서 미약한 존재이다. ☰은 전체적으로 보면 순양이기 때문에 양의 개념을 철저히 이해하면 그만이고, 그 절도를 보고자 한다면 초효와 6효만 이해하면 그만이다.

--, ☷ 도 사정은 마찬가지이다. 전체적으로는 순음일 뿐이기 때문에 음의 개념만 확실히 알면 되고 구체적인 응용으로서는 초효와 6효만 알면 된다.

이제 음과 양의 개념을 가지고 다른 괘상에 대해 이해의 폭을 넓힐 수 있다. ⚏과 ⚎을 보자. 먼저 ⚏은 다음의 괘상들로 전개할 수 있다.

 이들은 군주괘들인데, 여기서는 소속을 따질 필요가 없다. 이 괘상은 오로지 ☷일 뿐이다. 이것은 음이 양을 함유하고 있으며, 양이 음을 떠받들고 있는 모습이다.
 예를 들어 ䷗ 은 음 속에 양이 깊게 자리잡고 있어 아직은 크게 힘을 발휘하지 못하는 상태이다. 이 괘상에서 유의할 곳은 세 곳인데, 가장 중요한 부분은 두말할 것도 없이 초효이다. 그것은 유일한 양이기 때문이다. 이 양은 음 속에 깊게 자리잡고 있어서 때를 기다리는 형상이다. 음을 뚫고 나아가자니 첩첩 산중이다.
 ䷗ 의 모양을 보라. 위로 다섯 개의 음이 기다리고 있다. 이 괘상에서 제2효는 양의 도전을 직접 받고 있어서 상당히 바쁜 상황이다. 하지만 제6효는 느긋하다. ☷ 이것은 두 가지 사항만 고려해도 충분하지만 ䷗ 에서 제6효는 음의 역할이 강조된 모습이다. 음은 양을 덮어 두는 성질이 있는바, 제6효는 축적된 음을 상징하고 있다.
 기타의 괘상 ䷒ ䷊ ䷋ 등은 특기할 만한 것이 없다. 그저 ☷에서 음양의 성질을 음미하면 그만이다. 다만 ䷒ 은 특이한 상황이다. 위상 구조는 ☷일 뿐이지만, 제6효가 ☷의 음을 잘 보여 주고 있다. 양의 위에 있는 음은 도전을 받기 때문에 위태로운 법이다. 초효는 멀리 있는 적을 향해 전진하는 모습이다. 이상과 같이 ☷의 괘상 5개를 음미했는데, 효의 특별한 내용은 2개뿐이다.

☷의 괘상을 보자.

이 중에서 ䷇을 보자. 이 괘상은 지휘자가 부하를 통솔하는 모습이다. 초효는 지도자로부터 멀리 떨어져 있어서 통제가 잘 안 되는 상태이다. 강의 시간에 맨 뒤에 앉아 졸고 있는 모습도 이에 해당된다. 제6효는 그야말로 지도자가 아랫사람을 다스리기 무척 힘든 모습이다. 제5효는 측근이나 심복으로서 통솔하기가 쉽다.

䷁에서 초효는 혼자 고집을 부리고 있다. 모두들 남쪽을 바라보는데, 저 혼자만 북쪽을 바라보고 있는 것이다. 단체 행동을 함에 있어 슬쩍 빠져 나간 모습이다. 제2효는 친구로서 괴로운 입장이다. 제6효는 마누라의 통제에서 벗어나 신나게 놀고 있는 모습이다. 적진을 향해 자유롭게 돌진하는 상태이다.

나머지 ䷆ ䷇ ䷒ 등도 위와 같이 해석할 수 있다. 예를 들어 ䷒의 제3효는 미련이 남아서 쩔쩔매는 모습인데, 이는 아래의 음에 붙어 있기 때문이다. ☷은 상하가 서로 잡아당기는 모습인 동시에 각자 이탈하려는 성질을 갖고 있다.

☰와 ☷을 보자.

　이 괘상들은 음이 하강하는 모습인데, 양의 입장에서 바라보는 것이 이해하기 쉽다.

☰ 은 음 밖으로 양이 한 개만 나가 있다. 음 아래쪽으로는 양이 4개나 축적되어 있는 것이다. 원전의 괘명이 대유(大有)라고 되어 있는데, 글자 그대로 '크게 있다'는 뜻이 아닌가!

☰ 을 보면 뜻이 더욱 분명해진다. 이 괘상은 양이 두 개가 빠져 나갔다. 그러므로 소축(小畜)인 것이다. 원전의 괘명을 비교해서 음미하면 이해가 쉬워진다.

☰ 은 원전에서는 이(履)로서 뒤따라간다는 뜻이다. 양이 3개나 밖으로 나간 것이니 윗괘는 모두 나간 것이다. 당연히 뒤따른다는 것이다.

　그 다음은 ☰ 으로, 이 괘상은 4개의 양이 나가 있으므로 그 중 하나는 하괘에 속한 것이다. 하괘도 위와 함께 하겠다는 뜻이 분명하다. 원전의 괘명이 동인(同人)이라 명명된 것은 바로 이 때문이다. 다음 괘상을 보자.

이 괘상들도 역시 ☵이다. 처음 괘상 ䷙ 은 양이 하나만 빠져나가 있고, 음이 두 개이며, 세 개의 양이 축적되어 있다. 하괘가 모두 양으로 가득 차 있는 것이다. 원전 괘명이 대축(大畜)으로 아주 적절하다.

䷼ 은 양이 두 개 빠져나갔는데, 그 결과 갇혀 있는 양과 빠져나간 양의 숫자가 같아졌다. 이것은 양이 크게 활용됨을 뜻한다. 그러므로 축적된 것이 충분히 쓰임을 의미한다. 알이 부화되어 세상에 얼굴을 내미는 모습, 학교에서 공부를 마치고 사회로 진출하는 모습도 바로 이런 것이다. 원전의 괘명이 중부(中孚)인데, 알이 부화되어 점차 밖으로 나오는 모습이다.

이 현상이 더욱 진행되면 ䷘ 이 된다. 상괘는 모두 밖으로 빠져나가고 하괘에 하나만 남았다. 이것은 있는 힘을 다해 전진하는 아주 진실된 모습이다. 모두 일하러 나가고 집을 지키는 모습으로도 비유되는데, 하나 남은 양은 군대의 사령부와 같고, 양 세 개가 모두 나가 있는 상괘는 전방 부대를 의미한다. 원전 괘명이 무망(无妄)인바, 이는 상하의 뜻이 서로 통하기 때문에 헛되지 않는다는 뜻이다.

지금 우리는 양기가 빠져나가는 방향으로 괘상을 해석하고 있다. 이렇게 방향을 정해 두면 이해가 훨씬 쉬워진다. 물론 방향을 바꾸어 양이 축적되어 가는 쪽으로 해석할 수도 있다.

䷗ 은 하나의 양기가 도래한 것이다. 상괘에서 공급해 준 것으로 마치 하늘이 도와주는 듯한 모습이다. 위는 가득 찬 양, 즉 하늘을 상징하고, 또한 바깥에 위치한 괘상이니 멀고 높은 곳에서 도움을

주는 격이다. 하늘이나 정부·왕·님·회사 등에서 혜택이 내려지는 것과 같다. 그러므로 허망할 리는 없다. 원전의 괘명은 양기가 아래로 내려와 축적이 시작되는 순간에 취명(取名)한 것이다.

☳ 은 무망 이후 더욱 진행된 모습이다. 닭이 알을 품고 따뜻한 기운을 계속 공급하고 있다. 학교에서 공부하는 학생이 실력을 축적해 가는 모습이다.

☳ 은 가득 찬 모습으로, 때를 기다리는 것이다. 독자들이 주역 공부를 다 마치면 이러한 상태가 될 것이다. 무한한 지혜를 마음속에 축적시키면 이 괘상으로 나타낼 수 있다.

괘상을 해석함에 있어 음양이 빠져나가든 들어오든 일정한 한 방향을 정해 두면 유리하다는 것은 두말할 나위가 없지만, 조심할 것은 한쪽 방향으로만 이해하면 안 된다는 것이다. 양 방향의 절충이 필요하다. 인간의 의식은 원래 한 곳에 머무르는 것보다 움직이는 것을 보다 잘 이해할 수 있게 되어 있다. 하지만 우리는 양 방향의 절충, 즉 정지되어 있는 괘상도 이해한다.

괘상을 보자.

이들 역시 ☳인데, ☳ 은 하나의 양이 위로부터 공급되어 있다. 또한 하나 남은 위의 양을 잡아당기는 모습이다. 원전의 괘명은 익

(益)으로 위의 양기가 아래에 공급하고 있다는 뜻이다.

☷은 아래에 가득 차 있던 양의 기운이 위로 하나 빠져나간 모습이다. 원전 괘명은 손(損), 아래 입장에서 이름 붙인 것이다.

이제 하나 더 남은 ☷를 보자. ☷은 위에서 아래로 양기를 공급하는 모습이다. 물론 그 반대 상황도 성립하지만, 여기서는 양이 자라나는 상황을 위의 양도 넉넉하지 않으나, 아래의 양에 기운을 공급하여 자라고 있는 모습이다. 우리는 괘상 ☷ 을 익히 알고 있다. 양기가 최초로 돌아온 모습이고, ☷은 그 양기가 서서히 성장하는 것을 강조한 모습이다. 그러나 ☷ 은 양기가 그저 돌아왔다는 뜻이고, ☷ 은 위에서 덮어주는 것이므로 '기른다'는 뜻이다. 원전 괘명은 이(頤)이다.

괘상의 해석은 쉬운 듯하면서도 난관에 부딪칠 때가 있다. 관점이 약간만 달라도 뜻이 크게 달라지기 때문이다. 이토록 괘상이란 아주 섬세한 것이다. 이에 능통하기 위해서는 관점을 다양하게 변화시키면서 괘상을 깊게 음미하는 방법밖에 없다. 적당히 얼버무리는 짓을 하지 않는 것이 좋다. 괘상 해석에는 진실만 존재한다. 해석에 있어서 약간씩 의미가 변하는 것은 괘상의 뜻이 아직 분명하지 않기 때문이다.

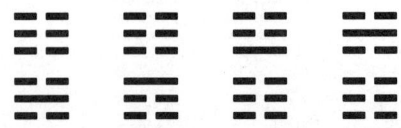

이 괘열들은 음이 아래로 떨어져서 쌓이는 모습이다. 물론 양이

전진하고 있다고 해석해도 되는데, 이번에는 음의 입장에서 살펴보기로 하자.

☷☳ 은 음이 상당히 전진해 있는 모습으로, 군대가 진격하는 형상이다. 축구에 비유하면 선수 전원이 공격에 가담하고 하괘에 하나 남아 있는 음은 골키퍼라고 생각하면 된다.

☷☵ 은 수비가 강화되고 있는 모습이다. 즉, 후퇴를 하는 상황이다. 그러나 뒤로 물러나는 즉시 전열을 가다듬고 있다. 6·25 때 국군이 부산까지 밀려났던 상황과 같다.

☷☶ 은 양의 입장에서는 떨치고 일어나 전진하는 모습이지만, 음의 입장에서 바라보면 다소 의미가 달라진다. 물론 괘상 전체의 뜻은 변함 없지만. 이 괘상은 전쟁에 이기고 당당하게 개선하는 모습이다. 직장에 나갔던 남편이 제 시간에 집으로 돌아올 때도 이 괘이다. 할 일 잘하고 일찍 돌아오니 당당할 수밖에 없다.

☷☰ 은 각자 집으로 돌아가 쉬고 있는 모습이다. 음의 본성은 아래로 내려와 안정하는 것이다. 그러므로 지도자는 이 성질을 잘 이해해 직원이나 부하의 마음을 헤아려야 한다. 그들은 언제나 각자의 집으로 돌아가 쉬고 싶어한다. 원전의 괘명이 비(比)로 개인적인 친근함을 나타낸다. 즉, 위쪽보다는 아래쪽으로 향하는 마음이다.

국가나 회사 또는 단체에서 큰 일을 하는 사람은 이 괘상의 뜻을 절실히 깨달아야 한다. 지도자는 모든 사람들이 각자 아래로 흩어지고 싶은 본능을 잘 다루어야만 큰 일을 할 수 있다. 그러나 개인적 본능을 너무 부정하고 단체에 충성을 강요하면 당연히 반발심이 생기게 마련이다. 하지만 개인적 본능을 너무 존중하면 제멋대로 되어 단체는 깨어지고 만다. 다시 한 번 강조하건대 음이란 아래로 내려와서 각자 흩어지는 것이고, 양이란 올라가서 뭉치는 것이다.

다음 괘상을 보자.

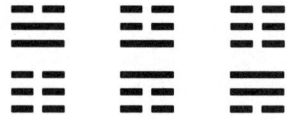

이 괘상들은 모두 ☷인데, 음의 입장에서 살펴보자.

☷ 은 음 하나가 높게 전진하여 양을 포획하고 있는 모습이다. 마을에서 용감한 사람이 사냥을 나가 짐승을 잡아 왔다. 그러나 혼자서 잡았기 때문에 여러 사람들에게 나누어 주기에는 턱없이 부족했다. 하지만 마을 사람을 분발시키기에는 큰 의미가 있는 것이다. 이처럼 축구에서도 한 선수가 어렵게 골을 넣으면 모든 선수들이 분발하게 된다. 원전의 괘명은 췌(萃)로서 '모은다'는 뜻이다. 모두 함께 분발하여 나서야 함을 의미하는 것이다.

☷ 은 마을 사람의 일부분이 나선 것이다. 그러므로 아직 충분하지 않은 상태이다. 원전 괘명은 소과(小過)로서 째째한 모습이다.

앞에 나선 사람은 적극적인데, 뒤처져서 방관하는 사람이 있다. 그들을 잘 설득해야 한다.

☷ 은 들고일어나 당당히 나서는 모습이다. 원전 괘명은 승(升)으로 전진을 나타낸다.

다른 괘상을 보자.

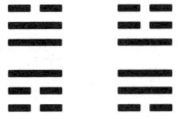

이들 역시 ☷인데, 양의 변화에 주목하자.
☶ 은 외부에서 들어오는 양의 기운이 안쪽으로 겨우 하나 들어서 있는데, 이것은 드디어 들어섰다고 해도 된다. 원전 괘명은 함(咸)으로 상하가 비로소 소통된 것이다.

☳ 은 양의 기운이 듬뿍 들어와 있다. 천지 자연의 현상은 가고 다시 돌아온다. 겨울이 지나 봄이 다시 돌아옴으로써 만물은 새로이 성장한다. 음양의 순환이 바로 이처럼 우주의 작용을 장구하게 만드는 역할을 한다. 즉, 원전 괘명은 항(恒)으로 '오래 간다'는 뜻이다. 부부도 사랑하고 존경한다면 오래오래 행복할 것이다.

하나 남은 괘상을 보자.

☶ 은 가득 차 있는 상태이다. 폭발 직전으로서 현상 유지가 어렵다. 그러므로 꾸역꾸역 계속 집어넣을 것이 아니라 입 속에 있는 것부터 삼킨 연후에 먹어야 한다. 사냥도 목표가 분명히 있어야 한다. 지나친 욕심은 오히려 화를 초래하는 법, 이 괘상은 아래에서 당기는 힘이 약하고 위에서 막아 주는 힘도 약하다. 술에 취해 토하기 직전, 사치가 너무 심한 상태, 좁은 공간에서 애들이 너무 떠들고 있는 상태, 사공이 많아서 배가 산으로 올라가는 상태를 일컫는다. 사람이 지나치게 똑똑해도 남을 해치는 법이다.

이상으로 ☰ ☷의 괘상을 모두 점검했다. 괘상을 해독하는 방법은 우선 위상 구조에 먼저 유념하는 것임을 깨달았을 것이다. 그뿐만 아니라 원전의 괘명도 위상 구조를 최우선적으로 감안했다. 옛사람도 괘상을 해석함에 있어 현대 수학의 첨단 개념을 사용했던 것이다. 이러한 해석법은 탁월할 것이 없다. 오직 유일한 방법이다. 왜냐 하면 괘상이란 위상 구조에 의해서만 정의되기 때문이다.

우리가 여기서 알아둘 것은 5,000년 전의 인류가 어떻게 위상 개념을 이해했느냐이다. 무한한 지혜를 가진 성인이야 위상 개념이든 무엇이든 당연히 깨닫고 있었겠지만, 그것을 범인(凡人)들에게 이해시키는 데는 굉장히 애를 먹었을 것이다.

하지만 위상 구조를 담고 있는 주역의 괘상을 만든 지적 존재의 의도가 더욱 궁금하다. 그들은 서둘러 지구인을 깨우치고자 했던 것일까? 아니면 자신들이 다녀갔다는 증거를 남겨 둔 것일까? 아무튼 인류에게 괘상이 전달된 것은 너무나 대단한 일이다. 주역이 없었다면 인류가 어떻게 무한한 지혜를 습득할 수 있었을까! 이 주역의 괘상을 해석하여 후세에 전한 성인들에게 감사할 뿐이다.

지금 우리는 괘상의 근원에 자리 잡고 있는 개념을 파헤치고 있다. 이제 그만 괘상의 해석은 여기서 마치고 싶다. 언어적인 해석이 길어지면 순수한 지혜가 손상될 우려가 있기 때문이다. 괘상의 위상적 해석은 철저하게 체계적으로 후에 다시 진행하겠다. 이 장에서는 위상 개념을 잠시 소개하는 정도로 그치겠다.

다만 우리가 반드시 유념해 두어야 하는 것은 주역 괘상의 384효는 위상 구조 내에 있는 42가지 효로 이해될 수 있다는 것이다. 위상 구조는 1획에서 6획까지 두 종류로, 음획과 양획이 각각 21개이다. 21이라는 숫자는 주사위 숫자를 모두 합친 것인데, 주역 괘상도 각 효에 숫자를 붙이면 그 합이 21이다. 이 또한 신비로운 숫자로서 3차원 공간의 수성(數性)을 나타낸 것이다.

지금까지 살펴본 바와 같이 주역의 64괘는 12개의 위상 구조로 요약될 수 있으며, 괘상의 효 384개는 42개의 효 위상 구조로 이해될 수 있다. 주역은 이렇듯 단순한 것이다. 단지 인간의 의식이 세속화되어서 단순한 것을 오히려 이해 못 할 뿐이다.

여기서 위상 구조의 수성(數性)에 대해 잠시 살펴보자. ☷ ☶ 등은 6층 구조인데, 괘상은 각각 1개씩 있다. 반면 ☰ ☱ 등은 가장 단순한 1층 구조인데, 이것도 괘상이 각각 1개씩 있다. 1이라는 공통점이 있는 것이다.

이 점은 매우 중요하다. 두 개의 돌과 염소 두 마리는 전혀 공통점이 없는 것 같지만 2라는 공통성이 있으며 이것을 깨닫는 데서부터 인류 문명은 시작되었다. 주역에 있어 가장 복잡한 6층 위상괘인 ☷ 와 ☷ 의 개수와 가장 단순한 1층 위상괘인 ━ 와 ╌ 의 개수가 같다는 것은 심상치 않은 일이다.

가장 단순한 것과 가장 복잡한 것은 서로 통한다는 뜻이다. 이는 자연의 순환성과 관계가 있다. 5층 위상 구조를 갖는 ☷ 과 ☷ 등은 괘상이 각각 5개인데, 이는 2층 위상 구조를 갖는 ⚌ 과 ⚏ 등의 괘상이 각각 5개인 것과 같다. 그리고 4층 위상 구조를 갖는 괘상의 숫자는 10개인데, 이는 3층 위상 구조를 갖는 괘상의 숫자와 같다. 이를 함께 나타내 보자.

(1) = (6) → 1개
(2) = (5) → 5개
(3) = (4) → 10개

여기서 ( ) 안의 숫자는 위상 계층 수이고, 1, 5, 10은 음양 중 한 쪽만 취한 것이다.

이상에서 알 수 있는 것이 또 있는데, 그것은

(1) + (6) = (7)
(2) + (5) = (7)
(3) + (4) = (7)

등으로 7이라는 숫자가 등장한다는 것이다. 이는 아주 중요한 숫자로서, 괘상의 황금 대순환을 구하는 데 사용된다. 위상 구조에 관한 체계적인 설명은 다음으로 넘기자.

玉虛眞經 (7)

道大 天大 地大 王亦大 域中有四大 而王居其一焉
도도 크고, 하늘도 크고, 땅도 크며, 왕 또한 크다. 네 가지 큰 것이 있으나 왕은 그 하나일 뿐이다.

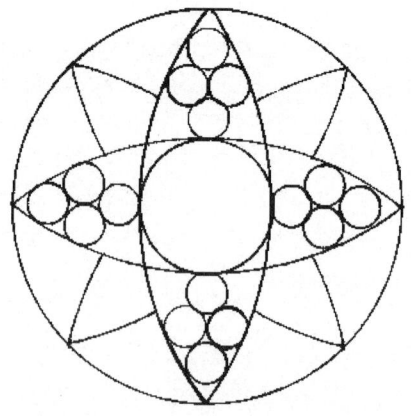

신의 지혜

 필자는 어려서부터 주역 공부에 목숨을 걸었다고 해도 과언이 아니다. 고등학교를 졸업할 무렵에 주역을 접했는데, 그야말로 필사적으로 매달렸다. 지금 생각해 보면 그 당시 필자가 주역에 흥미를 가졌던 것은 운명이었던 것 같다. 이는 결코 우연이랄 수 없는 천지신명의 가호처럼 느껴진다.
 도대체 주역이 무엇이길래 그토록 매달렸던 것일까? 지금은 물론 주역을 확연히 깨달았다고 할 수 있지만 어린 날에는 주역에 대해 전혀 몰랐었다. 그런데도 과거 한 순간도 주역을 멀리한 적이 없었다. 주역을 멀리하기는커녕 인생의 모든 지혜를 총동원하여 주역을 깨닫고 싶었다.
 필자는 어려서부터 자연과학을 좋아하여 물리학이나 수학·화학·전기·생물·우주 등에 큰 관심을 가졌으며, 인생의 항로를 자연 탐색에 두려고 했었다. 그러나 금방 진로가 바뀌고 말았다.

　필자는 어려서부터 밤 하늘을 바라보면서 무한한 우주에 대해 신비와 경외심을 느꼈다. 당시 자연의 신비에 너무 몰두하는 바람에 인간 사회를 잘 이해할 수 없었다. 다만 인간 사회의 다양한 원리도 자연의 원리 못지않고 심오한 진리가 포함되어 있다는 것을 나중에야 알게 되었다.

　필자는 언제나 최고의 지성을 얻기 위해 노력해 왔다. 그것은 자연의 원리만을 터득한다고 되는 일은 아니었다. 보편적인 지혜를 습득할 때만 이루어질 수 있는 것이다. 그러므로 자연의 신비에 이끌리기보다는 우주의 보편적인 진리를 깨닫고 싶었다. 그래서 학문으로 선택한 것이 바로 주역이었다.

　필자는 어릴 때 이미 병법이나 상대성 원리, 소립자의 세계, 화학·생물학·수학 등에 제법 소양이 깊었다. 그 외에 경전이나 문학·무술에도 견문이 넓었는데, 유독 주역만은 몰랐다. 언뜻 한 번 본 기억이 있지만 별 내용이 없는 것 같아서 내동댕이치고 말았다.

　그러나 어느 순간 주역에 모든 원리가 존재한다는 강렬한 육감이 스치고 지나갔다. 그 이유는 아직도 모른다. 어쩌면 괘상의 모양이 심상치 않게 느껴진 것일까? 필자는 당시 수학에 뛰어난 능력이 있다고 자부하고 있었는데, 주역을 접하고 나서는 그 괘상이 굉장히 수학적인 구조를 갖고 있다고 생각했다.

　신비한 느낌은 아니었다. 오히려 과학의 결정판이라고 느꼈다. 항간에 떠도는 소문에 대하여도 개의치 않았다. 예언서이니 점서이라는 말에는 신빙성을 느끼지 못했던 것이다. 단지 완벽한 형식을 갖춘 모종의 과학이라고 생각했을 뿐이다.

  그 후 공자가 주역에 필사적으로 매달렸다는 사실을 알고 충격을 받았었다. 필자는 그 즈음 주역을 덮어 버릴 생각까지 하고 있었지만 공자 때문에 그 생각은 급변했다. 반드시 주역을 깨닫고 말겠다고 마음을 다졌다. 나중에 아인슈타인이나 닐스 보어 같은 과학자가 주역을 연구했다는 사실을 알고 기묘한 인연마저 느끼게 되었다.

  그러나 필자는 주역에 매달리기 시작한 얼마 후부터는 깨달음이 없이 고민에 빠졌다. 이에 새로운 방법을 강구했다. 그것은 주로 동양의 전통 수련법인 명상이나 고행을 하고 경전을 많이 읽는 것 등이었다. 하지만 전혀 진전이 없었다. 고작해야 선현들이 얘기한 내용이나 신비한 문장을 읊어댈 뿐이었다.

  그 다음부터는 자나깨나 '어떻게 하면 주역을 깨달을 수 있을까?'라는 생각밖에 없었다. 그러던 어느 날 갑자기 자그마한 깨달음이 있었다. 28년 전의 일인데, 군주괘를 음미하다가 갑자기 64괘에 대한 체계가 조금씩 느껴지기 시작한 것이다. 이것이 최초의 진보였다. 이것은 나 자신을 분발시키기에 충분했다.

  이 때부터는 모든 것이 잘 풀려 나갔는데, 거기에는 절대적인 요소가 전제되어 있었다. 필자는 16세 이후에도 자연과학을 아주 열심히 공부했는데, 차츰 과학과 주역이 하나라는 것을 깨닫게 된 것이다. 주역에도 모든 과학이 함유되어 있었던 것이다.

  주역에는 실로 물리학이나 생물·전자기학·화학·수학·집합·위상·프렉탈·만유 인력·소립자 물리학·확률·파동 방정식·양자 역학, 프레고진의 우주 조직성·진화론·시간·공간·정수론·

자연수 개념·무술·피라미드·바둑·우주 지성·복잡계·퍼지·생명·물질·의식·초공간·기하학·함수 등 인류의 모든 지성이 총망라되어 있었다.

필자가 만일 인류의 문명을 일으킨 수많은 지식을 습득할 수 없었다면 주역에 대한 깨달음은 꿈도 꿀 수 없었을 것이다. 세상의 원리를 알면 주역도 알고, 주역을 알면 세상의 원리도 아는 것이다. 필자는 아직도 세상의 모든 학문에 대해 깊은 관심을 가지고 아주 열심히 공부하고 있다. 그것은 오직 주역에 대한 깨달음을 더욱 공고히 하기 위함이다.

필자의 저서를 읽는 독자들이 어떤 계층인지 몹시 궁금하다. 그러나 중요한 것은, 누구를 막론하고 여타 지성이 풍부할수록 주역에 대한 깨달음이 깊어진다는 사실이다. 주역 하나만 공부해서는 영원히 주역을 깨달을 수 없다. 그리고 하나 덧붙일 것은 지성이 높아지면 성품도 날로 선해지려니와, 성품이 맑고 선해진다면 주역에 대한 깨달음도 깊어질 것이다.

이쯤에서 주역 공부를 시작하자. 앞장에서 우리는 64괘의 근원인 위상 구조를 살펴봤다. 이제는 이들이 괘상의 체계에 어떤 방식으로 관여되어 있는지 관찰해 보자. 다음의 괘상을 보자.

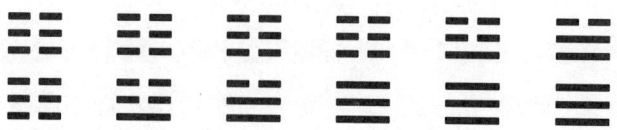

이들은 두말할 것도 없이 군주괘이다. 과학적으로 유식하게 말하면 E군이다. 우리는 군주괘 또는 E군에 대해 앞으로도 자주 논의하게 되는데, 이들의 위상 구조는 아주 단순하다.

이 구조는 사상(四象) 바로 그 자체이다. 다른 괘상들을 보자.

이들은 C군인바, 위상 구조는 다음과 같다.

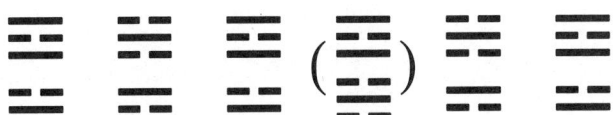

이상의 구조는 4종류로 되어 있다.

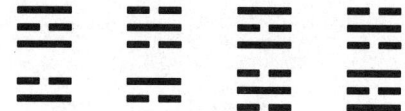

등인데, ( )로 나타낸 것은 6층 구조를 유의시키기 위함이다. 다른 모든 것은 5층 구조이다. 다른 괘열을 보자.

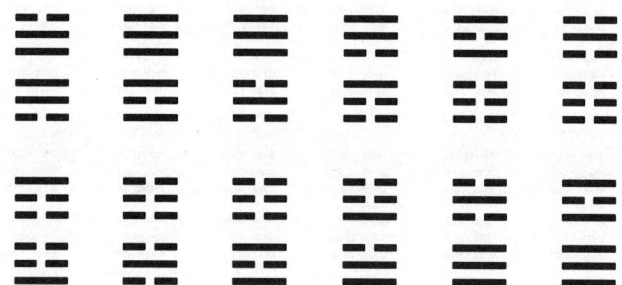

이상은 D군인데, 위상 구조는 다음과 같다.

≡≡ (≡) ≡≡ ≡≡ ≡≡ (≡) ≡≡

이들은 4종류로 되어 있다. ( )는 4층 구조를 확인시키기 위해서

이고 다른 구조는 모두 3층이다. 다음 괘상을 보자.

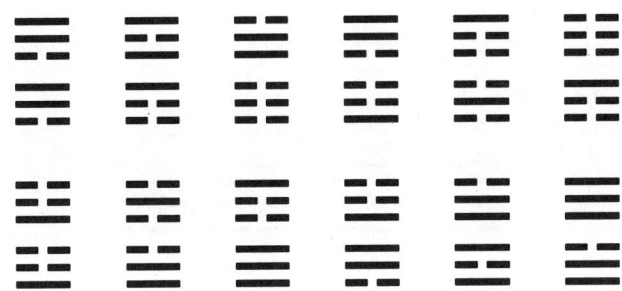

이들은 L군이고 위상 구조는 다음과 같다.

(☳) ☷ ☷ (☶) ☷ (☵) ☷ ☷ (☴) ☷

이들은 3층·4층 구조로 되어 있으며, 종류는 4가지이다. 또 다른 괘상을 보자.

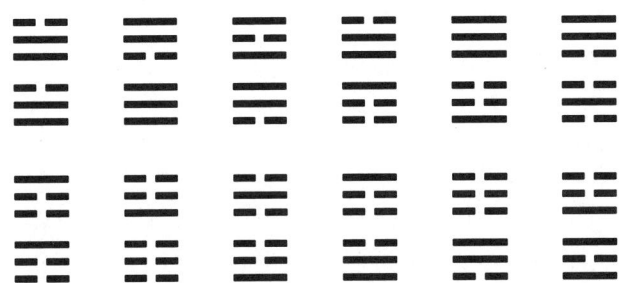

이들은 F군으로, 다음과 같은 위상 구조를 갖고 있다.

(☷) ☷ (☷) ☷ (☷) ☷ (☷) ☷ ☷

이들은 3·4층 구조이며, 종류는 4가지이고, 위상열은 10개이다. 마지막으로 H군을 보자.

☷ ☷ ☷ ☷

이들 괘상은 다음과 같은 위상 구조를 갖는다.

☷ ☷ ☷ ☷

이것은 4종류이며 위상열은 4개이다. 이상으로 순환군 6개에 대해 위상 구조를 조사했는데, 어떤 특징을 발견할 수 있는가? 제일 중요한 것은 어떤 사물에서든지 공통성이다. 6환 군들의 위상 구조는 어떤 공통성이 있는가? 그것은 바로 위상 구조의 종류이다. 모든 순환군은 4개의 위상 구조로 되어 있다.

이는 상당히 흥미로운 내용이다. 6개 순환군은 일정한 법칙에 의해 만들어지고 저마다의 특성이 있는데, 위상 구조에 있어서는 4개의 원소만을 사용하고 있는 것이다. 자연의 질서는 엉뚱한 데서 나타났다. H군은 괘상의 수가 가장 적은데도 불구하고 위상 구조에 있어서만은 4개로서 다른 순환군들과 대등하다.

우리는 지금 모든 순환군들에 대해 평등성을 발견한 것이다. 그것은 4라는 숫자로 나타났는데, 순환 체계란 원래 4개가 최소한의 숫자인 것이다. 6환군은 원래 괘상의 순환 체계 중에서 가장 근간을 이루고 있는 것인데, 이들의 체계 속에 위상 요소 4개가 공통적으로 존재한다는 것은 자연의 내밀한 연결성을 느끼게 한다. 또 한 번 6환군의 존재가 필연적인 것이라는 것을 확인해 주는 발견이 아닐 수 없다.

여기서 잠시 쉬었다가 넘어가자. 우리는 주사위의 확률 법칙을 알고 있을 것이다. 주사위는 각 숫자가 평등하게 나타난다. 한 번 던지면 6개 중 하나만 나타나겠지만, 무수히 많이 던지면 각 숫자는 1/6씩 나타난다. 이것은 평등성 또는 대칭성이다. 이것을 '대수의 법칙'이라고 하는 이 논리가 옳다는 것을 증명할 필요조차 없다. 이미 평등성 그 자체가 증명인 셈이다. 각 부분이 특별할 이유가 없으므로 전체적으로 평등할 뿐이다.

만일 1이라는 숫자가 가장 많이 나온다면 반드시 그 이유가 있어야 한다. 3이라는 숫자도 마찬가지이다. 만약 그런 주사위가 존재한다면 우리는 그것이 엉터리라는 것을 알 수 있다. 엉터리라는 것은 평등하지 않다는 뜻이다. 제대로 만들어진 주사위는 각 숫자가 동등하게 나타난다. 이것은 너무나 당연한 일이지만 실제 실험에서도 입증되고 있다.

문제는 평등의 법칙이 저절로 생겨난 것인지, 아니면 신이 만든 것인지이다. '신은 평등하다'라는 주장이 있다면 이는 신이 채택했다는 뜻이 된다.

주사위의 숫자가 나타나는 학률은 신과 상관없이 평등한 것이다.

반드시 신이 있어야만 주사위가 평등한 것은 아니다.

원주율 'π'의 값은 3.141592…… 등 무한히 전개되는데, 이는 원둘레와 지름의 비(比)일 뿐이지 누가 정해 놓은 것은 아니다. 주사위 숫자가 평등하게 나타나는 것도 이와 마찬가지이다. 아무것도 관여하지 않을 때 나타나는 현상이 바로 확률이며 평등인 것이다.

이것은 채택된 법칙이 아니고 자연적으로 성립되는 자연의 원리이다. 어느 누구도 만들지 않았고 어떤 힘도 작용하지 않았다는 사실이 중요하다. 하나님이 1이라서 주사위는 마땅히 1이 나온다는 생각 해서는 안 된다. 하나님이 관여해서 어떤 특정된 숫자를 많이 나오도록 할 수는 있겠지만, 관여하지 않는다면 각 숫자는 평등하게 나타날 뿐이다. 공정·평등, 이것은 자연의 본성이지 결코 인위적으로 만들어진 것이 아니다.

그런데 하나의 일화가 있다. 필자는 종종 주역 강의를 했는데, 어느 날 학생 중에 한의사가 있었다. 필자는 주사위의 평등성을 얘기했다. 이 평등성은 아무것도 관여되는 것이 없는 법칙이라고 설명했다.

그런데 그 한의사는 반대 의견을 제기했다. 모든 것은 하나님이 창조했으므로 평등 그 자체도 하나님이 만들었다는 것이다. 하나님이 관여했기 때문에 주사위는 평등하게 나타나는 것이며, 만일 하나님이 주사위를 평등하게 하지 않았다면 주사위는 불평등했을 것이라고 주장했다. 그는 우주 자연의 당위성은 존재하지 않으며, 당연이나 필연·평등·완전 등을 따질 것이 아니라, 오히려 신의 마음을 살피는 데 마음을 기울여야 한다고 강조했다.

기가 막힐 노릇이다. 자연의 법칙이야 이래도 그만 저래도 그만이고 오직 신의 뜻대로 모든 일이 이루어진다니 말이다. 신은 원리 원칙도 없단 말인가!

언젠가 미국에서 'π'를 3으로 하자는 운동이 벌어졌다. 이유인즉 성경에 π가 3이라고 씌어 있다는 것이다. 레이건 대통령도 이 운동을 지원한 모양인데, 한심한 노릇이다.

π라는 것은 원둘레를 지름으로 나눈 값이다. 그것은 절대로 3이 아니다. π는 누가 뭐라고 해도 $3.141592\cdots\cdots$이다. 이는 성인의 가르침도 아니고 신이 정한 숫자도 아니다. 자연에는 평등성이 있는 반면 필연성도 있다. 자연의 법칙은 부득이한 원리에 의해 그렇게 되어 있을 뿐이지 어떤 막강한 힘에 의해 강제된 것이 아니다.

필자에겐 또 이런 일이 있었다. 어떤 종교 단체가 강의를 해 달라고 초청하길래 필자는 이렇게 물었다.

"강의에서 진리를 얘기할까요, 아니면 교리를 얘기할까요?"

그랬더니 주최측에서는 진리만 얘기하면 된다는 것이었다.

그래서 강의는 시작했는데 누군가 이렇게 질문했다.

"배구 경기를 시작하기 전에 기도를 하면 우리 팀이 이길 수 있습니까?"

경기는 공정하게 치러져야 한다고 필자가 대답하자 그는 계속 질문을 해 댔다.

"공정이란 무엇입니까?"

"아무도 관여하지 않고 제 실력대로 내버려 두는 것이 공정입니다. 다만 이 때는 응원은 해도 좋습니다."

"응원을 해서 이기는 것이나 기도를 해서 이기는 것은 마찬가지가 아닙니까?"

"기도나 응원은 자유지만 신이 경기에 관여하는 것은 불공평합니다."

"평등이란 원래 신에게서 나오지 않습니까?"

"이만 강의를 마치겠습니다. 한 가지 분명한 것은 신이 관여하지 않았을 때야말로 평등하다는 것입니다."

"선생님, 한 가지만 더 질문하겠습니다. 세상에 평등한 현상이 정말 있습니까? 신이 관여하지 않는 현상 말예요."

"그만 합시다. 주사위를 던져 보세요."

강의가 끝난 며칠 후 필자는 주최측으로부터 교리를 강의하지 않았다는 이유로 심한 항의를 받았다.

지금 생각해도 답답한 노릇이다. 앞서 말한 한의사는 필자의 강의를 더 이상 듣지 않겠다는 편지를 전해 왔다. 이유는 단 한 가지였다. 신을 능가하는 원리는 세상에 없다는 것이었다.

그러나 절대로 그렇지 않다. 신이란 모든 법칙 그 자체일 수는 있어도 법칙을 강제로 만들 수는 없는 것이다. 주사위는 언제나 평등하고 π는 3.141592……인 것이다. 주역의 법칙도 순수 자연에서 나온 것이지, 누군가 억지로 만든 법률 문서가 아니다.

신의 지혜란 말도 있지만 이것은 모든 것에 통했다는 뜻일 뿐 억지 없는 자연 그 자체가 바로 신의 지혜인 것이다. 주역 공부야말로 신앙이 아닌 신의 지혜로 임해야 한다. 그것은 즉 성인의 길인 것이다.

다시 주역 공부로 돌아오자. 앞서 우리는 모든 순환군이 4개의 위상 구조로 이루어졌다는 것을 알았다. 그 외에 알 수 있는 것은 위상 구조가 1층인 것과 2층, 3층과 4층, 5층과 6층으로 배합되어 있다는 것이다. 이 또한 질서 정연한 모습이다. 1과 2, 3과 4, 5와 6은 서로 인접한 숫자이다.

순환군의 위상 구조를 보면 어느 것이든 4종류로 이루어져 있지만 이들이 중복하여 사용됨으로써 위상 원소 수는 각각 다르게 나타난다. 그것을 써 보자.

E → 4
D → 8
F → 10
L → 10
C → 12
H → 4

이들 숫자들은 복잡도를 나타낸다. C군이 가장 복잡하고 F, L군이 그 다음이다. 그리고 다음과 같은 성질을 또 알 수 있다.

E → 1, 2층

H, D, F, L → 3, 4층
C → 5, 6층

이들 역시 복잡도를 나타내고 있다. 모든 사항을 종합해 보면 다음 순서로 복잡도가 성립된다.

E, H, D, ($\frac{F}{L}$), C

이들 군들은 위상 구조 4개가 질서 정연하게 섞여 있는데, 그 문제는 다음으로 미루자. 왜냐 하면 의미가 중요하고 복잡하기 때문이다.

이 장에서 한 가지 양해를 구하고 넘어갈 것이 있다. 앞에서 잠깐 교리 부분을 언급했는데, 학문하는 태도를 진지하게 하기 위함이었다. 주역 원리는 너무나 깊기 때문에 종종 신의 영역에 접근하게 된다. 그러나 신경 쓸 필요가 없다. TV를 제작하는 데는 기독교나 불교·회교·힌두교 등 종교가 무엇이든 원리는 하나일 뿐이다. 주역의 진리는 신앙이 절대로 개입해서는 안 된다.

— 은 양이고 -- 은 음이다. 우리는 오직 이 두 가지의 작용을 규명하고자 할 뿐이다. 주역의 원리를 빨리 깨닫게 해 달라고 교회에 가서 기도를 하거나, 절에 가서 불공을 드리거나, 집에서 조상님께 제사를 드리는 것은 자유이다. 필자는 오로지 아무런 제재를 받지 않고 열심히 주역의 원리만 설명하고자 할 따름이다.

☵ 은 물이 산에서 빠져 나오는 것이니 부모의 슬하를 떠나가는 어린아이와 같다. 원전 괘명이 몽(蒙)으로 어린아이라는 뜻이다. 또한 이 괘상은 위상 구조 ☶인바, 음과 양이 대치되고 있는 모습이다. 그리고 ☶은 산이 안개에서 벗어난 모양이다. 난관을 벗어난 사람으로서 어디로 갈까 망설이는 모습이다.

이것이 괘상 공부이다. 주역은 과학일 뿐이다. 그러나 주역 공부에 신앙이 필요 없다는 것은 아니다. 과학과 신앙 얘기를 하나만 더 해 보자.

미국에 여자 과학자가 있었다. 이 과학자는 연구를 위해 정부의 지원 자금이 필요했다. 그런데 종교적인 이유로 번번이 거절당했는데, 그녀는 끝내 담판을 짓고자 책임자를 만났다. 책임자는 목사였는데, 그녀의 과학적 노력을 심하게 부정했다. 물론 종교적으로 용납할 수 없다는 것이었다. 그녀는 목사를 과학 박물관에서 만났다.
과학자가 먼저 말문을 열었다.
"목사님, 저는 과학자입니다. 목사님께서는 어째서 저의 연구를 반대하시나요?"
"그건 교리에 어긋나기 때문이오."
"목사님, 저는 신을 믿지 않습니다."
"그것이 바로 당신의 잘못이오. 신이 아니라면 우주에는 아무것도 없을 것이오."
"그렇지 않아요. 자연에는 그 자체의 법칙이 있습니다. 목사님, 저하고 시합을 해 보실래요?"

"무슨 말씀이오?"

그녀는 잠시 생각에 잠겼다가 다시 말했다.

"목사님, 이 곳에 거대한 추가 있습니다. 과학의 법칙에 의하면 이 추는 처음 높이 이상으로는 절대 올라오지 않아요. 그래서 저는 추가 높은 곳 옆에 서 있을 수 있답니다. 추는 절대 내 얼굴에 부딪치지 않을 테니까요."

"호, 그렇게 자신 있습니까?"

"네, 목사님, 저는 추가 가장 높이 올라오는 위치에서 그보다 약간만 높은 곳에 서 있을 거예요. 목사님은 추가 가장 낮게 흔들리는 위치보다 약간 낮은 데 서서 기도로 그것을 멈추어 보세요. 하시겠어요?"

"좋소, 합시다."

이렇게 해서 목사와 과학자의 시합이 이루어졌다.

과학자가 먼저 추 앞에 섰다. 추의 무게는 자동차 무게보다 수십 배나 무거운 거대한 것인데, 시계추처럼 왔다갔다 하였다. 과학자는 추가 한 번 왔다가 되돌아 가자 그 자리에 섰다. 불과 한 뼘 정도의 거리를 두었다. 거대한 추는 다시 서서히 돌아오고 있었다. 목사는 과학자의 모습을 흥미롭게 바라봤다.

과학자는 그 자리에 꼿꼿이 서 있었다. 드디어 거대한 추가 다가왔다. 추에 닿기만 하면 과학자의 몸은 산산 조각날 판이었다. 하지만 과학자는 절대로 처음 위치보다 더 가깝게 오지 않는다는 것을 알고 있었다. 추는 무섭게 다가오고 있었다.

"……"

숨막히는 순간이었다. 추는 속도를 줄이며 올라왔다. 그러고는 여자의 얼굴 바로 앞에서 멈추었다. 목사는 손에 땀을 쥐었다. 추는 다시 반대쪽으로 움직이기 시작했다. 자연의 법칙에 따라 추는 정확히 제 위치에 왔다가 반대 쪽으로 향한 것이다. 잠시 후면 다시 돌아올 것이다. 과학자가 말했다.

"자, 이제 목사님 차례입니다. 목사님은 제가 서 있던 곳에서 한 걸음 나서서 기도를 하세요. 추가 목사님 머리를 박살내지 않도록 말이에요."

"음, 좋소……"

목사는 이렇게 말하고 과학자가 섰던 곳보다 한 걸음 앞으로 나아가 멈춰 섰다. 이 위치라면 추가 목사의 몸을 박살낼 것이었다. 추는 서서히 목사 쪽으로 돌아오고 있었다. 목사는 태연히 그 쪽을 바라보았다. 잠시 후면 끔찍한 장면이 벌어질 것이리라! 여자는 근심스런 얼굴로 목사를 바라보고 있었다. 그런데 바로 이 순간 박물관 경비가 나타났다.

"여보시오, 당신 거기서 뭐하는 거요? 위험하니 빨리 내려와요, 어서요!"

경비는 목사를 급히 끌어내렸다. 그 직후 추는 목사가 서 있던 위치로 찾아왔다. 정확히 목사가 서 있던 바로 그 자리였다. 만일 목사가 그대로 서 있었다면 끔찍한 일이 벌어졌을 것이다. 경비는 두 사람을 현장에서 멀리 쫓아냈다. 그러자 과학자는 말했다.

"목사님, 저는 제 생각이 옳다는 것을 보여 주었습니다."

"그렇군요, 한데 당신은 어째서 눈을 감고 있었소? 자연의 법칙을 신뢰한다면……."

"네, 목사님, 저는 추가 저를 덮치지 않는다는 것을 믿었어요. 하지만 저는 여자이기 때문에 눈을 감았어요."

"호, 그렇군, 좋소. 앞으로는 당신의 연구를 반대하지 않겠소."

과학자는 드디어 정부로부터 연구비를 보조받게 되었다. 그러나 과학자가 승리한 것이 아니다. 여자가 승리한 것이다. 목사는 위험한 위치에서도 눈을 감지 않았으나, 여자는 안전한 곳에서도 눈을 감았던 것이다. 누구의 신념이 강했던 것일까?

목사는 이 문제를 떠나 여자가 무서움에 떨면서도 과학의 법칙을 믿었던 것을 가상하게 생각했던 것이다. 시합 자체는 누가 이겼다고 말할 수는 없었다.

우리는 여기서 한 가지 생각할 것이 있다. 과학자와 목사의 싸움은 비겼다. 그러나 남자와 여자의 싸움에서는 여자가 이겼다. 이것은 남자의 아량이라고 할 수 있다. 다만 목사의 신념은 우리가 점을 칠 때와 똑같은 심정이다. 그런 자세로 점을 치면 된다. 신념도 훌륭하다. 이처럼 자연의 법칙은 절대인 것이다. 단지 우리는 여자처럼 눈을 감지는 말자.

玉虛眞經 (8)

人法地 地法天 天法道 道法自然

사람은 땅을 본받고, 땅은 하늘을 본받고, 하늘은 도를 본받고, 도는 자연을 본받는다.

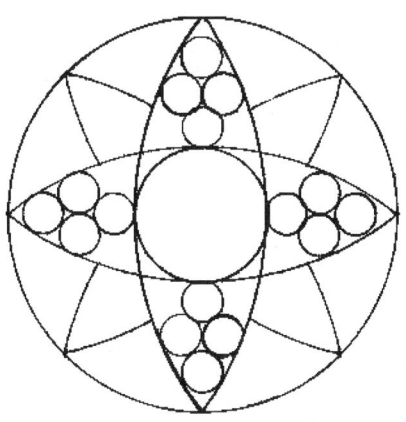

시간의 구조

 우주는 시간과 공간으로 조성되어 있는데, 오늘날에도 시간의 신비는 여전히 풀리지 않고 있다. '시간이란 무엇인가?'라는 질문을 흔히 하는데, 이 질문은 다소 애매한 구석이 있다. 이런 질문을 하는 의도는 무엇일까? 시간을 구체적인 어떤 존재로 보는 것일까?
 우리는 손가락으로 공간의 여기저기를 가리킬 수 있다. 하지만 시간에 대해서는 그렇게 하지 못한다. 그렇다면 우리의 마음은 어떨까? 공간에 대해서는 분명히 마음 속으로 생각할 수 있다. 하지만 시간에 대해서는 분명하지가 않다.
 어린 시절을 한번 회상해 보라. 우리가 생각하는 것은 어린 날의 광경이나 장소일 뿐 시간 자체는 느껴지지 않는다. 지난 여름 동해 바다에 갔던 사람의 경우를 보라. 그는 파도와 친구들, 생선회가 생각날 것이다. 그것은 마치 영화처럼 선명할 것이다. 그러나 시간이란 결코 선명하지 않다.

 시간이란 당연히 물질이 아니며, 손가락으로 가리킬 수 없고, 마음으로도 쉽게 감이 잡히지 않는다. 그래서 간접적으로 시간의 뜻을 탐색할 수밖에 없다. 그것은 오늘날 과학자들에 의해서도 수많은 노력이 기울여지고 있다.

 주역은 시간 속에서 일어나는 현상을 간추려내는 학문이지만, 우리는 시간 자체에 대해 정의조차 분명하게 내릴 수 없다. 그러나 시간의 외형적 성질에 대해서만이라도 알 수 있다면 주역을 공부하는 데는 크게 지장이 없을 것이다.

 현재의 정의를 살펴보자. 미래의 정의는 시간상으로 아직 오지 않은 것, 과거란 이미 지나간 것을 일컫는다. 현재는 무엇인가? 미래와 과거가 만나는 곳이 현재이다.

 이러한 정의는 상당히 애매 모호하다. 미래나 과거 이전에 마땅히 현재의 정의가 먼저 내려져야 한다. 현재란 인식하고 있는 순간이다. 현재가 지나면 인식되었던 것은 추억으로 바뀐다. 그러나 아직 오지 않은 미래는 추측할 뿐이다.

 이러한 현재에 대한 정의는 물리학이나 수학의 정의가 아니기 때문에 다소 미흡할 수 있다. 하지만 주역을 공부하는 데 있어서 현재의 정의는 이 정도만으로도 충분하다. 이 정의는 주역의 괘상을 이해하는 데 아주 중요하다. 이제 이 정의를 바탕으로 우리는 미래와 과거를 간단하게나마 말할 수 있게 되었다.

 그런데 미래란 정말 오는 것일까, 아니면 우리가 찾아가는 것일까? 이 점은 아주 중요하다. 자연과학에 있어서는 물질이 변화 작용을 나타냈을 때만 시간이 흐른다고 봄으로써 시간은 미래에서 오는 것이 아니라 변화가 미래로 향해 흐른다는 것이다. 이것은 우리의 직관과도 일치한다.

그러나 사실은 이와 다르다. 사물은 미래로 향해 흘러갈 뿐 아니라 미래는 사물을 향해 다가오는 것이다. 사물이 아무런 변화가 없더라도 시간은 흐른다는 것이다. 이는 현대 과학과의 차이점이지만 주역의 관점은 바로 이것이다. 구체적인 이유나 증명은 앞으로 논의하겠지만 지금은 우리의 직관에 맡겨 두면 된다.

시간은 언제부터 흐르기 시작했을까? 그것은 빅뱅 이후라고 할 수 있다. 즉, 우주가 생성된 후 시간은 흐르기 시작했다. 추정에 의하면, 우주의 역사는 200억 년 미만이다. 그 전에는 시간이 흐르지 않았다. 우리는 이 부분에 대해서도 주역적 논의를 하게 될 것이다.

시간에 대한 또 다른 질문이 있다. 시간이란 최소량, 즉 크기가 존재하느냐 하는 문제이다. 오늘날 과학에서는 시간의 최소 단위를 플랑크 시간이라고 하는데, 주역의 관점에 있어서도 시간의 최소 단위가 존재한다.

시간이란 물질처럼 가리킬 수 있는가? 비록 손가락이 아닐지라도. 시간이란 사랑이나 슬픔·효도·증오처럼 추상 명사가 아니다. 시간이란 어떤 요소인 것이다. 현대 물리학에서는 시간자(時間子)라는 개념이 제안되고 있지만, 주역에 있어서도 구체화된 시간 그 자체를 볼 수 있다.

시간에 대한 외적 개념을 대충 살펴보았다. 이와 같이 외적 개념이 풍부해지면 시간에 대한 개념도 분명해질 것이다. 이는 우리가 시간에 대한 이해가 적기 때문에 불분명했던 것은 아니다. 단지 표현력의 문제인 것이다.

이 장에서는 시간의 위상 구조를 살펴보자. 우리는 이미 시간의 대륙 지도를 갖고 있는바, 그것의 위상을 살펴봄으로써 시간의 위상을 이해할 수 있을 것이다.

다음 괘상을 보라.

이 괘상들은 '5, 1'의 시간 대륙인데, 양이 5개, 음이 1개로 이루어졌다는 뜻이다. 이들의 위상 구조는 다음과 같다.

⚌ ☳ ⚌

단순한 구조이다. 여기에는 자발적 흐름이 좌에서 우로 흐른다. 즉,

⚌ → ☳ → ⚌

인 것이다. 여기서 나타난 흐름은 유독 '5, 1' 대륙에만 국한된 것이 아니라 모든 대륙에서 그렇다. ⚌에서 ☳로 흐르는 것은 시간의 일반적 성질이다. 시간은 ☳에서 ⚌으로 절대 흘러가지 않는다. 이제

우리는 앞서 공부한 ☳에 대해 정밀하게 이해할 때가 된 것이다. 다음을 보자.

☷ → ☳

여기서 무엇을 알 수 있는가? 두 위상 구조는 무엇이 다른가? ☳는 ☷에서 맨 위의 구조가 하나 추가된 것이다. 그것은 어디서 왔는가? 당연히 ☷의 아래에서 온 것이다. ☳는 ☷의 아래에 있는 양이 음 위로 빠져나간 것이다. 다음 괘상은 그것을 극명하게 보여준다.

☰ → ☷

이것은 바로 ☷ → ☳이지만 ☳의 정의는 '아래 갇혀진 양이 밖으로 발산하는 것'이다. 우리는 주역을 공부한 이래 ☳의 정의를 가장 깊게 내리고 있는 중이다. 팔괘를 공부할 때 ☳에 대한 충분한 논의가 있었지만 그것은 어디까지나 공간적 개념이었다. 이제야 시간적 개념이 정의된 것이다.

☷는 장차 어떻게 될 것인가? 시간의 흐름이 존재하는 한 마땅한 질문이다. 양의 성질은 무엇인가? 밖으로 치닫는 것이다. 그러므로 언젠가는 ☳의 아래에 있는 양은 위로 올라가야 한다. 그래서 이루어진 것이 바로 ☷이다. ☷은 양이 모두 밖으로 나간 모습이다. 반면 ☷은 양이 모두 갇혀 있는 모습이다. ☳는 어떤가? 이는 양

이 일부 갇혀 있고 일부는 발산되고 있는 모습인 것이다.

또 다른 대륙을 살펴보자. 이번에는 '4, 2'의 대륙이다.

		☶	☳	☵	☴		
☷	☷		☵			☶	☷
		☴	☴	☳	☳		

이것의 위상 구조는 다음과 같다.

		☶	䷗	䷆	䷏		
☷	☷		䷆			☷	☷
		䷁	䷁	☵	䷖	䷏	

이 그림은 다소 복잡하다. 4획·5획이 등장하고, ☷도 등장하고 있다. 이 그림은 다음과 같이 다시 그릴 수 있다.

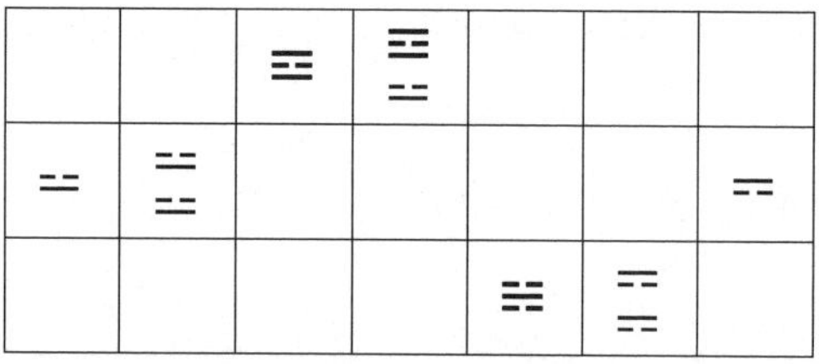

이 그림은 한 번 등장한 위상 구조가 다시 나올 때 생략하고 그린 것이다. 물론 순서는 좌에서 우로이다. 위 그림을 다시 정렬하자.

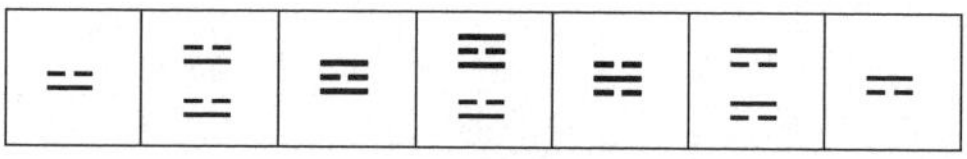

이 그림은 중앙을 제외해 보면 대칭성을 나타내고 있다. 중앙은 ☳로서 이는 양(陽) 쪽으로 치우쳐 있다. '4, 2'의 위상 구조도이기 때문에 당연한 일이다.

하지만 ☳의 등장은 다소 이상하다. 독자들은 이 그림을 보고 무엇을 느끼는가? 미적 감각이 있는 독자라면 불편을 느낄 것이다. 이 문제는 잠시 후에 논의하자.

본 위상도는 7단계로 이루어졌는데, 7이라는 것은 주역에서 언제나 등장하는 신비로운 숫자이다. 방금 등장한 7도 그것이지만, 의미를 논의하는 것은 잠시 뒤로 미루자.

각 단계를 살펴보자. 우리는 앞서 ☷ → ☳ 의 의미를 고찰했다. ☳는 안에 있는 양의 기운이 밖으로 발산하고 있는 구조이다. 이제 ☷ → ☵ 을 보자. ☷ 의 양이 상승을 시도할 때 어떤 과정이 있을까? 물을 건널 때의 과정을 생각해 보라. 물로 뛰어들기 전에 물은 앞에 있다. 즉, 나는 물 뒤에 있는 것이다. 이 모습은 ⚍ 로 표현될 수 있는바, -- 은 물이고 ─ 은 나 자신이다. 이제 물 가운데로 뛰어들어 헤엄을 치고 있는 모습을 상상해 보자. 물은 앞에도 있고 뒤에도 있다. 즉, 지나온 물과 앞으로 헤쳐가야 할 물이 있는 것이다. 나 자신은 시간적으로 볼 때 육지에 있었고 또한 물 한가운데에 있다. 이 모습이 바로 ☵ 인 것이다. 제3위치에 있는 ─ 은 초효에서 진입한 것이다.

더욱 자세히 설명해야겠다. 한 무리의 군중이 물에 뛰어들어 강을 건너고 있다고 생각해 보자. 아직 일부는 육지에 남아 있다. 바로 이 상황이 ☵ 이다. 이 상태에서 물에 뛰어들어간 사람들이 모두 강 건너로 갔을 때는 ☶ 이 된다.

물론 한 명도 남김없이 모두 강을 건너갔다면 ⚌ 이 된다. 이는 적이 완전히 도망간 모습이다. 또한 스릴이 모두 사라진 영화의 끝 부분이다. ⚍ 은 앞에 도전이 있다. ☵ 은 그것에 뛰어든 상태이다. ☶ 는 교두보가 설치되고 실험이 성공한 상태로서 절반은 이룬 셈이다.

마침내 ☶ → ⚌ 이 된다. 상황이 끝난 것이다. 이제 ☴ 을 보자. 다소 복잡하지만 강을 건너가는 상황을 세분한 것뿐이다. ☵ 상태에서 강 한가운데에 있던 사람들이 일부 상륙에 성공한 모습이 바로 ☴ 이다. 초양은 뛰어들기 전이고, 제3양은 물 한가운데에 있는 것이고, 제5양은 일부가 건넌 것이다.

다음은 ☷ 인데, 이것은 군대가 몽땅 물 한가운데에 들어가 있는 모습으로 병법에 어긋난 태도이다. 진군에 있어 험지가 나타나면 먼저 탐색대를 보내야 한다. 탐색이 완료되어 위험이 없다고 판명되면 소규모 부대를 파견하는 것이다.

그리하여 난관을 돌파하고 교두보를 설치한다. 험지가 길면 중간에 향도 기지를 건설한다. 그리고 초기 수색 작전에 있어서 지역이 방대하면 험지 한가운데 수색 본부를 설치한다. 주력 부대는 천천히 출발하여 험지를 건너가는 법이다. ☵의 상태는 위험하고 어리석다. ☶은 신중하다. ☴은 더욱 신중하고 정교한 것이다.

다시 괘상을 보자. ☷은 상황이 종료된 모습이라는 것은 이미 논의했고, 이제 ☴이 남아 있다. 이는 차례차례 풀려 나가는 모습이다. 건물을 피해 급히 밖으로 빠져 나올 때는 질서가 중요하다. ☴는 아래층이 빠져 나간 연후에 나오는 모습이다. 반면 ☵은 중앙에 몰려 있는 상황으로, 빠져 나오는 것이 원만치 않다. 물론 여자의 몸매가 풍만한 아름다움을 보이는 것도 ☵이다. 그 대표적인 괘상이 ䷇이다. 빠져 나가는 모습으로 ☴의 대표적인 괘상은 ䷴인데, 이 괘상은 원전 괘명이 점(漸)이다. 점차적으로 진행된다는 뜻이다.

'3, 3'의 대륙을 살펴보자. 먼저 괘상의 배치를 보면 다음과 같다.

이 괘상들의 위상을 나타내자.

		☷	☳	☵	☶	☳		
☷	☷		☳	☵	☶	☳		☷	☷
		☷	☳	☵	☶	☳		

이 위상 구조도를 축소하자.

		☳	☵		☳		
☷	☷	☳		☶			☷
		☳	☵		☳		

이것은 다시 다음과 같이 정렬시킬 수 있다.

		☳	☵				
☷	☷	☳		☶	☳	☷
		☳	☵				

이 그림은 빈 곳을 치워 버리고 상하가 같으면 중앙으로 몰아서 채웠다. 따라서 중앙 열만 대칭이 나타나고 있다. 가장 아름답지 못한 위치에 있는 것은 ☷과 ☷이다. 만일 ☷의 위치를 오른쪽으로 두 칸 옮겨 놓으면 전체적으로 대칭이 된다. 하지만 마음대로 옮길 수는 없다. 그러므로 아름답지 못한 모양을 감수해야만 한다.

이것은 시간 비대칭의 결과이다. 시간이란 과거와 미래가 비대칭이다. 이러한 비대칭은 과거에서 현재로와 미래에서 현재로라는 좌표 형식을 취하면 사라질 수 있다. 그러나 지금은 위상 구조에만 관점을 두자.

지금 새로 등장한 위상 구조는 ☷과 ☷이다. 이들은 주역 64괘 중 가장 복잡한 위상 구조를 갖는 것으로, ☷은 맺혀 있고, ☷은 풀려 있다. 서로 대칭이지만 맺힌 데서 풀려 가는 것이 시간의 방향이다. ☷과 ☷은 누차 설명했으므로 여기선 생략한다.

다음 괘상을 보자. 이번에는 '2, 4' 구조의 대류이다. 먼저 괘상을 나열하자.

이들의 위상 구조를 압축하여 정렬시켜 보자. 앞서 행한 '4, 2' 구조와 같은 형식이다.

▦ ▦ ▦ ▦ ▦ ▦

이 그림은 대칭이다. 하지만 중앙에 ☷이 있어 균형이 맞지 않는다. ☷과 ☰은 서로 위치를 바꿔 놓아도 대칭이 깨어지지 않는데, 각각 그 자리에 놓인 이유가 분명치 않다. 이것을 확인하기 위해 '4, 2'와 '2, 4'를 함께 그려 보자.

▦ ▦ ▦ ▦ ▦ ▦

▦ ▦ ▦ ▦ ▦ ▦

두 그림을 비교해 보라! 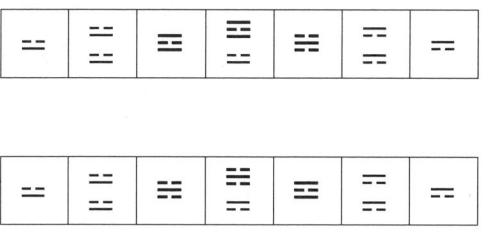 등이 일정한 원칙 없이 자리를 잡고 있다. 이는 다음과 같은 분기점이 있다는 뜻이다.

☷ → ☰, ☰ → ☷

☷ → ☰, ☰ → ☷

이와 같은 4가지 과정은 일정한 법칙이 없다. ⚏ 도 2가지로 갈 수 있으며, 또한 ⚎과 ⚍은 모두 ⚏로 갈 수 있다는 것이다. 이렇게 된다면 시간의 단선(單線) 구조를 이해하기 어렵다. 아예 혼돈을 일으키는 것은 생략하자. 혼돈은 유동성 때문에 일어나는 것으로, 우리는 불변 구조를 유의해야 한다. 이상의 그림에서 불변 구조만 간추리면 다음과 같다.

이 그림은 시간의 처음과 끝을 이은 것인데, 완벽한 대칭성을 유지한다. 그것은 중앙을 제거한 결과이다. 이것은 자연의 본성으로 자연은 3가지 단계를 갖는다.

질서 → 혼돈 → 질서

이는 엔트로피의 흐름과 완전히 부합된다.

엔트로피 극소 → 중간 상태 → 엔트로피 극대

이상에서 알 수 있듯이 자연이란 중간 영역에서 복잡한 양상을 띠는 것이다. 오늘날 첨단 과학 영역인 카오스 이론에서도 이 점이 주목되고 있다. 여기서 '3, 3' 구조인 대륙의 위상을 다시 보자.

제4권 신의 지혜 195

		☳	☶			
☷	☶	☵		☲	☳	☷
		☶	☳			

이 그림에서 대칭선을 깨는 요소를 제거하고, 또한 유동성을 제거해 보자. 그러면 위상 구조는 다음과 같이 요약할 수 있다.

☷	☶	☵	☲	☳	☷

이 그림은 질서 정연하고 어디서 본 듯하다. 본 위상도는 획수가 2, 4, 6, 즉 모두 짝수로 되어 있는데, 이는 앞에서 이미 공부했다. 주역의 모든 괘상은 위상화(位相化)할 수 있는데, 그 중에서 수평적 구조를 차지한 6개가 바로 본 위상도이다. 이 그림은 좌에서 우로 흘러가는 시간 구조를 나타내고 있다. 이것은 시간의 흐름 속에 나타나는 불변성이다.

이것을 대륙 지도에 적용하여 괘상을 추출해 낼 수 있다. 이 상황을 그려 보자. '6, 0'은 위상 구조가 ― 이므로 '5, 1'부터 시작하자.

☷	☶	☵	☲	☳	☷

여기서 짝수인 위상 구조를 갖는 것은 ☷과 ☶뿐이다. 따라서 다음과 같이 그릴 수 있다.

이 그림은 홀수의 위상 구조를 지워 버린 것이다. '4, 2'를 그리자. 전체 괘상은 앞에 있으므로 생략하고 직접 위상 구조만 추출해 보자. 여기서도 짝수 구조만 그리겠다.

이 괘상들의 위상은  등이다. '3, 3'을 그려 보자. 역시 전체 괘상은 생략하겠다. 짝수 위상 구조만 추려내자.

이 그림은 다소 깔끔하지 못하다. 왜냐 하면 중앙 부분에 있는 ☷과 ☶ 때문이다. 이는 4층 위상 구조인데, 2, 4, 6 다음에 4가

나와서 아름답지 않다. 하지만 시간 대륙에서의 위치가 그렇기 때문에 어쩔 수 없다.

  자연의 법칙은 반드시 인간의 마음대로 모양을 갖출 수는 없다. 편치 않은 모습이 발생하면 오히려 우리의 관점을 바꿔야 한다. 학문은 억지로 되는 법이 아니다. 사실 그대로 순응하면 그만이다. 나중에는 그것이 편하다는 것을 알 것이다. 자연은 언제나 사람을 실망시키는 법이 없다.

  '2, 4' 괘상을 그려 보자.

이 괘상들은 '4, 2' 괘상과 위상 구조가 같다.

'5, 1' 괘상을 그려 보자.

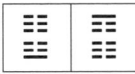

이상과 같이 짝수 위상 구조를 갖는 괘상을 모두 그렸는데, 32개의 괘상이다. 주역 64괘 중 32괘가 짝수 위상에 속하는 것이다. 따라서 나머지 32괘는 홀수 위상에 속할 수밖에 없는데, 반반씩 나누어져 있으니 마음 편하다. 불평등이 발생하면 그 이유를 규명해야 하므로 번거로울 테니 말이다. 평등이란 자연의 원리이니 크게 감동할 것도 없다.

　다시 위상 구조를 살펴보자. 이번에는 1, 3, 5층 구조, 즉 홀수층 위상 구조이다. 먼저 '6, 0'인데, 이것은 바로 일 뿐이니 생략하자. 다음은 '5, 1' 대륙을 보자.

이는 ☷ 구조이다. 다음은 '4, 2' 대륙을 보자.

　이 그림은 다소 특이하다. 수직이 대칭이 이루어져 있지 않다. 그러나 상관없다. 대륙 지도는 수평적으로 구성되어 각 지도가 자체 대칭을 이루지만 수직적으로는 대칭이 아니다. 이러한 비대칭은 '2, 4' 대륙에 의해 보충되면서 완전성을 갖춘다. 본 위상도는 '4, 2' 대륙 중에서 홀수층 위상 구조를 갖는 괘상만 간추려낸 것이다.

　'3, 3' 대륙을 보자. 이 대륙은 중앙에 있으므로 수평・수직이 모두 대칭을 이룰 것이다. 이것을 그려 보자.

이 그림은 예측한 대로 수평·수직이 대칭적이다. '2, 4'의 대륙을 보자.

이 모양은 비대칭이다. 그러나 '4, 2'대륙과 함께 비교하면 대칭을 이룬다. 자연이란 어느 한 부분에서 대칭을 이루지 못했다면 큰 것에 이르러 반드시 보상을 해 주는 것이다. 결국은 대칭을 이루게 된다. '1, 5'의 대륙을 보자.

이로써 시간 대륙에 있어서 홀짝 계층 위상 구조를 모두 그려 보았다. 이들의 원소 개수가 어떤 모양인가를 보자.

(1, 0)

(4, 2)

(7, 8)

(8, 12)

(7, 8)

(4, 2)

(1, 0)

이들은 각 대륙에 들어 있는 홀수 위상과 짝수 위상을 표시했다. 대륙은 위로부터,

(6, 0) → ䷀ 등
(5, 1) → ䷪ 등
(4, 2) → ䷡ 등
(3, 3) → ䷊ 등
(2, 4) → ䷒ 등
(1, 5) → ䷖ 등
(0, 6) → ䷁

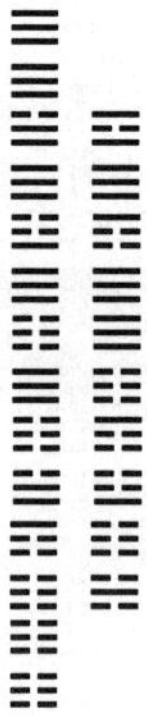

이다. 각 대륙의 홀수 위상은,

1
4
7

8
7
4
1

로서 합계는 당연히 32이다. 각 대륙의 짝수 위상은,

0
2
8
12
8
2
0

인데, 합계는 32이다.

  이 숫자들에는 무슨 뜻이 있을까? 외부에 나타난 숫자를 생각해 보는 것은 주역을 공부하는 사람의 기본적인 태도이다. 하지만 위의 숫자들은 언뜻 그 의미가 보이지 않는다. 이들의 의미는 다소 복잡하기 때문에 다음으로 미루자. 논리적으로만 일관하면 재미가 없다. 이왕이면 아름다운 구조를 살피며 공부하는 게 좋을 것이다.

  이 장에서 유의할 것은 시간의 흐름은 위상 변화로 나타난다는 것이다. 물론 살펴본 바대로 위상 변화란 시간의 질적(質的) 단위를

제공해 줄 뿐이지 양적(量的) 단위를 제공해 주지는 않는다. 이것이 주역에 있어서 시간과 위상 변화의 관계이다.

다음을 보라.

☷ → ☳

이 과정은 시간의 흐름을 위상적으로 나타낸 것이다. 이는 질적인 변화를 보여 줄 뿐이다. 주역에서 중요한 것은 질적인 변화이지 양적인 변화가 아니다.

다시 보자.

☷ → ☶ (☵)

☷ → ☳ (☵)

이는 3층 위상 구조의 시간 변화인데, 부분적으로는 음과 양이 자리를 바꾼 것뿐이다. 양은 올라가는 성질이 있고, 음은 내려가려는 성질이 있기 때문에, 시간 변화가 나타난 것이다.

또 보자.

(☵) → (☶, ☳)

이 변화는 이상하지만 별게 아니다. ☵에서 1, 2의 자리를 바꾸면 ☷이 되고, 3, 4의 자리를 바꾸면 ☶이 된다. 어떤 변화가 일어날지는 아무도 알 수 없다. ☳의 경우는 아주 색다르다. 바뀔 곳은 2, 3밖에 없기 때문에,

☳ → ☳

과정은 유일하다. 다시 보자.
☴은 다음과 같이 두 가지로 변화할 수 있다.

☴ → ☴ (☰)
☴ → ☴ (☱)

다음은 ☵인데, 이것은 두 가지로 변화될 수 있다.

☵ → ☵ (☳)
☵ → ☵ (☶)

이어 다른 위상을 또 보자. ☶과 ☷인데, ☷은 세 가지로 변화할 수 있다.

☷ → ☷ (☴)
☷ → ☷ (☵)
☷ → ☷ (☷)

204　주역 원론

☷ 은 두 가지로 변화할 수 있지만 종류는 하나이다.

☷ → ☷ (⚏)
☷ → ☷ (⚏)

이상의 모든 변화 외에 ― 과 -- 이 남았는데, 이것들은 모두 ⚏로 변한다. 이에 대한 이유는 우주의 재창조와 관련되어 있기 때문에 아주 중요하므로 나중에 따로 논할 것이다. 지금은 갈 길이 바쁘다. 위상 구조간의 변화를 모두 정리해 보면 다음과 같다.

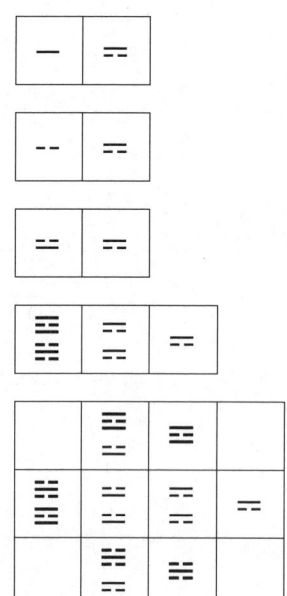

어느 것이든 ==에서 끝나는바, 위상 구조의 종류는 모두 12개이다. 이상으로 시간 단위의 위상 구조를 다 점검했는데, 자세한 내용 파악보다는 음미하는 것으로 충분하다. 다음 장에서는 이를 활용하여 실용적인 괘상의 체계를 구성할 것이다.

玉虛眞經 (9)

將欲取天下而爲之 吾見其不得已 天下神器 不可爲也
천하를 잡고 어떻게 하려 하지만, 나는 그것이 안 됨을 볼 뿐, 천하는 신통한 그릇이어서 어떻게 할 수가 없다.

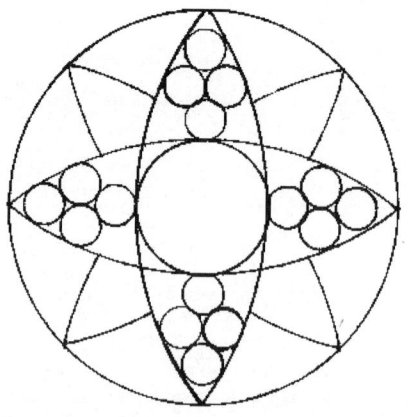

기묘한 순환

순환이란 자연계의 본성으로, 우리는 주역 공부를 시작하면서부터 각종 순환을 접했다. 팔괘도를 시작으로 6개의 순환군, 60갑자, 황금 순환, 28수 등이 그것이다. 순환이란 연속적인 변화를 나타내기 때문에 그것을 이용하면 자연의 흐름을 이해할 수 있고, 괘상 자체를 공부하는 데에도 아주 편리하다. 자연계는 순환으로 가득 차 있으므로 우리는 주역의 괘상이라는 정교한 장치로써 그것을 추적해 왔다.

이 장에서는 지극히 아름답고 기묘한 순환 체계를 살펴볼 것이다. 이러한 순환은 우주의 본질을 이해하는 데 아주 중요한 역할을 한다. 이제부터 이것을 논의하기에 앞서 몇 가지 개념을 확인하자.

첫째, 음양의 성질로 양은 상향성이고 음은 하향성이다.

둘째, 음양은 서로 다른 방향으로 멀어져 가다가 무한히 먼 곳에 이르면 다시 만난다는 것이다. 이는 현대 수학에 있어 직선의 양 끝이 무한한 곳에서 만난다는 개념인데, 소위 무한 원점의 개념이라고 한다.

셋째, 양이 떠난 곳에 남는 것은 음이고, 음이 떠난 곳에는 양이 남는다는 개념이다. 달리 표현하면 음이 들어오면 양이 나가고, 양이 들어오면 음이 나간다는 것이다.

이상과 같은 세 가지 개념을 공리(公理)로 삼아 무모순인 체계를 구성하기로 하자. 무모순이란 일정한 규칙을 평등하게 적용하여 만들어지는 체계를 말하는데, 현대 수학의 원리이다. 다음을 보라.

☰ 은 양이 가득 찬 상태, 즉 양극을 의미한다. 이것은 절대적인 괘상일 수도 있고, 상대적인 괘상일 수도 있다. 그러나 주역에서는 그것을 따지지 않는다. 굳이 논한다면 상대적인 것으로 보면 이해가 쉬울 것이다. 현실적으로 볼 때 우주 밖에 또다시 우주가 있는 것이어서, 양극이란 것은 하나의 개념이지 현실적인 양극은 없다는 뜻이다. 이는 수학에서 도달 불가능한 수 개념과 같다.

괘상을 다시 보자.

☰ 은 위로 향하는 성질이 있다. 위라는 것은 언제나 존재한다. 방금 전 우리는 도달 불가능한 수에 대해 언급했는데, 이는 ☰ 의 위쪽이 존재한다는 뜻이다. 쉽게 말해서 태극이 있다고 생각하면 된다.

자, 여기서 괘상을 또 한 번 보자.

☰ 은 아무리 봐도 가득 찬 괘상인데, 여기서 맨 위쪽의 양을 생각하자. 즉 제6효인데, 이것이 위로 사라진다면 어떻게 될까? 양의

성질은 상향성인바, 제6효가 위로 사라질 경우는 얼마든지 가정할 수 있다.

그저 제6효만 변화한다고 해도 되지만, 자연의 흐름을 강조하기 위해 위로 사라진다고 말하는 것이다. 시간의 성질이란 양이 위로 올라가는 것을 뜻한다. 지금 이 괘상에서 제6효가 사라진다고 가정하는 것은 시간의 흐름에 따른 사물의 변화를 실제적으로 추적하기 위해서이다.

군주괘에서는 '☰ → ☱'이 되는데, 이는 상당히 문제가 있는 변화이다. 양이 아래로 사라졌기 때문이다. 즉, 음이 올라와 붙었다는 뜻이다. 물론 이러한 변화가 자연계에 없는 것은 아니다. 하지만 이것은 우연이다. 어렵게 어쩌다 이루어졌다는 뜻이다.

이것이 바로 우연의 주역적 정의이거니와, 필연이란 음양의 본성에 의해 쉽게 이루어지는 현상이다. 다시 말하면 순행(順行)은 필연이고, 역행(逆行)은 우연인 셈인데, 자연계에서는 필연적 현상이 더 많을 수밖에 없다. 이제 여기에 염두에 두고 진행하다.

☰은 제6효가 변할 가능성이 제일 많다. 양이기 때문에 밖으로 사라지는 것이 필연이다. 너무 높은 사람은 쫓겨나게 마련이다. 원전 주역에서도 제6효에 대해 지나치게 높게 올라간 용이 후회를 한다고 되어 있다. 결국 제자리를 지키지 못한다는 뜻이다.

그리하여 떠나게 되면 음이 될 수밖에 없다. 이것을 단순히 음으로 변했다고 해도 되지만, 고도의 이해 방식은 양이 떠났다고 생각하는 것이다. 용으로 비유하면 힘이 빠져 나갔다고 해도 된다.

이제 괘상은 ☱이 될 것이다. ☰의 상양(上陽)이 견디다 못해

뛰쳐나간 것으로 보면 된다. 하지만 음이 생겨도 편안한 모습이 아니다. 그것은 음이 가장 높은 자리를 차지하고 있기 때문이다. 임시로 세워 놓은 대통령의 모습과 같다. 결국 자리를 지키지 못한다.

☳ 의 상음(上陰)에 대해 원전은 이렇게 말한다.

'호소할 데가 없으니 마침내 흉하다.'

위에 있는 음이 떨어져 내리는 것은 자연의 이치이다. 결국 다음과 같은 과정을 거치게 된다.

☳ → ☶

이는 시간 대륙 '5, 1'에서 일어나는 변화를 보여 준다. 이 변화는 다음과 같이 계속될 것이다.

☳ → ☶ → ☴ → ☵ → ☲ → ☰

이 과정은 음이 하강하는 모습을 극명하게 보여 주는데, 양 역시 위로 상승하고 있다. 앞에서 강조했듯이 양이 올라간다는 말은 음이 내려온다는 말과 같다.

위의 6개 괘상은 이미 설명한 바 있다. 이들은,

☳ → ☶ → ☵

이라는 위상 변화를 거치는데, ☷ 은 양을 함유한다는 뜻이고, ☶는 양이 발산한다는 뜻이고, ☷ 은 양이 다 빠져 나갔다는 뜻이다.

여기서 주목할 괘상은 ☶ 인바, 이것은 시간 대륙의 끝에 있는 괘상으로서, 자체 내에서 변화가 일어날 수 없기 때문에 지극히 안정된 괘상이다. 그러나 이 괘상도 외부와 작용하여 변화를 일으킬 수 있다.

그것은 상양(上陽)이 변하는 길이다. 가장 밖에 있는 양이 변하는 것은 당연한 이치로서, ☶ 으로 변한다. 이 괘상은 위에서 막고 아래에서 당기고 있는 모습이지만, 역부족인 상황을 나타낸다.

먼 옛날 우리의 조상들은 사냥을 하며 살았는데, 큰 짐승을 만나면 협동해서 그것을 해결했다. ☶ 은 협동을 나타내고 있는 괘상이지만 벅찬 모습이다. 원전 괘명을 음미하라.

이 괘상은 특히 상음(上陰)이 위태로운데, 이것은 양 위에 올라타고 있기 때문에 계속적으로 하강하게 된다.

☷ → ☶ → ☶ → ☶ → ☶

이 과정은 (4, 2) 대륙에서 일어나는 시간 변화이다. 이들은,

☷ → ☶ → ☷

의 위상 변환을 거친다. 끝내는 언제나 ☷ 으로, 여기서는 ☶ 의 괘상으로 나타났다. ☶ 은 죽은 괘상으로서, 산이 하늘 아래 엎드려

있다. 원전에서는 숨어 있다는 이름을 붙여 놓았거니와 숨어 있으면 위태로울 일이 없다. 그러나 활동을 못 하니 발전이 없다.

그러나 이 때 공부를 하면 된다. 공부란 원래 한가할 때 해 두는 것이다. 숨어 살며 공부조차 하지 않는다면 미래를 기다릴 필요가 없다. 삶이란 그 자체로써 중요한 게 아니라 끊임없이 발전해야 하는 것이다.

발전이 정지된 인생은 사실상 수명이 끝났다고 봐야 한다.

괘상을 보자.

☰ 은 가지에 꽃이 피어 있는 형상이다. 충분한 역량이 있는 사람이 위업을 달성한 모습이다. 에너지란 사용되어야 한다. 그리하여 더욱 발전해야 한다. ☷ 은 유종의 미를 거둔 것으로, 사업의 목표가 달성된 것이다.

☶ 은 꽃잎이 지고 가을에 스산한 바람이 부는 모습이다. 가을은 반성, 회고의 계절, 또한 체념의 계절이다. 인생의 가을을 맞이하면 반성하며 마음을 가다듬어야 한다, 또 다른 삶을 위하여.

☵ 은 낙오되고, 고독한 형상이다. 마음 속의 참됨을 지키고 남과 다투는 일이 없어야 한다.

☳ 은 모든 것을 물리치고 은퇴한 모습이다. 미련을 갖지 말고 학문에 열중하라. 괘상 자체는 내부 변화를 기대할 수 없다. 그러나 시간은 어떠한 형태로든 영원한 법.

어떠한 형태로든 사물은 변하게 마련이다. 그러한 변화는 노출된 곳에서 일어난다. ☶ 이 변하면 ☵ 이 되는바, 음이 양 위에 있으므로 변화는 다음과 같이 계속된다.

☶ → ☵ → ☳ → ☱

이 과정은 중앙 대륙인 (3, 3)에서 일어나는 시간 변화이다. 위상 변화는 다음과 같다.

☷ → ䷁ → ☷

그러면 괘상의 뜻을 음미하자.

☶ 은 사랑에 좋은 괘상이다. 양의 기운이 닫혀 있어 안쪽으로 부딪치고 있는 모습이다. 서로 감응하는 것이다. 이 때는 은근히 포용해야 하는 법, 지나치게 나서면 상대방이 도망간다. 그러나 더 위험한 것은 마음의 문을 닫아 놓는 것이다. 인간은 사랑에 있어 남의 속마음을 알고 있다. 특히 여자는 남자의 깊은 마음을 아는 힘이 있다. 조심해야 한다. 이 괘상은 모처럼 여자 마음이 와 있는데 남자의 행동이 시원치 않다. 아랫괘는 ☶인바, 이는 위축되어 있는 모습이다. 상대방을 끌어들이기 위해 자신의 태도를 바꾸어야 한다.

☵ 은 집을 떠나고 있는 모습이다. 이제 잡으려 해도 늦었다.

☷ 은 자식들이 성장해서 모두 떠나고 있는 상태이다. 나아가는 것은 발전을 위한 것이니 부모가 잡을 수 없다. 이 괘상은 산 위에서 나무가 자라고 있는 모습으로, 움직임에 있어 근원을 소중히 해야 한다는 것을 보여 주고 있다.

☷ 은 모든 것이 떠나갔다. 텅 빈 집이다. 인간이 세상에 태어났을 때도 이런 상황이다. 천지간은 넓고도 넓다. 크게 포부를 세우고 역량을 길러야 한다.

☷ 은 또다시 변할 수 있다. 그것은 ☷ 으로서, 이는 하늘이 멀어져 가는 것을 멈춘 모습이다. 앞선 양이 떠나가고 그 자리에 음이 생겼기 때문이다. ☷ 은 이제 다음과 같은 내부의 작용이 생겨났다.

☷ → ☷ → ☷

이 과정은 (2, 4) 대륙의 시간 변화로서 위상은 다음과 같다.

☷ → ☷ → ☷

☷ 은 음이 팔을 뻗쳐 양을 끌어안은 모습이다. 원전 괘명이 췌(萃)로 되어 있는 것은 이 뜻이다. 그러나 이 괘상은 아직 시작에 불과하다. 양을 더욱 끌어들일 수 있다면 좋으련만······.

☶ 은 전진하는 모습이다. 청운의 꿈을 품고 고향을 떠나는 것이다. 처음의 뜻을 잃지 말아야 한다.

☶ 은 방황하는 모습이다. 집을 떠났지만 마땅히 갈 곳이 없다. 그러나 반드시 찾을 것이다. 깊은 곳으로 찾아들어갈 일이다. 큰길만 돌아다니면 구경할 것은 있어도 얻을 것은 없다.

☶ 은 마침내 변하여 ☷ 이 된다. 이로써 작용도 다음과 같이 다시 시작될 수 있다.

☶ → ☷

이 과정은 (1, 5) 대륙에서 일어나는 시간 변화이다. 위상은 아래와 같이 간단하다.

☳ → ☵

☷ 은 밖에 나갔던 식구가 선물을 가지고 귀가하는 모습이다. 따뜻하게 맞이할 일이다. ☷의 덕은 위대하다. 하늘로부터 양기를 받아 그것을 땅에 보급하는 것이다.

☶ 은 개미가 음식을 향해 달려든 모습이다. 갉아먹는 모습이 집요해 보인다. 원전 괘명이 박(剝)인바, 이는 음이 양을 소진시키고

있다는 것을 의미한다. 양의 입장에서는 안간힘을 다해 버텨야 한다. 이 괘상은 미혹한 사람들에게 둘러싸인 외로운 지도자의 모습이다.

괘상은 마침내 변한다. 즉, ☷ 에 도달한다. 이는 광대한 대지의 모습이다. 모든 것은 땅으로 돌아가는 법이다. 이 곳에서 새로운 삶이 시작될 것이다. 광대한 대지를 보면서 그 생명력을 느낄지어다.

이상의 과정은 양이 상향한다는 원리와 내부가 다 변한 다음에 외부가 변한다는 준 원리를 적용한 결과이다. 내부와 외부가 동시에 변할 수도 있겠지만, 체계적으로 살피기 위해 선형(線形)으로 정렬시킨 것이다.

원소는 21개로서, 이는 기묘한 느낌이다. 12라든가 8 등은 익히 보아 온 변화 단계인데, 21은 아무리 봐도 생소하다. 하지만 어쩔 수 없다. 원리와 규칙을 적용해서 만든 체계이기 때문에 받아들여야만 하는 것이다.

우리는 위에서 정렬시킨 괘상을 순차적으로 살핌으로써 생각의 수고를 덜 수 있다. 그리고 실제로 자연계의 현상은 그와 같은 과정을 따라 변화할 것이다. 도중에 파생되는 변화가 있을 수 있지만 큰 줄기는 변치 않는다.

이는 경부선 열차를 생각하면 이해가 쉽다. 서울에서 부산까지는 선형으로 연결되어 있다. 그것은 점점 가까워지는 과정인 것이다. 도중에 갈라지는 길이 있을지언정 그것은 서울과 부산 간의 과정에 어떠한 지장도 주지 않는다.

앞의 괘열 21개도 철도와 마찬가지인데, 그 과정은 자연계의 사실상 변화와 가장 근접해 있다. 이 변화는 28수이나 순환군보다 나은 것이다. 28수이나 순환군은 괘상을 이해하는 데는 아주 중요하지만 그와 같은 모델은 실상에서 그리 흔한 것은 아니다. 일 년 4계절의 변화는 비록 자연계에 있는 실제 현상이지만, 인간 사회를 포함한 광대한 상태에서는 그와 같이 잘 짜여진 순환 체계는 이상화된 모델일 뿐이다.

하지만 지금 우리가 살펴본 21단계 변화는 자연계의 실상과 완전히 부합된다. 물론 파생되는 변화를 생략하고 근간을 모델화한 것이다. 이것은 또 다른 과정을 도입하면 순환 체계가 되는데, 이 과정은 최적의 자연 순환 모델이 된다. 이 과정을 논의해 보자.

우리는 앞서 괘상의 시작을 ☰로부터 했는데, 당연히 그 반대 방향에서도 가능하다. 그것은 바로 ☷이다. 이 괘상은 음극인바, 이곳에서 새로운 작용이 시작되는 것이다. 부여된 원칙을 염두에 두고 진행하자.

☷은 양 위에 올라간 음이 하나도 없다. 따라서 자체적 변화는 생기지 않는다. 결국 외부로 변화해야 하는데, 음이 침몰하게 되면 비로소 변화가 시작된다. 이는 ☰에서 양이 상승함으로써 일어나는 변화와 같다. 다른 것은 음이기 때문에 가장 아래에서 변화한다는 것이다. 첫번째 유일한 변화는 아래와 같다.

☷ → ☷

이것은 극적인 변화인데, 사물이란 궁극에 이르면 이와 같은 변화가 있는 법이다. 오늘날 과학에서는 우주의 종말을 비참할 것이라고 보는데, 그 때에 이르게 되면 천상천(天上天)과 지하지(地下地)의 작용이 일어나 새로운 우주가 탄생될 것이다. 이는 주역에서 알 수 있는 당연한 법칙이다. 방금 ䷀ 에서 ䷁ 이 생긴 것이 바로 그것이다.

이제 ䷁ 이 생겼으면 그것은 다음과 같은 내부 변화를 가질 수 있다.

䷁ → ䷖ → ䷓ → ䷏ → ䷎ → ䷗

이 과정은 대륙 (1, 5)에서 일어나는 시간 변화를 그대로 보여 준다. 위상 구조의 변화는 다음과 같다.

☵ → ☷ → ☵

이는 물을 건너가는 모습에 비견될 수 있다. 괘상을 음미하자.

䷗ 은 아주 유명한 괘상이다. 군주괘에 속하는 것인데, 가장 사랑받는 괘상인 것이다. 그것은 한 가닥 양이 돌아왔기 때문이다. 이 괘상은 깊은 곳에 양이 자리잡고 기운을 축적하고 있다. 아직 미약하기 때문에 경거 망동은 금물이다.

☷ 은 양이 일보 전진한 모습이다. 미약한 양이 전진하는 것은 위태롭지만 너무나 깊게 잠복한 부담을 덜고 있다. 대지가 수분을 품고 있는 것이니, 생명력에 차 있는 모습이다.

☷ 은 기회를 엿보고 있는 모습으로, 남자의 성기가 속에서 발기한 상태이다. 원전 괘명이 겸(謙)인바, 이는 실력이 있으면서 삼가는 모습이다. 사람의 행동은 한번 이루어지면 노출되고 주워 담을 수 없다. 신중한 태도를 가르치고 있는 괘상이다.

☷ , 드디어 발진, 나설 만하면 나서는 것이다. 군자가 비로소 행동을 시작하고 있다. 잠자던 사자가 비로소 깨어났다. 주변은 정적 속에 공포가 엄습한다.

☷ , 밖에 나가 사람과 사귀고 있다. 축구로 말하면 상대편 문전에서 활약하고 있는 모습이다. 원전의 괘명은 비(比)로서, 친숙하게 지낸다는 뜻이다. 양의 기운이 하늘로부터 내려와 땅과 화합하고 있는 것이다. 사람과 사귀려면 자세를 낮추어야 하는 법, 이 괘상은 적당한 위치에 있는 모습이다. 양의 위치를 생각하라.

☷ 은 지나치게 전진한 모습이다. 제아무리 용맹한 장수도 부하가 없으면 맥을 못 추는 법이다. 탱크도 보병과 함께 전진해야 한다. 뛰어난 지도자는 고충이 많다. 아랫사람을 자상히 살펴야 한다. ☷ 은 땅 위에 있는 산이니 안정된 모습이다.

변화는 아래에서부터 일어난다. 음이 아래로 떨어져 ䷚ 로 변한 것이다. 이 괘상은 활력이 생겼으므로 다음과 같이 변화가 시작된다.

䷚ → ䷚ → ䷚ → ䷚ → ䷚

이 과정은 (2, 4) 대륙에서 일어나는 시간 변화의 일부이다. 위상 구조는 ☶ → ☶ → ☶ 로 변한다. 이 과정은 선발대가 이미 강을 건넌 상태에서 뒤이어 건너는 모습이다. 괘상을 보자.

䷚ 은 큰 산에 깃들여 있는 짐승이다. 훌륭한 가정의 자녀들이다. 멀리서 독려해 주고 있다. 성장이 기대되고 있는 모습이다. 원전 괘명은 이(頤)로서 기른다는 뜻이다.

䷚ 은 지도자에 따르는 모습이다. 이미 아이들에게 스승의 뜻이 전달되었다. 그러나 이탈하지 않도록 잘 배려해야 한다.

䷚ 은 꽁꽁 얼어붙은 모습으로 이탈한 모습이다. 너무 엄격하기 때문에 먹혀 들어가지 않는 상황이다.

䷚ 은 비로소 해빙(解氷)이 되었다. 서서히 전진하는 모습으로서, 음의 기운을 하늘로 공급하고 있다.

☲ 은 올라가던 풍선이 터져 버렸다. 만사가 끝난 상태이다. 경기가 끝나고 운동장에는 휴지 조각만 난무하다.

이제 변화를 기다려야 할 때이다. 음이 하강하여 다음과 같이 양을 불러온다.

☲ → ☲

☲ 은 내부 구조가 살아 있으므로 아래와 같이 변화한다.

☲ → ☲ → ☲ → ☲

이 과정은 (3, 3) 대륙에서 일어나는 시간 변화의 일부이다. 위상 변환은 다음과 같다.

☷ → ☷ → ☷

괘상을 보자.

☲ 은 땅에 곡괭이를 찍은 형상이다. 막혀 있던 곳을 파고든 모습이다. 옛 성인들은 이것을 본떠 농사법을 만들었다. 밭을 일구고 땅 속에 씨앗을 심는 것이다. 이 괘상은 물고기가 낚시를 문 모습이다. 위에서 착실히 이끌어 주는 형상이다. 원전의 괘명은 익(益)으로, 힘을 보태 준다는 뜻이다.

☴ 은 술잔을 뒤집은 모양으로, 실제 그런 뜻이 있다. 얼음이 녹고 실마리가 풀리는 형상으로, 해방된 모습이다. 바람이 와서 낙엽을 쓸어간다.

☶ 은 마지막 차를 기다리는 모습이다. 학교를 졸업하고 직장을 찾아가고 있다.

☷, 마침내 막이 내렸다.

하지만 다음 막이 떠오를 것이다. 음기가 하강하여 양을 일으킨다. 새로 태어난 괘상은 ☳ 로, 이것은 변화할 수 있다. 즉,

☴ → ☶ → ☷

이 과정은 (2, 4) 대륙에서 일어난다. 위상 구조는,

⚌ → ⚏ → ⚏

로 변화한다. 괘상을 보자.

☳ 은 매우 통쾌한 모습으로, 한 가닥 양의 기운이 하늘에서 내려와 땅 속 깊숙이 꽂히고 있다. 이는 높은 곳으로부터 은혜가 베풀어진 것을 상징하며 정부가 백성을 아끼는 모습이다.

☴ 은 나서지 말아야 할 때 나선 모습이다. 즉, 이길 수 없는 싸움이다. 여자라면 남자가 찾아올 때까지 인내심을 갖고 기다려야 하는 법인데, 오히려 서둘러 나서는 바람에 만나지 못한다.

☶ 은 도망간 모습으로 모든 상황이 끝난 상태이다. 혼자서도 잘 살 수 있다는 마음을 다지며, 다시 변화를 기다릴 때이다. 여기서 음이 떨어지고 양이 올라오면 ☳ 이 생긴다. 이것은 변화한다. 즉,

☳ → ☴

이 과정은 (1, 6) 대륙의 마지막 변화를 보여 준다. 위상 변화는,

☴ → ☷

축적된 기운이 한꺼번에 쏟아져 나가는 모습이다. 괘상을 보자.

☴ 은 님을 따라 강남 간다. 즉, 하늘에 음기를 공급하는 모습이다. 아주 상서로운 징조로, 비를 내려주기를 기대한다.

☳ 은 세차게 내달리는 괘상이다. 다섯 마리의 말이 마차를 끌어 조절이 잘 안 되고 당장 멈춰지지 않는다. 싸움판에 끼여들지 말고 식구를 불러들여야 할 것이다.

이제 마지막 변화만 남았다. 끝까지 버티던 고집도 꺾이고 모든 것이 자유롭게 해산되었다. ☰은 생명력의 근원이다. 인간도 죽고 나면 그 혼령이 하늘로 돌아간다. 하늘은 무궁 무진한 까닭에 모든 것을 수용한다. 또한 맺힌 것을 풀어 주기 때문에 하나로 합칠 수도 있다.

이상으로 하늘로 향한 21단계의 변화 과정을 모두 살펴보았다. 이로써 그들이 모두 순환을 이루고 있음을 알 수 있다. 순환에는 양극과 음극이라는 두 정점이 있다. 그리고 순환의 원소는 모두 42개이다. 42라는 숫자는 주사위 두 개를 모두 더한 것일 뿐만 아니라 주역의 숫자이다.

42는 7로 나누면 몫이 6이다. 즉, 6각형에 배치될 수 있는 숫자인 것이다. 그 한 변은 7로서, 이 숫자는 항상 의미가 담겨져 있다. 하지만 양(量)보다 질(質)적인 것을 중점적으로 살펴보면 중대한 체계가 나타난다. 42개 괘상은 상향 21개, 하향 21개로 이루어져 있는데, 그 중 하나를 살펴보자.

이 그림은 아래에서부터 양이 하나씩 늘어나 마침내 양극에 도달하는 모습이다. 수치를 보면,

    6+5+4+3+2+1 → 21

인데, 이것은 마치 소라껍질이 회전하면서 줄어드는 모습이다. 이러한 구조는 음극에 접근해 갈 때도 마찬가지이다. 즉,

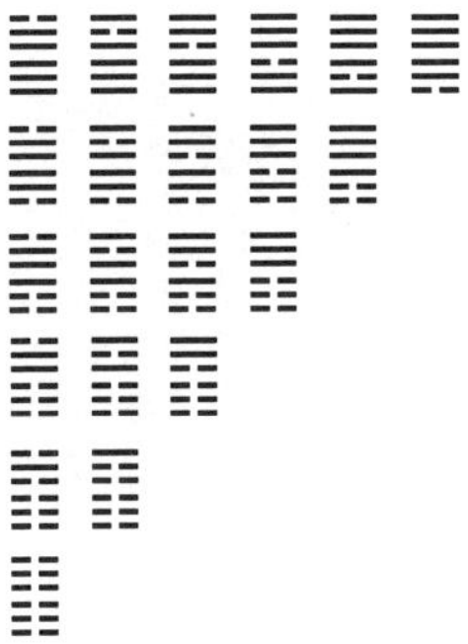

이 그림은 위에서부터 내려오는 모습이다. 수치도 역시 다음과 같이 상향 구조이다.

    6+5+4+3+2+1 → 21

그런데 여기서 유의해야 할 것은 21이라는 숫자가 아니다. 그것을 이루고 있는 괘상의 성질이다. 위의 그림은 6단계를 이루고 있다.

(5, 1) (4, 2) (3, 3) (2, 4) (1, 5) (0, 6)

이들은 모두 하향이며 상향도 역시 6단계이다. 그러므로 오르내리는 순환은 모두 12단계가 된다. 드디어 12가 등장했다. 위에서도 살펴보았듯이 원소의 숫자는 42이지만 단계는 12단계인 것이다. 12란 순환 체계에서 가장 많이 등장하는 숫자이다. 왜냐 하면 괘상의 획수가 6이기 때문이다. 물론 6이라는 숫자는 자연의 범주로서, 유일한 선택이다. 여기서 또 하나의 순환 구조를 살펴보자.

☷ → ☷ → ☷ → ☷ → ☷ → ☷

이 과정은 (5, 1) 대륙에서 일어나는 시간 변화로, 6단계의 내부 작용이다. ☷ 은 안정되어 있어서 여간해서는 변화가 일어나지 않는다. 그러나 여기에도 두 가지 변화의 길이 포함되어 있다. 한 가지는 상양이 위로 상승하는 것이고, 다른 하나는 하음이 아래로 내려가는 것이다. 하나를 살펴보자.

☷ → ☷

이 변화는 앞에서 다루었던 것으로, 이어지는 변화는 12단계에 이른다. 다른 변화를 보자.

☷ → ☷

이 변화는 아래에 있는 음이 더욱 밑으로 내려가서 그 자리에 양이 발생한 것이다. 즉, 음이 낙오한 모습으로 생각해도 된다. 변화된 괘상은 하나의 음이 사라져 순양으로 환원된 것인데, 이는 출발점으로 돌아온 것이다. 즉,

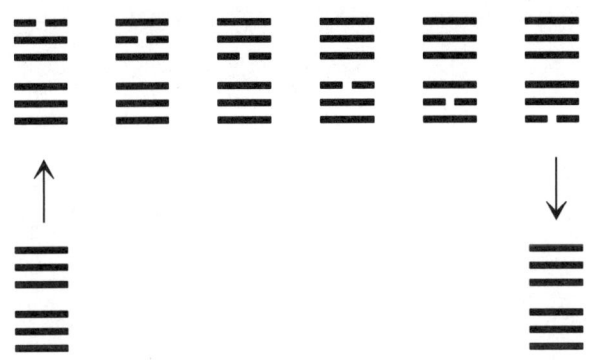

이 과정은 순양의 바다에서 갑자기 ☴이 떠오르고, 끝내는 ☶에 이르러 다시 순양의 바다로 사라지는 모습이다. 하늘에서 온 것은 결국 하늘로 돌아간다는 자연의 대순환을 보여 준다. 이것은 또한 기독교에서 내세우는 천지 창조의 단계와 같다고도 할 수 있다. 즉, 하늘의 명령으로 이루어진 창조의 과정은 6일 만에 완성되었고, 7일째에는 그 작용이 멈추었다. 이 날이 바로 쉬는 날이다.

필자가 여기서 강조하고 싶은 것은 결코 종교적인 신화를 중시하자는 내용이 아니다. 다만 주역의 관점에서 보아도 그 7일에 상당한 뜻이 있음을 알려주고 싶을 뿐이다. 인류가 언제부터 7요일을 시행했는지는 잘 모르겠다. 하지만 7일을 주기로 한 생활 방식은

주역의 원리와 완전히 부합된다.

  7일은 가장 짧은 주기로서, 인류의 지루한 일상 생활에 새로운 활력을 주는 역할을 한다. 만약 7요일이 없다면 그 얼마나 지루하고 힘겨울까! 6일 동안 열심히 생활한 뒤 일요일 휴식을 취하고 다시 월요일을 맞이하면 활력이 생기는 법이다.

  아무튼 여기서 우리가 해야 할 일은 음양의 세계를 이해하면 된다. 양은 무조건 위로 향하는 존재이지만, 그것은 끝없이 높은 곳에 이르면 무한 원점을 지나 다시 낮은 곳으로 되돌아온다. 또한 음도 아래로 계속 내려오다가 극에 다다르면 다시 위로 올라가게 마련이다. 이처럼 무한 원점에서의 음양 교차는 또 하나의 천지 개벽인 것이다.

  우리는 그러한 대순환을 12단계 42원소로 밝혀냈는데, 종교에서 42라는 숫자는 종말을 나타낸다. 고대 이집트 사자의 서에는 42명의 심판관이 등장하여 42가지의 죄를 다루고 있다. 구약 성서에서도 42는 매우 중요한 숫자이다. 그리스도는 아브라함으로부터 42대째에 태어났고, 고대 이스라엘 백성들이 애굽을 떠나 평화의 땅을 찾아갈 때 42곳에 머물렀다.

  이처럼 종교에 있어서의 신화는 때로 주역의 원리를 포함하고 있다. 이러한 일은 세계 곳곳의 모든 종교에서 나타난다. 왜 이런 일이 발생할까? 신이 주역의 원리로 세상을 다스렸기 때문일까? 아니면 먼 옛날 우주인이 지구의 여러 곳을 다녀갔기 때문일까? 만약 그게 사실이라면 주역의 원리는 저 먼 별나라에서도 발견할 수 있을 것이다.

대순환 42원소를 다시 보자. 그 중에서 10개의 괘상이 서로 겹치는 것을 볼 수 있을 것이다. 왜냐 하면 두 가지 성향이 포함되어 있는 순환 주소(循環住所)가 배당되었기 때문이다. 사실 주역의 한 괘상은 육효(六爻)로 이루어졌기 때문에 6군데로 변화의 문이 열려 있다. 우리는 지금까지 겨우 두 개의 문을 다루었지만, 그 문은 가장 크고 가장 많이 출입한다. 나머지 문은 나중에 살펴볼 것이다. 이 장에서는 12단계 42원소의 순환을 통해 주어진 괘상을 보다 깊게 이해하면 된다.

그러나 무엇보다도 중요한 것은 우주의 사물은 모두 변한다는 사실이다. 소멸했다가도 다시 나타나고 또다시 소멸한다는 것이다. 살아 있는 동안 사물은 끊임없이 변화하고 그 일생을 마감한다. 그러나 그것으로 모든 것이 끝나지는 않는다. 죽음의 저 뒤편에서도 생성은 또다시 준비된다. 가고, 오고, 변하고, 순환하는 모든 사물은 각각의 괘상으로 정교하게 해석되고 있다. 우주는 무상한 가운데 영원하고, 주역의 괘상 또한 무한히 변화하는 가운데 영원하다.

玉虛眞經 (10)

道常無名 樸雖小 天下莫能臣也

도는 항상 이름이 없다. 소박하고 작으나, 천하는 능히 신하로 부릴 수 없다.

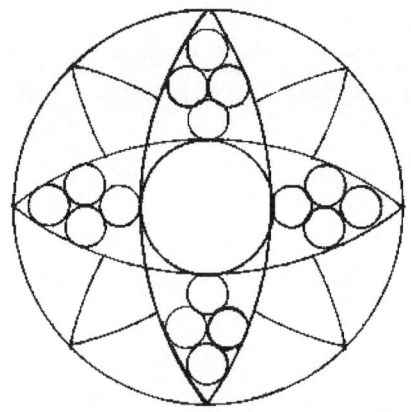

괘상의 본 고향

 여러분은 카오스에 대해서 들어본 적이 있을 것이다. 이 이론은 극단적인 혼돈 속에서 질서를 찾는 것이다. 이것은 20세기 말의 첨단 이론 중 하나로 최근에는 세탁기를 만드는 데도 적용된다. 뉴턴이 만유 인력을 발견한 이래 인류는 평온한 질서에 주목하며 살아왔다. 자연이란 언제나 질서가 잘 잡혀 있어 미래를 예측할 수 있는 존재로 여겨졌던 것이다.

 실제로 우리는 지구가 태양 주위를 회전하는 것에 대해 1년에 1초도 틀리지 않을 정도로 정확하게 예측할 수 있다. 날아가는 비행기의 예상 경로나 지금 막 집어던진 돌멩이가 어디에 떨어질지, 정신병자의 행동 등을 예측할 수도 있다. 자연은 이토록 다음에 일어날 일을 알아맞힐 수 있을 정도로 질서가 잡혀 있었다. 아니, 인간의 눈에는 그렇게 보였던 것이다. 이런 현상은 무질서하게만 보이던 자연 속에서 뉴턴이 새롭게 질서가 존재한다는 사실을 밝혀내자 인간들이 그렇게 생각한 것에 지나지 않을 뿐이다.

그러나 자연은 미세한 것일수록 무질서가 증가하고 있다. 작은 것일수록 많은 자유가 베풀어진다는 뜻이다. 우리는 거대한 지구가 몇 시간 후 우주의 어느 곳에 있을지를 쉽게 계산할 수 있다. 그러나 하나의 공기 분자가 1분 후 어디에 있을지 계산하기는 몹시 어렵다.

자연이 거대 영역에서 질서를 나타내는 것은 사실이다. 뉴턴은 그의 운동 방정식에서 미래의 상태에 대해 완전히 기술하고 있다. 이로 인해 인류는 결정론적 세계관을 갖게 되었다. 즉, 모든 미래가 이미 결정되어 있다는 것이다. 18세기의 유명한 프랑스 수학자 라플라스는 이렇게 말했다.

'어느 한 순간 우주 속에 있는 모든 원자의 위치와 그들의 운동을 알 수 있다면 세계가 앞으로 어떻게 변할지 정확히 예언할 수 있다'고…….

이는 현재를 알면 미래를 계산할 수 있다는 말과 같다. 그 모든 것을 알 수 있는 존재를 '라플라스의 악마'라고 하는데, 그 악마는 바로 신일 수도 있다. 분명 신은 현재에 일어나는 모든 것을 알 수 있다. 그러나 이로써 미래가 정확히 계산될 수 있을까?

그렇지는 않다. 현대 과학은 미래가 불확정적이라고 밝혔다. 이것은 단순히 미래를 알 수 없다는 뜻이 아니다. 미래는 아직 결정되어 있지 않다는 뜻이다. 카오스 이론에 의하면 우리의 은하계는 단 한 개 전자의 운동을 무시하면 1분 후에 일어나는 일조차도 절대 알 수 없다고 한다.

 이것은 오늘날에야 겨우 밝혀진 사실이지만 자연은 너무나 민감한 존재였던 것이다. 한국의 농촌에 사는 노인이 한 번 한 하품으로 인해 한 달 후 미국의 사막에 태풍이 올 수도 있다는 것이 카오스 이론에 의해 밝혀졌다. 자연계는 근원적으로 각 부분마다 아주 민감하게 연결되어 있어서 미래를 예측하는 것은 불가능한 일이다. 오늘날의 과학은 미래가 마치 레일 위를 달려가는 기차처럼 그 종착지를 확실히 알 수 없음을 밝히고 있다.

 미래는 확률적일 뿐이다. 확률적이라는 것은 우주를 이루고 있는 모든 부분이 자유스럽기 때문에 일어나는 현상이다. 라플라스의 악마조차도 미래는 계산할 수 없다. 뉴턴의 운동 방정식에 의한 미래는 거시적인 세계에서만 비슷하게 통할 뿐, 미시적인 세계에서는 결정론적 운동 방정식을 세울 수가 없다. 이는 인간의 무지 때문이 아니라 자연 자체가 그러한 원리에 의해 움직이지 않기 때문이다.

 미시적인 세계에 있어서는 운동 자체가 확률적으로만 묘사된다. 이는 결코 인간의 능력 문제가 아니라 자연의 원리 때문이다. 20세기의 위대한 과학자인 아인슈타인은 미래가 확률적으로 존재한다는 것에 반대했다. 그는 이렇게 말했다.

 "사랑하는 신은 주사위를 던지지 않는다"고……

 아인슈타인은 언젠가 인간의 지혜가 좀더 발전하면 미래를 완전히 알 수 있는 해법이 존재할 것이라고 생각했다. 그러나 그의 이러한 생각은 틀렸다. 자연은 죽어 있는 존재가 아니다. 자연의 미세한 영역을 살펴보면 숨겨진 활동성을 가진 존재가 너무도 많아 그들을 모두 감안하기란 불가능하다. 따라서 미래를 정확히 알 수는 없다. 단지 거시적인 영역에서만 충분한 확률로 알 수 있을 뿐이다.

주역의 관점도 그러하다. 괘상은 6개의 부분으로 나뉘어져 있고, 그 하나하나의 부분조차도 내부 구조가 있는 유연한 존재인 것이다. 따라서 주역은 거시적인 관점에서만 미래를 다룬다. 거시적인 관점에서 보면 자연의 사물은 때로 필연성이 두드러지게 나타나기도 한다. 카오스 이론에서도 이러한 현상을 연구하고 있다. 어트랙터(끌개), 즉 귀결점을 의미하는 개념이 바로 그것이다.

그것은 결국 도달해야 하는 지점을 말한다. 예를 들어 인간은 끝내 죽기 마련이기 때문에 죽음은 모든 인간의 어트랙터인 셈이다. 물은 아래로 흘러 마침내 바다에 이르게 되므로 바다는 물의 어트랙터이다. 이처럼 어트랙터는 자연의 곳곳에서 발견된다. 이러한 일은 우주에서도 일어나는데, 우주의 모든 별이 어느 한 지점으로 끌려가고 있다는 것이 지금까지의 연구 결과에 의해 밝혀졌다. 이것을 그레이트 어트랙터라고 한다.

어트랙터는 비단 물질의 세계에만 국한되는 게 아니다. 그것은 인간계에도 포함된다. 그 예로 상습적으로 범죄를 저지르는 사람은 죄를 짓고 형무소에 가서야 편히(?) 지낸다. 애인에게 몰두하는 사람은 자나깨나 그녀에게로 달려간다. 애인이 바로 어트랙터인 것이다. 우리의 인생에 있어서도 빈번하게 어트랙터가 등장한다. 운명이 바로 그것이다. 어트랙터를 알면 사물의 향방을 알 수 있기 때문에 그것을 아는 것은 미래를 예측하는 데 아주 편리하다.

주역의 괘상도 각각 저마다의 어트랙터가 존재한다. 특수한 어트랙터도 있지만 이 장에서는 가장 기본적인 어트랙터를 다루고자 한다. 다음의 괘상을 보자.

☷☲ 은 밝음이 침몰한 모습이다. 빛은 높은 곳에 있어야 멀리까지 비출 수 있지만, 이 괘상은 빛의 위치가 매우 낮다. 여기서 우리는 ☲가 받고 있는 압력에 관심을 가져야 한다. 이것은 땅 아래에 있는 불은 어디로 향하는지에 대한 물음이다. 이것은 곧 불이 안정할 수 있는 곳이 어디 있느냐는 것이다. 다시 말하면 불이 도달하고자 하는 어트랙터는 어디인가?

물의 경우 어트랙터는 바다나 그 어느 곳이다. 사물은 모두 각자 향하는 곳이 있다. 인간의 경우에도 돈으로 향하거나 공부로 향하거나, 여자에게 향하거나, 술집으로 향하는 사람 등등 가지각색이다. 그렇다면 한국의 어트랙터는 어디일까? 인류의 어트랙터는? 모든 괘상의 어트랙터는 과연 어디일까?

☷☲ 는 서로 다른 존재가 만나 작용을 나타내고 있다. 우리는 이를 해석하기 위해 여러 가지 기법을 공부하는 중이며, 괘상은 최종적으로 어디를 향해 치달리는지 알아야 한다. 사물이 어트랙터를 향하는 것은 그 곳이 안정되어 있기 때문인데, 모든 괘상도 또한 각각 안정점이 있다.

☷☲ 에서 ☷에 유의하자. ☷는 현재 땅 아래에 갇혀 있기 때문에

답답한 모습이다. 약간의 조건만 주어진다면 어디론가 향할 것이다. 물의 경우 막아 놓으면 별수없이 그 자리에 멈추어 서겠지만, 바다로 향하고자 하는 마음은 여전하다. 그러므로 기회만 생기면 즉시 이동을 시작할 것이다. ☳도 마찬가지이다. 우리는 바로 그 곳을 찾고자 하는데, 그 곳은 위상 공간 내에서의 위치를 의미한다.

䷇ 에서 ☳는 위로 향하는 힘이 작용하는 중이다. 원래 ☳는 3이라는 값을 갖고 있는데, 땅 아래는 적합한 장소가 아니다. 그래서 ☳는 위로 향하기 위해 기회를 보고 있다. 미세한 부분에서는 이미 침식이 시작되고 있다.

불은 마침내 장애를 극복하고 위로 떠오른다. 그것은 끊임없이 본성에 의해 추구되는 목표는 절대 막을 수 없기 때문이다. 이제 새로운 국면에 접어들었다. ䷲ 은 일단 땅을 벗어나 상승하는 모습이다. 최악의 상황에서 빠져나와 전진하고 있는 것이다. 깊은 밤이 지나면 새벽이 오듯이 태양은 이제 막 떠오르기 시작했다. 농촌에 살던 아이가 청운의 꿈을 안고 서울로 향하는 모습이다.

그러나 이로써 다 이루어진 것은 아니다. 누구에게나 난관이 있기 마련으로 맨 처음에 그를 막아서는 것은 산이다. 단군 계층도에서 보면 땅 위에 산이 있다. 이 배치는 팔괘의 고향을 나타낸 것이다. 그러므로 ☳는 아직 고향에 도달하지도 못한 채 산을 만났다.

䷖ 은 산 아래에서 쉬고 있는 모습이다. 쉬고 있을 때는 마음은

괴로워도 몸은 위태롭지 않은 법. 이 괘상은 봉우리를 세우는 모습으로, 여러 사람이 힘을 합쳐 하나의 결실을 이끌어낸다.

☲는 다시 움직여 위로 떠오른다. 아직 제 위치에 당도하지 않았기 때문이다. 모든 괘상은 저마다의 비중(比重)을 갖고 있기 때문에 위아래로 오르내리는 것이다. ☲는 산 아래에서 쉬고 있었지만 끝내는 떠날 수밖에 없다.

상황이 ䷷ 로 바뀌었다. 이는 집을 떠나 정처 없이 떠도는 모습으로, ☶이 ☶를 잡아놓을 수가 없었기 때문이다. 나그네는 떠남으로써 아주 색다른 곳에 도달한다.

䷾ 은 ☲가 만난 가장 풍요로운 곳이다. 뜻이 완전히 반대인 기운을 서로 교환하고 있다. 그러므로 작용이 가장 활발하다. 먼 곳에서 온 나그네가 소식을 전하고 있다.

☲와 ☵은 한동안 서로에서 힘을 주고 나서 헤어진다. 즉, ䷿이 된 것이다. 이 괘상은 충전된 기운을 가지고 각자의 고향으로 떠나고 있다. 높은 하늘에 필요한 기운은 음으로서, ☲는 음을 공급한다. 반면, 낮은 땅에는 양의 기운이 필요한데, ☵은 양기를 공급하는 것이다.

☲는 계속 떠오른다. 그러나 고향은 아직 멀었다. 괘상은 새롭게

이루어져 ☳ 에 이른다. 이 괘상은 음의 영역 중 마지막 지역이다. 즉, 광야로 나가는 관문이다. 서두를 필요가 없다. 이제부터 넓은 곳으로 나아가기 위해 충분히 기운을 축적해 두어야 한다.

드디어 출발한다. ☴ 은 둥지를 떠나 비상하는 새의 모습이다. 겨울이 되어 강남으로 떠나는 제비와도 같다. 멀리 국외로 파견되어 가는 군인, 혼란한 사회에 밝은 기운이 떠올라 순탄한 모습을 나타낸다.

그러나 어떠한 상황에 놓인다 해도 앞으로 다가올 난관을 생각해야 하는 법, 갑자기 전진이 멈춰지는 상황에 봉착했다. ☶ 은 장애가 만만치 않으나 마지막 단계이므로 물러나지 말고 힘을 내야 한다. ☶ 은 누르는 힘이 강하다. 하지만 언제까지나 ☷ 를 잡아둘 수는 없을 것이다.

결국은 돌파한다. ☲ 은 진리가 드러나는 순간으로, 광맥을 발견한 것과도 같은 모습이다. 사업가라면 훌륭한 제품을 생산한 순간을 말하리라. 또한 과학자가 원리를 발견한 모습. ☷ 는 더욱 넓게 나타날 것이다.

마침내 ☷ 는 목표했던 곳에 이르렀다. ☷ 이 되었다. 임무를 마치고 고향에 돌아온 선수들로서 쉬며 축복할 일이다. 그러므로 아름다움이 겹치고 꽃이 만발한 모습이다. ☷ 는 이제 제자리를 찾았기 때문에 크게 안정을 이루고 있는 모습이다. 공도 없고 화도 없는 근원에 머물고 있다. ☷ 의 근원은 ☷ 인 것이다.

지금까지 먼 곳에서부터 제자리에 이르는 과정을 살펴보았는데, 매우 긴 여정이었다. 잠깐 다시 보자. 출발점은 ☷이었는데, 이 괘상에서 ☶는 정지할 수밖에 없었다. 그러나 ☳은 ☷을 떠나 움직이고 있는 모습이다. 이 과정은 계속 반복되고 있다. 즉,

☷ → ☷ → ☶ → ☶ → ☵ → ☵ → ☴ → ☴ → ☳ → ☳ → ☷
정   동   정   동   정   동   정   동   정   동   정

모든 과정은 정지와 움직임이 반복되고 있다. 이것은 사물이 변화할 때 필연적으로 나타나는 모습이다. 사물의 변화는 대나무처럼 매듭이 있다. 하나의 단계를 돌파하면 또 다른 단계를 만나게 된다. 이 때는 머물러서 싸우고, 승리하면 또다시 다른 곳으로 향한다. 이것은 시간의 맥박이다.

그런데 위에서 살펴본 ☷의 과정은 가장 낮은 곳에서 차츰 올라오는 모습이었다. 이러한 상황은 높은 곳에서도 이루어질 수 있다. 즉,

☱ → ☱ → ☰ → ☰ → ☰

이 과정은 비중이 상대적으로 높은 ☱가 낙하하는 모습이다. 괘상을 음미하자.

☰ 은 인기 절정에 있는 스타의 모습이다. 얼마나 흐뭇한가! 정오

의 태양에 비유되며, 만인이 우러러보고 있다. 그러나 달도 차면 기우는 법, 이 상황은 오래 지속되지 않는다. 정오의 태양도 스러지게 마련이다.

☲ 은 빛이 온 세상에 뿌려지는 모습이다. 절정이지만 왕년의 스타를 말한다. 다시 정상을 그리워하지만 이제는 옛일이 되어 버렸다. 세상의 모든 사물은 저마다의 위치가 정해져 있는 바, 일시적인 영광에 미련을 두어서는 안 된다. 군자는 자신이 깃들인 곳을 알고 있다. 그리고 님에 대한 마음을 품고 있으되 행동의 한계는 지켜야 한다.

☴ 은 활짝 핀 한 송이 꽃으로, 완성의 모습이다. 이는 사물의 종말을 나타내고 있다. 여기서 한 걸음 더 나아갈 욕심을 내서는 안 된다. 자신의 역할을 다 마치고 나면 물러서는 게 순리이다. 영광의 순간은 추억 속에 남겨두는 것이 올바른 인생이다. 꽃은 피었다 지기 마련, 그러나 활짝 피어 순간을 빛내는 것이 천지의 운행에 참여하는 것이다. 꽃은 자신을 위해서도, 남을 위해서도 피는 것이다. 영원하기를 바라는 자는 한 순간도 아름답지 못하다.

☶ 은 굳게 뿌리를 지키고 있는 모습이다. 흙이 나무를 지탱해 주고 있다. 분수를 지키고 소속을 아는 것이 군자의 태도이다. 근원을 잊고 날뛰는 자는 하늘도 보살펴 주지 않는다. 사물이란 함께 존재하는 것이기 때문이다.

☲ 은 동류와 모여 있으면 화를 피할 수 있다. 이 괘상은 적당히 모으고 적당히 방출하는 모습을 나타내고 있다. 옛 성인은 이 괘상을 본받아 그물을 만들었다. 그물이란 새는 것과 막아주는 구조가 함께 있는 사물로서 군자의 행동도 이와 같아서 용납할 수 있는 것과 그럴 수 없는 것이 있는 법이다.

이상으로 ☲의 운행을 모두 살펴보았다. ☲는 다른 괘상과 어우러져서 작용을 일으키지만, 본래 자신의 위치가 있기 때문에 엄연히 방향이 존재한다. 그러므로 괘상은 그 곳을 향해 움직여 가는 것이다. 생물학에서는 이를 귀소 본능(歸巢本能)이라고 하는데, 모든 사물에는 이 성질이 있다. 이것을 바로 오늘날 첨단 과학 이론인 카오스에서 어트랙터라고 한다. 이를 그림으로 나타내면 다음과 같다.

☰ 높다
↓
☲ 적당하다(어트랙터)
↑
☷ 낮다

이 그림에서 보여 주듯이 사물은 그 귀결점이 있다. 주역의 괘상에도 이런 성질이 숨어 있는데, 자연과학은 오늘날에야 비로소 사물의 귀결점을 연구하고 있다. 이로써 주역은 오늘날의 과학을 능가하고 있음을 알 수 있다. 다른 괘상의 어트랙터를 따라가 보자. 괘상을 위로부터 정렬시키면 다음과 같다.

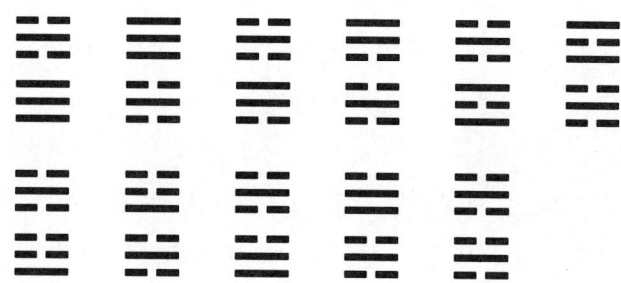

이 괘열은 ☰으로부터 시작하여 ☷으로 복귀됨을 의미한다.

☰, 하늘 높이 구름이 떠 있다. 일시적으로만 견딜 수 있을 뿐이다. 세상을 뒤덮은 짙은 안개도 언젠가는 사라지게 되는 법이므로 희망을 가지고 때를 기다려야 한다. 그러나 어차피 떠나야 할 운명이라면 마음을 비워야 할 것이다. 인생 자체도 하늘 위의 뜬구름과 같다. 그러므로 인격을 연마하고 자신이 이 세상에 태어난 보람을 생각해야 한다. 부귀 영화는 영원할 수 없다.

☶ 은 아래로 곤두박질치는 상황이다. 떠날 때를 알고 떠나는 사람의 뒷모습은 아름답다. 진실은 밝혀지는 법이므로 공연한 시비는 금물이다. 자신의 의견이 옳은지를 늘 생각해야 하며, 옳지 않은 생각을 갖고 사는 사람은 시비가 많게 마련이다. 안개는 오래 지속되지 못하고 물이 되어 떨어진다. 그러므로 옳지 않은 자신의 견해를

가지고 계속 밀어붙이는 사람은 정신 장애자인 것이다.

☷☴ 은 구름이 바람에 실려 어디론가 이동하고 있다. 그러나 어디를 가도 마찬가지로, 인격 있는 사람은 결코 외롭지 않다. 즉, 이웃이 있기 마련이기 때문이다. 이 괘상은 접시 위의 물과 같아 보호받지 못하고 흩어진다는 뜻이다. 그러나 여기에는 공급의 의미가 포함되어 있다. 우리가 음식을 접시 위에 담는 것은 여러 사람이 편리하게 먹도록 하기 위함이다. 또한 나무에 물을 공급하여 키우는 모습이다. 그리고 활동적인 자리에 있는 사람으로서 실력이 없으면 그 자리를 오래 지킬 수 없다.

☴☵ 은 바람이 구름을 흩어 버리는 상태이다. 마음 속에 있는 조바심을 털어 버리는 모습으로, 미련이 없으면 서운함도 없을 것이다. 마음을 비울 수 있다는 것은 최고의 인격이다. 그러나 집착은 자신을 지켜주는 힘이지만 이 때문에 변화에 적응하지 못하는 경우도 있다. 인간의 갈등은 대개 그때그때 풀어 버리지 못해서 생기는 것이다. 그러므로 기억하는 것보다 잊는 것이 좋을 수도 있다. ☴☵ 은 미혹한 마음 속에 깨우침의 바람이 일고 있는 모습이다.

☴☰ 은 절묘한 만남, 자신이 쓰일 수 있는 곳이 나타났으므로 아낌없이 실력을 발휘해야 할 때다.

☱☰, 완전한 것은 오래 가지 않고 좋은 관계도 언젠가는 깨지게 마

련이다. 사물 각자의 분수를 알면 앞으로 일어날 모든 일에 대해 미리 각오할 수 있는 법이다. 이미 틀어진 일은 잊어버려야 한다.

☵, 위치가 몹시 불안하다. 어려운 일을 수행하는 중임을 나타내며 아이를 잉태한 모습이다. 인격을 수양하는 것도 이와 같이 해야 한다. 선한 마음을 오래 품고 있으면 행동도 선해지기 마련이다. 사랑니를 앓고 있는 모습이기도 하다.

☶, 앓던 이가 뽑혔다. 임무를 완수한 후에 찾아온 여유, 마음으로 용서하면 아무리 큰 죄도 작게 보인다. 즉, 사람이 이해하면 하늘도 벌을 주지 않는다는 것이다. 안개가 걷히면 경치가 드러나게 되듯이 마침내 모습을 드러낸 실체를 말한다.

☷, 편안한 위치에 도달했지만 노력을 계속해야 한다. 안정이란 자칫하면 발전을 해친다. 그릇 속에 담긴 물처럼 인간의 마음에 한계가 있으면 천지간의 큰 도리는 깨우칠 수 없다. 공자가 말하기를 군자는 그릇이 아니라고 했다. 즉, 인간은 한정된 존재여서는 안 된다는 뜻이다.

☳, 부처님 손바닥 위에 있는 손오공을 뜻하며, 세상이 아무리 넓어도 내가 미미한 존재라면 결코 자유롭지 못하다. 자기 자리를 떠난 방황은 때로 불안하지만 크게 견문을 넓힐 수도 있다. 물이 호수를 떠나면 강에 이르고, 강은 마침내 바다에 이를 수 있다.

☵, 물의 고향은 바다이다. 즉, 적당한 장소에 이르면 동지를 발견할 수 있다. 물은 양기를 품고 아래로 향하는 존재이므로 도(道)의 성품과 닮아 있다. 왜냐 하면 깨우침이란 하늘로부터 영양분을 받는 것과 같기 때문이다. 물은 그 모양을 고집하지 않는다. 즉, 상황에 순응하는 것이다.

이상으로 물의 하강은 종료되었다. 자신의 고향에 돌아왔기 때문이다. 이제 아래에서 출발해 보자.

이 과정은 물이 가장 낮은 곳에서부터 시작하여 제자리를 찾아가는 모습이다.

☷, 땅 속에 고여 있는 물로 언젠가는 땅 위로 분출하게 마련이다. 여기서 물은 죽어 있는 땅에 생기를 공급하는 존재이다. 군인들이 영내에 있는 모습에 비유할 수 있다. 군인이란 매우 질서 정연하지만 그 힘은 혼란스럽기 때문에 통제되어야 한다. 물은 낮은 곳에 있으면 남을 해치지 않는다. 사회 저변에도 이처럼 암울한 곳이 있게 마련이다. 부조리가 그나마 지하에 있으므로 사회를 혼란시키지 않는다.

☷, 땅 속에서 솟아난 물이 대지를 적시고 있다. 그 물은 증발하

여 하늘로 올라간다. 이웃이 옹기종기 모여 있는 모습, 땅 아래 낮게 깔리는 안개, 그러나 해가 뜨면 사라지리라. 물은 어디론가 떠나는 성질이 있다. 이는 여인과 마찬가지이다. 물과 여인은 가두어 놓지 않으면 범람한다. 소인배도 이와 같다.

☶, 산 아래 짙은 안개가 쌓여 있는 모습이다. 혼돈은 위로 향하고 있으며, 자유가 지나치면 통제하기가 매우 어렵게 된다. 그러므로 자식이 사랑스러워도 엄격해야만 한다. 둑이 낮으면 물이 넘친다.

☶, 부모를 하찮게 여기는 아이들은 장차 사회를 혼란스럽게 만들 위험성이 많다. 산이 온통 안개에 싸여 있고, 짐승이 그물에 걸려 있는 모습이다. 위험에 빠진 군대, 전진도 후퇴도 할 수 없는 형편이다. 원칙을 어긴 군대는 이처럼 혼란에 빠지기 마련이다. 멀리 있는 적도 가까이 있는 것처럼 여겨야 하는 법, 행군은 정보가 우선되어야 한다. 정지되어 있는 산은 물을 이길 수 없다.

☵, 홍수와 혼란이 겹친 상황으로, 하나가 발생하면 또 다른 사건이 발생하게 마련이다. 자연의 원리는 무엇이든 홀로 존재할 수는 없다. 물은 밖으로부터 통제해야 한다.

 이상으로 물의 운행을 살펴보았다. 물도 불과 마찬가지로 자신의 고향이 있다. 물은 낮은 곳에서 안정한다. 한 곳에 모여 있는 물은 다른 곳으로 분출하고 범람하게 된다. 하지만 물은 본래의 성질을 벗어날 수는 없다. 이것의 끌림점은 다음과 같다.

이상과 같은 끌림 현상은 귀소 본능으로, 모든 사물은 그 자신이 가고자 하는 곳이 있다. 우리는 방금 ☰와 ☷의 운행을 살펴보았는데, 이것은 모든 괘에 적용할 수 있다. 그것의 각 점들은 다음과 같다.

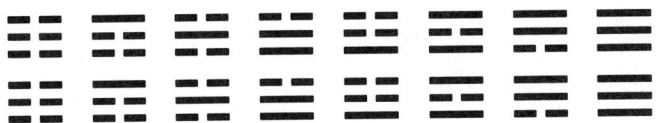

이들에 이르는 모든 과정은 다음 장으로 넘기겠다. 이 장에서는 그 운행 방법을 자세히 살펴보았다. 여기서 가장 중요한 것은 팔괘가 만나고 흩어져서 제자리를 찾아가는 현상인데, 우리는 지금까지 괘상을 어느 한쪽 면에서만 바라보았다.

그 동안은 괘상 전체를 바라봤는데, 이제 상괘 또는 하괘 하나만을 해석했던 것이다. 장차 괘상의 육효에 대해 낱낱이 해석해야 되지만 현재는 상하 괘를 나누어서 살피는 중이다. 그 동안 공부 과정을 충분히 습득한 독자라면 대성괘에 대해 어느 정도 알게 되었을 것이다.

이제는 이것을 세분하여 살펴보자. 원전에는 대성괘와 육효에 대해서만 간략하게 설명하고 있다. 즉, 대상과 소상이다. 그러나 우리는 그 중간에 있는 소성괘를 다루고 있다. 굳이 말하면 중상(中像)에 해당되는 것이다. 이것은 64×2 → 128개가 된다. 효는 384개거니와, 효를 이해하기 위한 중간 과정이 바로 소성괘로서 128개이다.

사물에 대한 이해에 있어서 분석하는 것만으로 만사 해결되지는 않는다. 오늘날 과학에서도 이 점에 대해 크게 반성하고 있다. 사물의 이해에 있어서는 분석과 종합을 병행해야 한다. 우리가 앞서 공부해 온 방식이 바로 종합적인 것이었다. 특히 6환군 체제를 열심히 공부했던 것은 괘상들의 종합으로서, 각 괘상이 갖는 총체적 의미였다.

그러나 이 장에서 처음 시도했던 것은 괘상을 둘로 나누어서 그중 하나를 이해하는 일이었다. 물론 우리는 연속적인 과정을 추적했다. 이는 16개의 과정으로 이루어졌는데, 그것은 주어진 테두리일 뿐이다. 즉, 소성괘 하나를 놓고 볼 때 그것이 만나고 헤어지는 괘상은 한정되어 있다는 뜻이다.

우리는 다음 장에서 128개의 소성괘에 대해 비교한 위상을 나열하고 조직적으로 이해하는 방법을 제공할 것이다. 그러므로 이 장에서는 어트랙터 개념을 확실히 이해하고 넘어가야 한다. 어트랙터는 오늘날 과학에서 각광받는 존재이다. 왜냐 하면 사물을 이해하는 좋은 수단이기 때문이다. 특히 시간의 흐름에 따라 사물이 귀결하는 현상을 연구함으로써 미래의 예언이 가능해지는 것이다.

주역은 이미 그러한 현상을 토대로 이루어졌음을 우리는 살펴보았다. 앞으로 인류의 문명은 카오스 문명으로 접어들 것이라고 학자들은 말한다. 앞에서도 말했듯이 안개 속에 갇힌 혼란스러운 현상 속에서 질서를 찾는 것이 바로 카오스 이론이다. 주역도 물론 마찬가지이다.

玉虛眞經 (11)

知人者智 自知者明 勝人者有力 自勝者强

사람을 아는 자는 지혜로우나 스스로를 아는 자는 밝다. 남을 이기는 자는 힘이 있으나 자신을 이기는 자는 강하다.

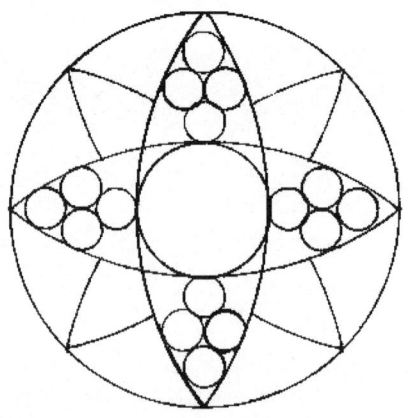

세계 밖의 세계, 세계 안의 세계

　설탕은 달다. 그리고 소금은 짜다. 이처럼 '짜다, 달다'라는 것은 물질의 성질이다. 설탕의 양을 반씩 줄인다고 가정해 보자. 한 숟가락, 반 숟가락, 반의 반 숟가락……. 그래도 계속 단맛이 느껴질까? 이러한 의문은 설탕을 계속 조금씩 나누어 맨 나중에 남는 것도 역시 설탕인지 묻는 것과 같다.
　필자는 6살 때 이런 생각을 했다.
　'설탕은 왜 달까? 계속 나누어 보아도 설탕은 계속 설탕이다.'
　이것은 몹시 신기한 일이었다. 설탕은 처음부터 설탕이었던 것이다. 소금은 처음이나 끝이나 마찬가지로 짜다.
　이것들은 맨 처음 어디서 왔을까? 어린 시절의 필자는 단것을 몹시 좋아했던 나머지 이런 생각을 했던 것 같다. 하지만 거기에는 중대한 의문이 포함되어 있다. 설탕을 한없이 나누어도 역시 설탕이라고 말할 수 있는지, 만약 그렇다면 그것은 어디서 왔는지에 대한 물음이 바로 그것이다. 당시 필자는 설탕이 처음부터 영원히 설탕 자체로써 존재한다면 그것을 다 먹고 나면 언젠가는 없어지지 않을까 걱정했다.

그러나 이런 걱정은 안 해도 된다. 설탕을 나누고 나누고 또 나누면 설탕이 아닌 것이 남는다. 이것은 오늘날 초등학생들도 알고 있는 분자 이론으로 설명되지만, 필자가 어렸을 때 이 의문은 풀리지 않았다. 설탕은 분해되어 마침내는 그 성질을 상실하게 된다. 소금도 마찬가지이다. 물질은 계속 쪼개면 언젠가는 구성 요소로 분해되고 만다. 주역의 괘상도 그렇다. 대성괘를 분해하면 소성괘가 되고 소성괘를 분해하면 음양 효로 분해된다.

그렇다면 아무리 분해해도 그 성질이 유지되는 것은 없을까? 영원히 분해한다 해도 변하지 않는 것 말이다. 그런 것이 있다. 그것을 프렉탈이라 하는데, 최근에 만들어진 첨단 수학의 개념이다. 프렉탈이란 전체와 부분이 닮아 있음을 뜻하는바, 이는 설탕을 분해한다 해도 설탕인 것과 비슷하다.

다만 설탕은 어느 정도 쪼개다 보면 더 이상 설탕이 아니다. 그러나 프렉탈은 다르다. 이는 영원히 자기 본성을 잃지 않는다. 오늘날 연구되고 있는 프렉탈 이론은 자연계가 근원적으로 프렉탈 구조라는 것을 밝혀내려 하고 있다.

주역에서 그 예를 들어 보자.

☵ → ☲

이것은 위상 구조를 설명하고 있다. 그러나 다음을 보라.

☵ → ☲

이것은 무엇을 뜻하는 것일까? 주역의 괘상에서 우리는 불·물이라는 성질을 다루었다. 그러나 주역에서는 어느 정도의 물·불은 의미가 없다. 왜냐 하면 괘상은 사물의 성질을 다루기 때문이다. 그래서 다음과 같이 생각할 수 있다.

☵ → ☲

만약 눈앞에 ☵이 있다면 우리는 그 내면의 세계가 ☲임을 알고 있다.

☵ → ☲
⋮

이것도 역시 ☵의 내면에 무한한 세계가 있음을 표현하고 있다. 이러한 관계가 성립하는 이유는 간단하다. 당초 주역의 괘상은 물질이 아니고 개념이기 때문이다. 물질이 아닌 추상 개념은 많고 적음을 논하는 게 아니다.

우리는 앞서 위상 개념을 공부한 바 있다. 그 개념에 의하면,

☰ → ―

이 되고,

― → ☰

인 것이다.

☷ → ―

이것도 마찬가지이다. 이러한 개념은 늘이거나 줄이거나 해도 전혀 변치 않는다. 그러나 프렉탈은 거기에서 한 단계 더 나아간 개념이다. 다시 보자.

☷☷⋮ → ☷

이것은 각 부분이 여전히 ☷다. 이는 분해를 한다 해도 부분이 영원히 살아남는다는 개념이다. 위상 구조는 줄이거나 늘일 수도 있지만 끊을 수는 없다. 하지만 프렉탈 구조는 끊어서 가루를 만들어도 여전히 변치 않는 구조이다. 주역의 체제도 근본적으로는 위상적이고 또한 프렉탈적이다. 세계 속에 세계가 있고, 세계 밖에 세

계가 있다는 뜻이다.

☲ 은 하늘 위의 불이라는 개념이다. 그런데 이것은 다음과 같이 생각할 수 있다. 즉, 하늘이라는 사물이 있는데, 그것은 16개의 상대적 위치를 갖는다. 그 중에서 '☲의 아래인 하늘'이 있다. 이는 하늘이라는 세계를 들여다본 것이다. 그 속에는 ☰이 있고, 그 외에 다른 사물도 있다.

☲ 은 하늘이라는 세계에서 보면 그 하늘이 상대적으로 ☲의 아래에 있음을 나타낸다. 반면, 불이라는 세계에서 볼 때 ☲은 그 불이 상대적으로 ☰의 위에 있다는 뜻이 된다. 따라서 이 괘상은 ☰과 ☲의 세계에서도 발견된다. 이것은 바로 괘상 속에 괘상이 존재하는 프렉탈 구조인데, 예를 들어 나열해 보자.

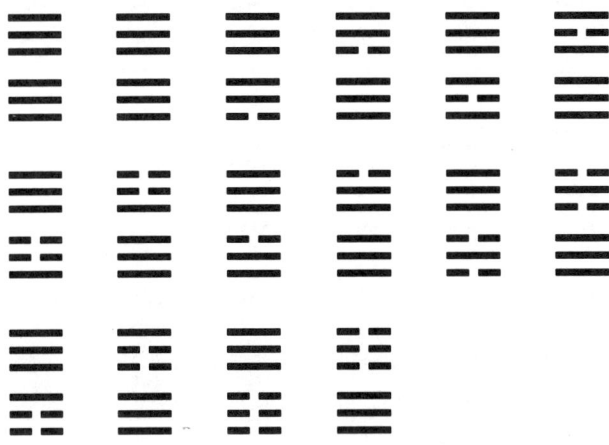

이 괘상들은 ☰의 위치를 나타내고 있다. 즉, ☰의 세계를 보여주는 것이다. 앞에 ☰을 두 개 연속 썼는데, 이는 ☰ 위의 ☰과 ☰ 아래 ☰을 나타낸 것이다.

상 → 하 → 상 → 하 → 상 → ……

괘열들은 모두 위와 같이 만들어져 있다. 우리는 이 때 상하 괘를 모두 보지 말고 그 중 하나에 초점을 맞춰야 한다. ☷의 세계를 보자.

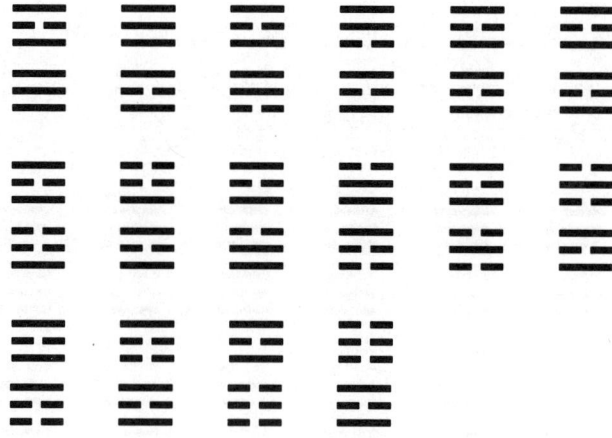

이 괘열들은 ☷의 세계를 그린 것이다. 각 괘는 ☷의 위치를 보여 주고 있다. 여기에는 ☰이 있는바, 이 괘상은 ☰의 세계에서도 등장했다. 이것은 바로 괘상 속의 괘상을 나타낸 것이다. 즉, ☰의 세계 속에 ☷, 또는 ☷의 세계 속에 ☰인 것이다. 이 두 세계를 초월해서 위상 구조만을 논한 것이 ☲이다. 이 괘상은 상하 괘가 각자 돌아갈 곳, 즉 어트랙터가 있기 때문에 분해될 것이다. 우리는 그 중에 하나만을 추적하여 그 과정을 살펴본 바 있다.

이러한 체계에는 카오스 · 프렉탈 · 위상 개념이 모두 쓰이고 있다. 주역의 괘상은 근본적으로 이와 같은 개념을 통해서만 이해될 수 있다. 앞으로 주역을 계속 공부하다 보면 현대 과학의 개념이 총망라되고, 또는 그 이상의 개념들이 등장하는 것을 볼 수 있을 것이다. 여기에서도 주역의 우주인 도래설을 떨쳐 버릴 수가 없다. 아니면 고대에도 오늘날과 같은 문명 세계가 있었을까? 아니면 역사가 구체적으로 순환한다는 뜻일까?

이쯤에서 괘상 공부를 시작하자. 이 장에서는 모든 중상(中像)들을 체계적으로 살펴볼 것이다. 먼저 우리가 서 있는 자리를 확인하자. 우리는 지금 음도 양도 아닌 지점, 즉 0인 지점에 서 있다. 이곳에서 보면 세계가 위아래로 길게 이어진 것처럼 보인다.

아래는 ☷의 세계이다. 그 속으로 들어가 보자. 우리는 위에서 아래로 내려가는 중이므로 ☷의 세계 중에서 가장 높은 곳을 처음으로 만날 것이다.

그 세계는 바로 (☷)☲이다. 이 괘상 중에서 ☲만 유의하라. 아래 괘인 ☷은 단지 위치만 나타낼 뿐이다. 그래서 ( )로 표시했다. ☲은 현재 가장 높은 곳에 자리잡고 있다. 그러나 거시적인 기준점에서 보면 아래에 있는 것이다.

이 점을 잊지 않기 위해 이제부터 아래로 내려갈 때마다 거리를 측정해 보자. 기준점은 0이고, ☲의 자리는 -1이다. ☷이 한 단계

258　주역 원론

더 내려가면 ☶이 되는데, 이 자리는 -3이다. 그러므로 한 단계 내려갈 때마다 2씩 감소되는 것이다. 반면 거시적인 기준점 0에서 위로 올라갈 때는 단계마다 2씩 증가한다.

　방금 ☵의 세계로 들어섰는데, 이 세계에서 ☵은 16단계의 위치 변환을 겪을 것이다. 이것을 수치와 함께 나열하자.

☵(☰)　☵(☱)　☵(☲)　☵(☳)　☵(☴)　☵(☵)　☵(☶)　☵(☷)
- 1　- 3　- 5　- 7　- 9　- 11　- 13　- 15

☵(☰)　☵(☱)　☵(☲)　☵(☳)　☵(☴)　☵(☵)　☵(☶)　☵(☷)
- 19　- 21　- 23　- 25　- 27　- 29　- 31　- 33　- 35

　위의 괘상은 모두 16개인데, 이 중에서 우리가 보고 있는 것은 오직 ☵뿐이다. 그 밑에 있는 수치는 기준점으로부터 그 숫자만큼 아래쪽에 있다는 뜻이다. 만일 위치를 표시하는 괘상, 즉 ( ) 속을 생략하고 그린다면 다음과 같이 될 것이다.

☵
☵
☵
☵
☵
☵

☷
☷
☷
☷
☷
☷
☷
☷
☷

이 그림은 ☷이 단순히 높낮이로 배치되어 있다. 이것은 주역 64괘 속에 들어 있는 ☷을 총망라한 것이다. 이들의 높이에 따른 의미를 해석한 것이 바로 중상(中像)인데, 전체의 프렉탈 구조는 ☷이다.

이러한 프렉탈 상은 무수히 많이 그릴 수 있지만 우리는 여기에 단위를 부여할 수 있다. 프렉탈이란 무한히 미미하다 해도 그 모양이 유지되지만 단위가 주어져 있다. 이는 오늘날 과학인 양자 역학의 이론 체계를 취하고 있는 것이다. 양자 역학의 이론은 물질을 불연속적인 양으로 취급하고 있다. 그것이 물질의 본질이기 때문이다.

우리는 프렉탈 구조에서 그것을 살펴볼 수 있는바, 양자화를 한 단계 더 발전시키면 범주화가 이루어진다. 결과적으로 무수히 반복되는 프렉탈 단위를 16단계로 나누어 보는 것이 주역이다. 이는 같은 모양이라도 위치에 따라 의미가 달라진다는 고도의 논리를 취한 것이다.

이제 ☷을 해석해 보자.

(☷)은 ☷이 가장 높은 곳에 위치하고 있다는 것을 보여 준다. 자신을 지탱해 줄 아무것도 없기 때문에 위태롭기 그지없다. 아무런 대비 없이 무작정 올라온 것이 후회될 뿐이다. 소인배가 동지도 없고 인격도 없이 높은 자리를 차지하면 이런 꼴을 당하게 된다. 그러므로 하루라도 빨리 물러나는 것이 좋다. 어차피 화는 당하게 마련이므로. 여자가 굶주린 남자들에게 노출되어 있는 모습이다. 독재자가 그 권세를 혼자 휘두르고 있다. 하늘 위에 무겁고 검은 구름이 몰려 있는 상태이다. 이 때는 물러나는 정도로는 전혀 안전을 보장할 수 없다. 그 동안 지은 죄가 너무 크기 때문이다. 무조건 도망가야 한다.

(☷)은 위험 지역에서 빨리 떠나는 모습이다. 방향을 잘 잡았다. 한때의 영광에 미련을 두어서는 안 된다. 호랑이를 피해 빨리 달아나야 한다. 위로부터의 도움은 사양하거나 겸손하게 받아들여야 할 것이다.

☱ 은 열심히 내려왔는데도 아직 위험에 노출되어 있다. 욕심을 내지 말고 한참 더 내려와야 한다. 연못이란 높은 둑이 필요한 법, 바람이 마음대로 드나들 정도면 자신의 형태를 보존할 수가 없다. 밑 빠진 독에 부어진 물은 곧 모두 빠져나갈 것이다.

☶ 은 잠시 쉬어도 좋다. 그러나 뒤를 돌아보지 마라. 자신을 단속하고 반성하라. 참고 참으면 좋은 때가 올 것이다. 학문을 쌓으려면 굳건히 제자리를 지키며 꾸준히 그 영역을 넓혀가야 하는 법이다. 경거 망동은 금물, 연못이 바람을 따라갈 수 있으랴. 바람이 불어오면 맞이하라. 여성이 님을 기다리는 태도도 이와 같다.

☵ , 마음 속에 품고 있는 앙금을 걷어내야 한다. 인격을 쌓기 위해서는 우선 장점을 키우는 것보다 단점을 제거해야 한다. 마음에 자잘한 앙금을 품고 있으면 군자가 될 수 없다. 특히 아랫사람이 원망하는 마음을 품고 지내면 서로의 관계가 나빠진다.

☲ , 마음 속을 솔직히 드러내고 있는 군자의 모습이다. 상대방의 눈치를 보지 말고 내가 먼저 사랑을 하면 모든 일이 잘 풀리는 법이다. 버릴 것을 버릴 줄 아는 사람은 실로 깨끗한 사람이다.

☶ , 크고 높은 산 위에 있는 연못의 모습으로, 깊고 수량이 풍부하여 용을 기를 수도 있다. 훌륭한 부모는 자식을 잘 통제하고 인격을 길러준다. 이는 마땅히 부모 자신부터 인격자이어야 가능한

일이다. 사랑에 눈이 멀어 자식을 제대로 가르치지 못하면 이는 소인배이다. 부모가 소인이라면 자식도 그렇게 될 수밖에 없다. 사랑이란 필요 조건일 뿐 충분 조건이 아니다. 자식에게 평화로움을 제공할 수 있는 것은 부모의 넓은 마음이다. 자식에게 필요한 것은 자제력이다. 어려서부터 부모를 하찮게 여기는 자식은 성장하여 사회에 나가서도 남을 해치게 된다. 군자는 포부를 쉽게 드러내지 않고 속으로 실력을 기르는 것을 게을리하지 않는다.

(☷), 자식을 멀리 떠나보낸다. 공부를 시키기 위해서는 서울로 보내야 하고, 다 성장한 딸은 시집을 보내야 한다. 자식을 곁에 두고 싶다고 해서 언제까지나 잡아두면 자식은 절대 큰 인물이 되지 못한다. 그것은 사랑이 아니고 자식을 물건처럼 소유하는 것이다. 부모는 자식들을 뒤에서 잘 보살펴 주는 것이 그 본분이라고 할 수 있다. 군대가 전쟁에 참가할 때도 후방에 있는 사령부의 지원이 필수적이다. 축구에서도 골키퍼가 잘 지켜야 선수들이 안심하고 나아가 싸울 수가 있다. 높은 산을 정복하기 위해서는 베이스 캠프를 안정되게 설치해야 한다. 부인이 아침에 바가지를 긁으면 남편은 출세를 못 한다.

(☵), 높은 곳에 있는 물은 아껴야 한다. 큰 자랑거리도 아껴야 하는 법, 높은 산을 정복하기 위해 제2, 제3의 캠프를 설치하는 모습이다. 사람의 행동은 자제력을 바탕으로 이루어져야 하고 항상 정도를 넘지 않도록 경계해야 한다.

(☰), 처음부터 신중한 모습이다. 군자의 태도 같지만 위축되면 옳지 못하다. 사람은 때로 파격적인 일도 할 수 있어야 한다. 지키는 것만이 능사가 아니다. 변화하지 않으면 부패하는 법이다.

이상으로 하늘 위에서 출발한 ☰이 드디어 안정된 위치에 도달했다. 즉, 어트랙터 지점에 와서 맴돌고 있는 것이다. 그러나 죽은 지점이 아니다. 제자리에서 쉬며 발돋움할 때를 기다리는 것이다. 이번에는 아래쪽에서 올라오는 ☷을 보자. 먼저 괘상을 나열하면 다음과 같다.

(☷) ䷁ (☷) ䷁ (☷) ䷁

이 괘상들은 낮은 곳에서부터 출발하여 위로 이동하는 ☷의 모습을 보여 준다. 다음 괘상들을 음미해 보자.

(☷)은 깊은 곳에 기거하고 있는 모습이다. 안정된 것은 좋으나 할 일이 없다. 여자라고 해서 항상 뒤만 따르는 것이 아니라 때로는 앞으로 나서는 것이 좋을 때가 있다. 지나치게 감추고 수동적으로 움직이면 운명이 나쁘게 변할 수도 있다. 제갈공명도 숨어 살았지만 결국은 나아가서 자신의 지략을 펼쳤다. 욕심이 없으면 매사가 넉넉하다. 가만히 앉아서도 천하를 다스릴 수 있는 법, 만물의 근원을 깨달아야 한다.

☱(☶), 나설 때가 되면 힘차게 나서야 한다. 옛날 현자였던 이윤은 무작정 나섰고, 백이와 숙제는 무작정 뒤로 물러나는 사람이었다. 이에 비해 공자는 나서야 할 때 나서고 물러서야 할 때 물러섰다. 그러나 지금은 사장도 외교에 나서야 하고, 골키퍼도 때로 멀리까지 나아가야 한다. 문호를 개방하는 것은 꺼릴 것이 없다는 뜻이다.

☶(☱), 산 아래의 연못을 의미하며, 자리는 좋지만 남에게 도움을 줄 수는 없다. 밖으로 움직임도 없고, 안으로 마음이 굳어 있으면 이는 결별을 뜻한다. 무조건적인 순종은 원망일 수 있다. 그러나 남의 뜻을 이해하고 따르는 것이 충성스런 태도이다.

☱(☶), 여자도 행동에 나서야 한다. 선물도 할 줄 알아야 하고, 친절도 베풀 줄 알아야 한다. 산 위의 연못은 베푸는 위치에 있어서 좋다. 남에게 베푸는 것을 아까워하는 자는 하늘이 그를 아끼지 않는 법이다.

☶(☱), 적당한 자리에서 결실을 얻고 있는 중이다. 여자의 중요한 역할은 내조이다. 남편의 몸과 마음을 잘 다독여 주는 것이 부인인 것이다. 이해심이 많고, 입이 무거운 사람은 남의 비밀을 들을 수 있다. 마음이 겸손하면 사람이 잘 따른다. 낮은 곳에 위치한 연못은 물이 마르지 않는다.

☱(☶)’ 자리가 나쁘다. 손님이 오지 않는다면 빨리 정리하는 것이

좋다. 훌륭한 낚시꾼은 고기가 안 잡힐 것 같은 육감이 들면 자리를 옮긴다. 욕망이 많으면 항상 허전한 법이다. 학문의 포부가 커서 언제나 부족을 느낀다면 이는 군자의 태도이다.

이상으로 아래에서 올라오는 ☵을 살펴보았다. 그러므로 상하에서 모여드는 현상을 다 점검한 것이다. 귀결 지점은 위가 -17이고 아래가 -19이므로 그 중간 지점은 -18이다. 이 지점이 바로 ☵의 어트랙터인 것이다.

이어서 아래쪽으로 좀더 내려가 보자. ☵ 다음은 ☶의 세계인데, ☶에 대해서는 앞에서도 다루었기 때문에 그 수치만을 살펴보자.

☶   ☶   ☶   ☶   ☶   ☶   ☶   ☶
(☰) ☱ (☱) ☲ (☲) ☳ (☳) ☴
-33 -35 -37 -39 -41 -43 -45 -47

☶   ☶   ☶   ☶   ☶   ☶   ☶   ☶
☵ (☵) ☶ (☶) ☷ (☷) ☰ (☰)
-49 -51 -53 -55 -57 -59 -61 -63

이 괘열 중에서 ☶은 -53과 -55에 있다. 따라서 어트랙터는 -54 지점에 존재한다.

다음은 ☷의 세계이다.

☷☶ ☶☷ ☷☶ ☶☷ ☷☶ ☶☷ ☷☶ ☶☷
☷☷ ☶☷ ☷☶ ☶☶ ☷☷ ☶☶ ☷☶ ☶☷
-65 -67 -69 -71 -73 -75 -77 -79

☷☶ ☶☷ ☷☶ ☶☷ ☷☶ ☶☷ ☷☶ ☶☷
☷☶ ☶☷ ☷☷ ☶☶ ☷☷ ☶☷ ☷☶ ☶☶
-81 -83 -85 -87 -89 -91 -93 -95

이 괘열에서 어트랙터는 - 90지점이다. 괘상을 보자.

☶ ☷, 산이 하늘 높이 우뚝 솟아 있는 모습이다. 위인은 고독한 법이다. 왜냐 하면 그 생각이 너무 높은 곳에 있기 때문이다. 고개 숙여 아랫사람을 살펴볼 일이다. 큰 사업은 높은 곳에서 이루어지는 것이 아니다.

☶ ☷, 산이 아무리 높아도 하늘 아래 뫼이다. 학문이 제법 높다 해도 세상에는 성인이 있다. 한 나라에서 최고 선수라 해도 외국 선수가 있다는 것을 명심해야 한다. 숨어서 세상을 살피면 안전하다.

☶ ☷, 높은 곳에 있으면 도전을 받고 아랫사람도 공연한 짓을 하기 마련이다. 사상 누각(砂上樓閣), 소인배들과 함께 하는 조직은 오래갈 수 없다. 굳은 신념도 때로 바꾸는 것이 좋다. 전쟁에 있어 요충지를 장악하는 것이 급선무이다. 도전이 심해도 굳건히 지키면

승리할 수 있다.

(☶), 몸을 숙여 비난을 피한다. 때가 아니면 물러서는 것이 군자이다. 조금씩 나아가면 위태롭지 않다. 비바람이 그치면 행군해도 좋다.

(☲), 풍만한 여인의 몸매, 기초가 잘 다져진 운동 선수의 모습이다. 내부가 충만하면 보기도 좋다. 해가 지면 집에서 쉬며 기운을 보충해야 한다. 훌륭한 선물은 포장도 잘 해야 하는 법, 아름다운 여인도 몸단장이 필요하다.

(☳), 파격은 창조의 원천이다. 빈약한 것을 지키느니 따라가는 것이 좋다. 필요 없는 신념은 남을 거부하게 된다. 조금 선한 것을 잘났다고 부풀려 생각하면 남을 해치는 결과가 되고 만다. 옹졸한 것이 결코 좋은 것은 아니다.

(☵), 굳건히 지켜 아랫사람을 잘 보호하고 있다. 사자 굴에 다른 짐승이 없다는 말은 큰 스승이 영웅을 기를 수 있다는 뜻이다. 마음 속의 작은 동요는 의연하게 억제해야 한다.

(☷), 위축된 모습으로, 용기 없는 자는 무엇이든 성취하지 못한다. 아주 위험한 상황이라면 잠시 몸을 숨겨도 좋다.

☷
(䷁), 희생으로 이루어진 결실은 귀한 것이지만 허약하다. 사명감을 가지고 혼자 돌파해야 한다. 사령부가 빈약한 상태이다. 그 어느 때보다 검소하고 절약해야 한다.

(䷬), 공급이 계속 이어지는 상태이다. 겸손한 까닭에 호응을 받고 있다. 군대에서는 '옷이 작으면 몸을 거기에 맞추라'는 말이 있다. 이와 마찬가지로 형편이 나쁘면 씀씀이를 줄이고, 의자가 작으면 몸을 줄이면 된다.

(䷓), 어린아이들을 잘 지도하는 모습이다. 부하들은 약하나 지휘관이 훌륭하다. 험한 곳에 서서 먼 곳을 살피고 있다. 이제는 움직여야 한다.

(䷢), 그물에 걸린 짐승, 적에게 포위된 부대를 나타내며, 활로를 찾아야 하는 상태로, 이 때는 각개 돌파가 좋다. 안개 속을 돌파하라. 험한 세상이라면 숨어서 지내고, 공연한 싸움에 휘말릴 필요가 없다.

(䷖), 집보다 더 좋은 곳은 없다. 집에서 벗어나고자 한다면 계획을 철저히 세워야 한다.

이상으로 ☷이 위로부터 어트랙터에 접근하는 것을 추적했다. 이제부터는 아래쪽을 살펴보자.

(☶)은 산이 가장 낮은 곳에 위치한 모습을 보여 준다. 실력 있는 자가 낮은 곳에 있는 모습으로, 겸손이란 어디서나 아름다운 것이다. 실력은 언젠가 드러나는 법, 낮은 지위라도 오히려 수용해야 한다. 참고 견디면 제 몫이 돌아오리니 염려할 것 없다.

(☷☰), 무리를 이끌고 있는 상태이다. 이제부터 제 실력이 나타날 때이다. 절대 높아지려고 하지 말고 이탈을 최대한 막아야 한다. 높아진다는 것은 타인이 나를 높여주는 것이다.

(☷☶), 탑을 쌓을 때는 아래부터 올바르게 튼튼히 쌓아야만 한다. 초지일관 군건한 의지로 나아가야 한다.

이상으로 ☷의 세계를 모두 조사했다. 이제 가장 아래에 있는 세계, 즉 ☷☷을 살펴보자.

☷ (☰) ☷ (☱) ☷ (☲) ☷ (☳)
(☰) ☷ (☱) ☷ (☲) ☷ (☳) ☷
-97   -99   -101 -103 -105 -107 -109 -111

☷ (☴) ☷ (☵) ☷ (☶) ☷ (☷)
(☴) ☷ (☵) ☷ (☶) ☷ (☷) ☷
-113 -115 -117 -119 -121 -123 -125 -127

이 괘열은 어트랙터가 -126 지점이다. 지금까지의 각 세계 어트랙터를 보면,

☷ → -18
☷ → -54
☷ → -90
☷ → -126

각 어트랙터 지점은 36이라는 간격이 있다. 이 숫자를 위쪽으로 전개하면 양 괘의 어트랙터 지점을 미리 예측할 수 있다. 즉,

☰ → 126
☰ → 90
☳ → 54
☷ → 18

이 수치는 그 자체로써 의미를 갖는다. 이들을 각각 18로 나누어 보자. 그러면 다음과 같은 결과를 얻는다.

☰ → 7
☰ → 5
☳ → 3
☷ → 1
☷ → -1
☷ → -3
☷ → -5

☷ → -7

 이 수치들은 단군 팔괘도의 고유 값이다. 얼마나 아름다운 귀결인가! 각 괘상 속에 또 괘상이 들어 있는 것이다. 이것을 프렉탈이라 하고, 우리는 이 작업을 끊임없이 반복할 수 있다. 그렇게 되면 만물의 수는 8×8×8×…… 등으로 점점 세분할 수 있지만, 사물이란 너무 가까이서 보면 범주의 모습을 볼 수 없는 법이다. 역시 그보다는 64개가 적당하다. 그리고 64개 괘상이 상하괘로 되어 있는바, 그들을 해석하기 위해서는 64×2 → 128이면 충분하다.

 ☷의 세계를 음미해 보자.

 ☷☷, 기운을 충분히 함유하고 있는 상태이다. 그러나 기운을 가득 채워놓고도 쓰지 않으면 하늘이 빼앗아 갈 것이다.

 ☰☷, 남자는 하늘, 여자는 땅. 분수를 잘 지키는 모습이다. 윗사람을 섬길 줄 모르는 자는 결코 존경받지 못한다.

 ☳☷, 생기 가득한 군자의 모습으로, 겉으로 고요한 듯 보이지만 마음 속에서는 활력이 넘친다. 실력이 있으면서도 자제하고 있다.

 ☵☷, 사태를 관망하며 뛰어들 때를 기다린다.

☷☷), 마음을 감추고 있는 모습이다. 아직은 때가 아니기 때문에 감추는 것이다. 높은 학문은 감추어 두어도 썩지 않는 법, 당장 쓸 곳이 없어도 군자는 학문을 게을리하지 않는다.

☷☰), 아낌없이 실력을 발휘하고 있다. 밝아오는 세상, 이때야말로 적극적으로 나설 때이다. 자신의 뜻이 높은 곳으로 전달되며 지방의 산물이 서울로 향한다.

☷☳), 희망을 느끼고 근원이 살아나는 상태이다. 고요히 자신을 지키며 기회를 살펴야 한다. 지금은 힘도 약하고 아직은 때가 온 것이 아니다.

☷☱), 마침내 때가 왔다. 동지들과 협력하여 크게 나서도 좋다. 그러나 너무 앞서는 것은 금물, 보조를 맞춰야 한다.

☷☶), 속이 깊은 사람, 말도 없고 평정하다. 포용력이 큰 모습, 대지가 드넓어 그 안에 바다를 가두어 놓을 수도 있다. 단지 이와 같은 사람은 모든 일에 관심이 적다는 단점이 있다. 사물에 대해 관심을 가져야 크게 깨닫게 된다.

☷☲), 남과 교제를 청하며 자신을 보여 주는 외교적인 자세이다. 문 안에서 기다리고 있는 모습이다. 상을 차려 놓고 손님을 기다리는 형상, 문 안의 마당이나 울타리가 있는 곳에 들어가 있으면 휴

식을 얻을 수 있다.

(☵), 풍부함을 갖추고 있는 모습, 조용해 보이지만 생기가 엿보인다. 사령부의 명령에 따라 전진하고 있지만 너무 깊숙이 들어가면 안 된다. 젊음이 남아 있는 여인을 일컫는다.

(☷), 어머니의 품과 같은 대지, 그 안에 모든 것을 수용하고 있다. 낮은 곳에 있는 땅은 물을 받아들일 수 있다. 겸허한 사람에게는 친구가 많고, 제자리를 잘 지키면 나쁜 일에 휘말리지 않는다. 공자는 이렇게 말했다.
 "인격이 있는 사람은 외롭지 않다. 반드시 이웃이 있기 때문이다"고 말했다. 이는 물이 낮은 곳으로 흐르듯 사람도 인격이 높은 자에게 쏠리기 때문이다. 인격이란 대지와 같이 남을 넓게 포용할 수 있는 덕을 가리킨다.

(☶), 마음 속의 일을 굳게 지킨다. 실력을 자랑하지 않으면 남이 존경하게 된다. 공을 드러내지 않으면 더욱 빛나게 되는 법이다. 많이 참는 사람은 강해진다.

(☷), 원망하지 말지어다. 소인배는 사랑받기만을 원하고, 군자는 행동으로써 말한다. 남을 존중해 주는 사람만이 타인에게도 존경을 받을 수 있다. 원망은 아랫사람들이 갖는 속성이다.

☷(☷), 높은 땅은 물이 적은 법, 좋은 자리는 유지하기 어렵다. 남의 시선을 받게 되면 적은 흠이 드러나기 마련이다.

(☷)☷, 뒤따라가면 얻을 것이 있다. 낮은 땅은 편안하다. 인기 있는 자리보다 실력을 발휘할 수 있는 자리가 좋다.

이상으로 모든 아래 지역을 살펴보았다. 이로써 절반을 다루었는데, 나머지 절반은 성질이 정반대이므로 나름대로 유추해서 해석할 수 있을 것이다. 이에 대해서는 그 값을 확인하는 정도로 마치자. 위쪽 괘상은 ☷으로부터 시작된다.

(☷)☰	☷(☷)	(☷)☱	☷(☱)	(☷)☲	☷(☲)	(☷)☳	☷(☳)
1	3	5	7	9	11	13	15

(☷)☴	☷(☴)	(☷)☵	☷(☵)	(☷)☶	☷(☶)	(☷)☷	☷(☷)
17	19	21	23	25	27	29	31

이상의 괘열은 어트랙터 지점이 18이다.

다음 괘상은 ☶로, 어트랙터는 54이고 가장 낮은 괘는 (☷)☶로 값은 33, 가장 높은 괘는 (☶)☰로 값은 67이다.

이어 ☵의 세계는 (☷)☵로 시작되어 (☵)☰에서 끝난다. 값은 69와 99이고 어트랙터는 90이다.

마지막으로 ☷의 세계는 (☳)이 가장 낮은 괘로, 값이 105이고, 가장 높은 괘는 (☶)로서 127이다. 어트랙터는 126.

 이로써 64괘를 이루는 모든 소성괘 128개에 대해 높낮이를 선형으로 배치했다. 우리는 이로써 괘상 속의 소성괘의 의미를 분명히 알 수 있다. 이제부터는 64개 대성괘의 내부를 탐색하기 시작할 것이다. 주역의 종점은 384효이다. 이는 괘상을 최종 원소인 음양으로 환원하여 해석하는 것이다.

 그 과정에서 필연적으로 등장하는 것은 중상(中像), 즉 소성괘 128개이다. 따라서 주역을 정복하는 데 있어서 내외로 연결하는 중상의 의미는 아주 중요하다. 이것을 이해해야만 괘상의 구조를 이해할 수가 있다.

 그 동안 우리는 64괘를 서로 비교하면서 이해를 시도했는데, 이는 간접적인 방식이라고 볼 수 있다. 하지만 괘상을 소성괘 수준에서 살펴보는 것은 직접적 방식이다. 물론 직접 분해 방식이 가장 좋은 이해 방식이라고 볼 수는 없다. 간접 종합 방식과 적절히 균형을 이루어야 최상의 이해에 도달할 수 있을 것이다.

 이 장에서는 괘상의 프렉탈 구조를 이해하고 또한 어트랙터 개념을 이해해야 한다. 후에 다시 논의하겠지만 사물은 모자이크처럼 한때 모여 있다가 다시 흩어져 각자 갈 곳으로 환원된다. 우주의 모든 것은 시간에 따라 흘러가고 변화한다. 이제 우리는 모든 소성괘를 높낮이 선형 구조로 파악함으로써 시간상의 괘상을 체계적으로 이해할 수 있게 되었다. 다음 장에서는 이들 소성괘열들이 어떠한 의미를 갖고 있는지 좀더 세심히 살펴볼 것이다.

玉虛眞經 (12)

道常無爲 而無不爲
도는 항상 함이 없으나, 하지 못함도 없다.

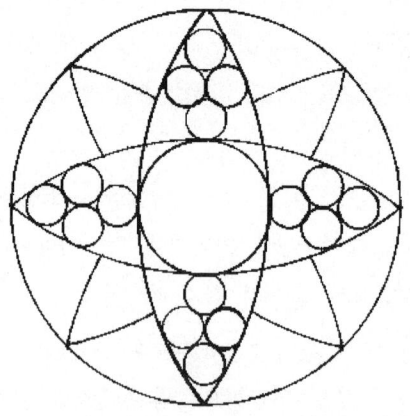

완벽한 순환을 찾아서

 에너지란 말이 언제부터 사용되었는지는 잘 모르지만 이것을 자원으로 해석할 때 가장 중요한 것은 아마 석유일 것이다. 석유는 오늘날의 문명을 움직이는 원동력이라 할 수 있다. 만일 우리 나라에 석유가 다 없어진다면 어떤 일이 일어날까? 이러한 가정은 그리 무리한 것이 아니다. 왜냐 하면 우리 나라에는 석유가 전혀 나지 않고 100% 수입에 의존하기 때문이다.

 갑자기 석유가 없어지는 상황은 생각만 해도 끔찍하다. 산유국들이 일제히 석유 수출을 중단한다면 비산유국인 우리 나라는 모든 공업 체계가 붕괴될 것이다. 이 경우 비산유국들은 서로 힘을 합쳐 산유국을 공격할 수밖에 없다.

 다행히 오늘날의 전쟁 능력을 비교해 볼 때 비산유국이 훨씬 앞서 있다. 중동 산유국들은 비록 값진 자원을 갖고 있지만 다른 상품들을 생산하는 기술이 많이 뒤떨어져 있다. 우리 나라와 비교해 보더라도 그들은 반도체나 TV · 자동차 · 항공기 등 첨단 산업 분야에서 뒤떨어져 있는 것이 분명하다. 한마디로 문명의 수준이 뒤떨어지는 것이다.

오늘날 문명이 가장 높은 나라는 어디일까? 그것은 두말할 필요도 없이 미국이다. 미국은 문명뿐만 아니라 석유 매장량에 있어서도 세계 제일을 자랑한다. 어디 그뿐이랴! 석유 못지않게 우라늄도 세계 제일의 매장량을 갖고 있다.

미국은 참으로 대단한 나라이다. 그들은 문명을 더욱 발전시키는 학문에 있어서도 항상 세계 어느 나라보다 앞서고 있다. 물질 자원은 좋은 땅을 소유함으로써 가능하다고 하더라도, 정신을 바탕으로 창조되는 학문마저도 미국이 세계 제일이라는 것은 정말 대단한 일이 아닐 수 없다. 어디 그뿐인가? 그들의 질서 정신 및 공공 정의 등은 어느 나라도 따라갈 수 없다. 예를 들면 인권 문제만 하더라도 미국이 단연 세계 최고가 아닐 수 없다.

그들은 어떻게 이 일들을 이루어냈을까? 인종 자체가 훌륭하기 때문일까? 아마 그럴지도 모른다. 미국은 당초 영국에서 넘어온 사람들에 의해 만들어진 나라이다. 영국인은 일찍부터 세계사에 등장하여 세계를 석권해 왔다. 그러나 영국이 결코 에너지 자원이 많아서 세계를 지배했던 것은 아니다. 그들은 정신이 뛰어났다. 여기서 말하는 정신이란 유독 지능만을 뜻하는 것이 아니라 인격도 함께 포함된다.

영국인은 제3세계의 여러 인종보다 분명히 더 선했다. 제3세계에서는 인권이 탄압되고 질서가 유지되지 않을 때 영국인은 그 모든 것을 지키기에 온 힘을 기울였다. 개인의 자유가 허용되었으며 질서가 이루어졌다. 또한 정의가 사회 전반에서 추구되었던 것이다. 그들은 지혜로웠으며 또한 선했다.

필자는 앞으로 정신적 요소인 지혜와 선을 선능(善能) 에너지라 부를 것이다. 그리고 이 자리에서 선능 에너지에 대해 잠시 얘기하고자 한다.

앞에서 방금 살펴본 석유 에너지 고갈에 대해 다시 생각해 보자. 만일 우리 나라에 석유 유입이 중단된다면 그 혼란은 엄청날 것이다. 그런데 이보다 더 중요한 에너지인 선능 에너지의 공급이 중단된다면 어떤 일이 일어날까?

우선 법과 사회 정의가 없다고 하자. 무슨 일이 일어날까? 그것은 보나마나 뻔하다. 살인·방화·폭력·도둑질·강간 등. 이로써 우리가 알 수 있는 것은, 사회가 유지되기 위해서는 물질 에너지보다 선능 에너지가 더 중요한 역할을 한다는 사실이다.

일찍이 영국은 이 중요한 에너지를 개발하여 세계로 진출했다. 미개 사회, 즉 선능 에너지가 적었던 제3세계는 속속 영국의 진격 앞에 무릎을 꿇었다. 영국은 세계 곳곳을 침공하여 자신들의 영토라 명명했지만 그들은 그것을 해방시켰다고 말한다. 무지와 악으로부터 그들을 계몽시켰다는 뜻이므로 일리가 있는 말이다. 예전에 아프리카에서는 사람이 사람을 잡아먹고 부족끼리 끊임없이 싸울 때 영국인은 정의를 세우고 기술을 개발해 왔다.

세계인과 비교해 우리 나라는 어떻다고 생각하는가? 선한가? 지혜로웠던가? 우리는 월등히 선하다거나 우수하다고 말할 수는 없다. 수천 년 동안 사회 지배 계층 몇 사람만을 위해서 노예나 머슴이 들끓던 사회였다. 그 당시에는 재판도 없이 양민들을 얼마든지 죽이고 약탈할 수 있었다.

그러나 선진 유럽은 어떠했는가? 그들은 일찍부터 사회 정의를 향해 끊임없이 질주했다. 그리고 훌륭한 문명을 일으켜 세웠던 것이다. 우리 나라가 상감마마 한 사람만을 떠받들고 있을 때 그들은 민주주의를 확립하고, 사회 정의를 바로 세우고, 학문을 발전시켜 세계를 지배하기 위해 나섰다.

우리가 활이나 창칼로 마을 질서나 어지럽히고 있을 때 이웃 나라 일본조차도 총이나 화약을 만들고 군대를 잘 정비하였다. 그리하여 우리 나라를 36년 동안이나 그들 마음대로 지배하였다.

그들은 우리의 주권을 빼앗고 생명과 재산을 찬탈했다. 하지만 그들은 우물 안의 개구리를 세계인의 대열에 끌어들였다.

오늘날 일본의 수준은 어디까지 도달해 있는가? 세계의 경제를 좌우하는 힘과 기술면에 있어서도 세계 제일을 자랑한다.

필자는 경제는 잘 모르지만 오늘날 우리 경제가 세계에서 뒤떨어져 있는 이유는 정부가 기업을 돕기는커녕 각종 규제가 많아서라고 한다. 그 또한 기업가들이 선하지 않기 때문이라는 것이다. 이는 결국 선능 에너지가 적다는 뜻이다.

우리 나라 사람은 세계에서도 공공 질서를 안 지키기로 유명하다. 오늘날 감옥에 갇혀 있는 사람은 수십만에 이르고, 그들을 지키고 먹여 살리는 데 막대한 비용이 들어가는 실정이다. 그들이 선해서

죄를 짓지 않았다면 그 비용은 사회를 발전시키는 데 쓸 것이다. 정부 또한 어리석은 정책으로 기업가의 손발을 묶어놓지 않았다면 우리도 일본처럼 세계인과 겨룰 수 있을 것이다.

우리는 에너지 자원이 없는 것을 한탄해서는 안 된다. 그보다 더 중요한 선능 에너지를 개발해야 하는 것이다. 만일 우리가 다른 나라보다 기술이 뛰어나다면 석유가 없다고 무슨 걱정이 되겠는가! 또한 우리 민족과 정부가 모두 선하다면 서로 협력해서 얼마나 잘 살겠는가!

우리 사회는 인재(人災)로 인한 재난이 그치지 않는다. 정부의 부조리, 공무원 비리, 기업가의 탐욕, 악의에 찬 범죄, 이 모든 것은 우리 나라의 선능 에너지가 부족해서 기인되는 일이다.

우리가 선진국, 아니 세계 제일의 국가가 되기 위해서는 선능 에너지가 가장 많이 생산되면 된다. 우리는 보다 선하고 보다 지혜로워야 한다. 주역을 공부하는 이유도 바로 그것이다. 선능 에너지는 생명 속에 깃들여 있는 무한한 에너지이다. 여기서 문제점은 그것을 어떻게 발굴해 내느냐이다.

만일 우리가 일본보다 선능 에너지가 많다면 장차 그들에게 한 수 가르쳐 줄 수도 있고, 임진왜란 때 빼앗긴 재산도 다시 되찾아 올 수 있다.

생각하면 할수록 답답함을 느낀다. 정부가 백성을 위해 살고, 백성이 선능 에너지를 적극 계발해 나간다면 얼마나 좋은 나라가 되겠는가! 오늘날 우리 나라는 전혀 협력이 이루어지지 않고 있다. 또한 사회 각 층이 서로 미워하며 싸움만 일삼고 있다.

그러므로 발전은 꿈도 꿀 수 없다. 우리는 언제 세계 속의 위대한 한국을 이룰 수 있을까?
　이스라엘은 그 백성들이 서로 협력했기 때문에 나라를 만들어 낼 수 있었다. 우리 나라는 있는 땅도 지키지 못하고 걸핏하면 빼앗기고 있다. 일본을 미워만 한다면 또 빼앗길 수도 있을 것이다.
　문제는 실력이다. 선능 에너지 계발이 모든 것을 좌우한다. 선능 에너지는 사람이 있는 곳이면 어디에나 존재하는 하늘이 준 혜택인 것이다. 그러므로 우리는 그것을 계발해야 한다.
　주역 공부도 선능 에너지를 계발하기 위해 필요하지만, 성인이 만든 학문인 주역도 선진국들에게 뒤떨어지고 있는 실정이다. 미국만 하더라도 주역 연구는 과학적으로 세심하게 이루어지고 있다. 필자는 실제로 미국에서 강의를 했기 때문에 그 실태를 파악하고 있다. 그들은 물질 문명을 이룩한 학문에서 우리를 앞섰던 것처럼 주역마저도 앞서고 있다.
　잠시 주제가 바뀌었는데, 선능 에너지라는 개념만큼은 주역을 공부하는 독자들에게 반드시 알려주고 싶었기 때문이다. 주역을 공부하여 제갈공명 같은 사람이 될 것인가, 아니면 공자나 문왕 또는 주공 같은 성인이 될 것인가는 각자의 능력과 포부에 달려 있다. 하지만 분명한 것이 있다. 누구든 주역을 공부하여 선하고 총명해진다면 그것은 사회에 이바지하는 제일 좋은 방법이다.
　주역 공부를 다시 시작하자. 앞장에서 우리는 64괘를 이루고 있는 모든 소성괘를 살펴보았다. 이 장에서는 소성괘를 다시 합쳐 대성괘를 만들어 볼 것이다.

여기서 확인하고 넘어갈 것이 있다. 우리가 앞서 높낮이 선형 구조를 확립한 것에는 하나의 바탕이 있었다. 그것은 단군 팔괘도로서, 높낮이가 이미 정해져 있는 체계였다. 그것 역시 수직 체계였는데, 소성괘 수직 선형 구조는 수직에 의한 수직 구성이었다.

그런데 우리가 여기서 알고자 하는 것은 이미 마련된 수직 선형 체계인 소성괘를 합성하여 과연 대성괘의 수직 선형 체계를 만들 수 있는가에 대한 것이다.

필자는 앞서 독자들에게 64괘를 사용한 순환 체계를 만들 수 있는가 물었다. 이것은 64괘 모두를 일렬로 세우는 작업을 뜻한다.

우리는 팔괘를 가지고 원을 만들 수 있는데, 그것은 8괘를 수직으로 나열한 다음 중앙을 끊어서 위아래로 붙이는 작업인 것이다. 즉,

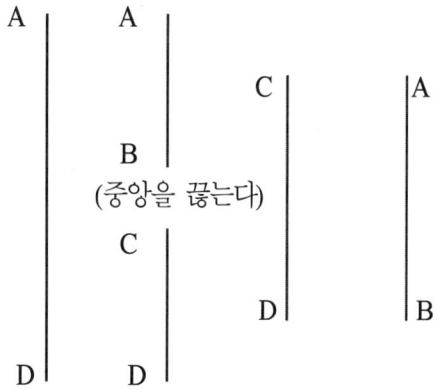

이 그림에서 C와 A를 붙이고 B와 D를 붙이면 원이 된다. 이 결과에서 중요한 것은 먼저 선형 구조가 존재해야 한다는 것이다. 그래서 우리는 64괘를 높낮이 선형 체계로 구성하려 한다.

예부터 내려오는 수직 선형 체계가 있는데, 하나의 괘상을 위로부터 아래로 1, 2, 4, 8, 16, 32 등으로 숫자를 배당해서 그 합산 결과로 64괘를 정렬시키는 것이다. 이것은 소강절이 만든 것으로 선천 복희 팔괘도이다.

　선천 팔괘도는 위에서 아래로 바라본 체계인데, 이 방식을 적용하면 64괘에 대해서도 수직 높낮이 선형 체계를 구성할 수 있다. 그런데 이 체계의 중대한 결함은 위에서 아래라는 연산 방식에 있다.

　왜 하필 위에서 아래인가? 음양 평등의 원리와 위상 공간에서의 완전성을 고려한다면 당연히 아래에서 위라는 체계도 동등한 존재 가치를 지닌다. 소강절은 이 가치를 외면한 것이다. 원래 높낮이 수직 체계는 두 가지가 존재한다. 즉, 위에서 아래로와 아래에서 위로라는 체계이다.

　이는 두 가지 체계밖에 안 되지만 곤란한 일이 아닐 수 없다. 우리는 처음부터 단 하나의 체계를 원했다. 이것은 위에서 아래로, 또는 아래에서 위로라는 방식을 적용해서는 절대로 만들 수 없다. 그렇다면 어떤 방법으로 이룰 수 있을까?

　그래서 단군 팔괘도를 사용해 보기로 했다. 당초 단군 팔괘도는 위에서 아래, 또는 아래에서 위라는 극단적인 방식을 배제하고 자연스럽게 완전성을 갖춘 체계였다.

　다행히 이것은 높낮이 수직 체계인데, 문제는 64괘로 확대되었을 때에도 수직 체계가 유지되느냐에 있다. 이제부터 그것을 조사하기 위해 소성괘 체계를 역으로 합성해 보자. 다음의 괘상을 보자.

☷에서 소성괘 ☷을 살펴보자. 이것은 앞장에서 논의한 (☷)을 뜻한다. 즉, ☷의 세계에서 가장 높은 지점을 말한다. 그 값은 얼마였던가? 앞장을 찾아보면 -97이라는 것을 알 수 있다.

이 값은 괘상 ☷에서 위 ☷의 값이다. 우리는 소성괘의 위아래 값을 합쳐서 대성괘 값 하나를 만들고자 한다. ☷의 아래, 즉 ☷을 보자. 이것도 앞장에서 값을 찾아보면 된다. 이는 (☷)로 표시되는 것인데, 그 값은 97이다.

이제 ☷의 상하 값이 모두 정해졌는데, 둘을 합치면 0이 된다. 0이 바로 ☷의 값인 것이다. 이와 같은 방식으로 ☰을 살펴보자. 이것은 위아래가 모두 127이므로 합치면 254이다. 반면 ☷은 -254가 된다. 이 값들은 그대로 위치를 표시하는 것이다.

이제 우리는 ☰, ☷, ☷, 이들 세 괘상에 대해 높낮이를 정할 수 있다.

☰ → 252
⋮
☷ → 0
⋮
☷ → -252

이것은 선형 구조이다. 문제는 중간에 많은 괘상을 집어넣었을 때에도 선형 구조가 여전히 성립되는지에 있다.

다른 괘상을 하나 더 집어넣어 보자. 이번에는 ☷이다. 이것은

☷(와) ☰(을) 따져보면 된다. 먼저 ☰(의) 값, 즉 위의 ☰의 값은 99이다. 그리고 ☷의 값, 즉 아래의 ☷의 값은 -99이다. 둘을 합치면 0이 된다.

0은 ☷의 값과 같다. 그러므로 ䷁과 ䷀의 값은 같다. 똑같은 값이 두 개 나왔으므로 선형 구조는 틀린 것이다. 그러나 오직 두 개만이 같은 값이라면 순환 구조를 만들 수 있다.

과연 0은 두 개의 괘상뿐일까? 그렇지 않다. 여러 개가 있다. 그것은 필자가 이미 조사해 두었다. 그것은 다음과 같다.

䷓, ䷏ → 0
䷒, ䷖ → 0
䷎, ䷠ → 0

이상의 6개가 0인데, 여기에 ䷁과 ䷀을 합치면 0인 괘상들은 8개가 된다. 그러므로 선형 구조는 이미 틀린 것이고, 차라리 면형 구조를 기대할 수밖에 없다.

계획적으로 살펴보자. 만일 면형 구조가 성립된다면 8개를 중앙 수평선으로 하고 이를 중심으로 상하 7, 6, 5, 4, 3, 2, 1개인 수평 체계를 찾으면 된다.

1개는 ䷀과 ䷁이므로 2개인 수평 체계를 찾아보자. 이것은 ☰ 또는 ☷ 다음 괘상을 살피면 된다는 것을 쉽게 예상할 수 있다. 아래로부터 따져 올라오자.

☷, ☷ → -216
☷, ☷, ☷ → -180
☷, ☷, ☷, ☷ → -144
☷, ☷, ☷, ☷, ☷ → -108
☷, ☷, ☷, ☷, ☷, ☷ → -72
☷, ☷, ☷, ☷, ☷, ☷, ☷ → -36
☷, ☷, ☷, ☷, ☷, ☷, ☷, ☷ → 0

이상은 0 이하 마이너스 값을 갖는 모든 괘상을 조사해서 정렬시킨 것이다. 마찬가지 방식으로 0 이상 플러스 값을 갖는 괘상을 정렬시킬 수 있다. 즉,

☰, ☰ → 216
☰, ☰, ☰ → 180
☰, ☰, ☰, ☰ → 144
☰, ☰, ☰, ☰, ☰ → 108
☰, ☰, ☰, ☰, ☰, ☰ → 72
☰, ☰, ☰, ☰, ☰, ☰, ☰ → 36
☰, ☰, ☰, ☰, ☰, ☰, ☰, ☰ → 0

이상으로 64괘 모두를 살펴보았는데, 결과는 아주 단순하다. 원래

소성괘의 총 개수는 128개나 되고, 이들은 모두 각각의 숫자를 갖고 있었다. 그런데 이들을 둘씩 짝지은 결과 15개의 종류로 줄어들었다.

128 → 15는 급격한 축소인데, 이는 분석과 종합이라는 차이다. 사물은 분석하면 늘어나고 종합하면 축소한다. 대성괘는 소성괘의 종합으로 이루어지는바, 이들 모두를 함께 정리해 보자.

제4권 신의 지혜 289

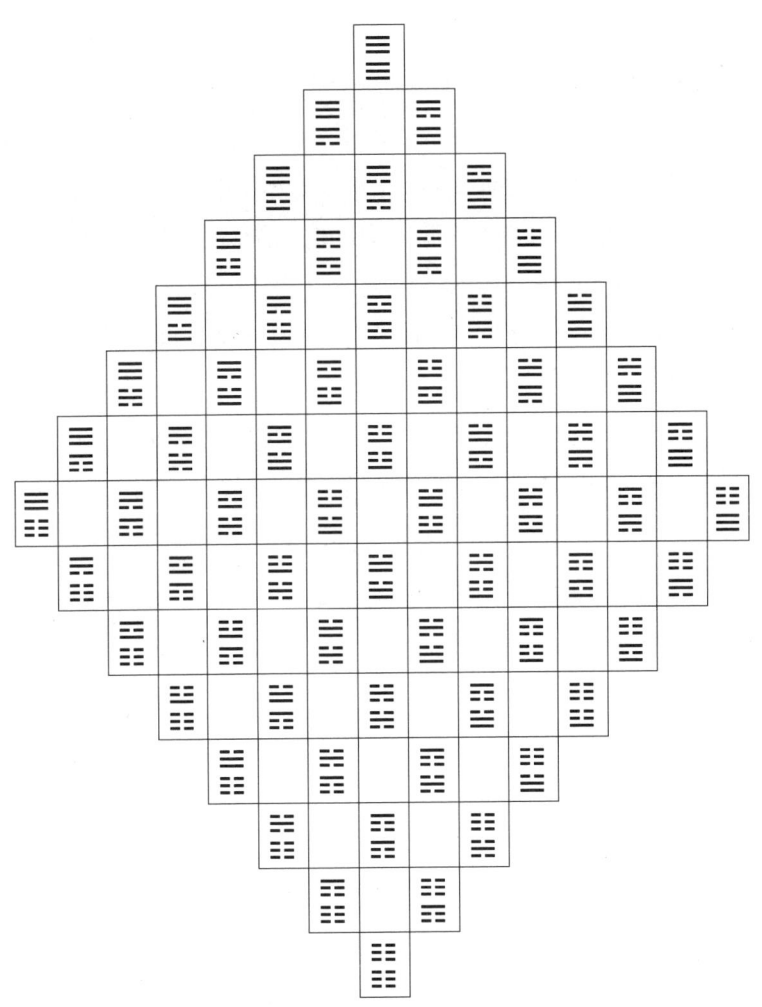

이 그림은 2차원 단군도이다. 우리는 이것을 일부러 그린 것이 아니다. 단지 단군 팔괘도를 높낮이 수직 구조로 해서 소성괘를 구성했던 것인데, 그것을 같은 값끼리 조합하여 정렬시켰더니 수평 구조가 나타난 것이다. 이는 1차원 구조가 중첩되면 2차원 구조가 나타난다는 법칙의 자연스러운 발현이다.

우리는 직접적으로 2차원 단군도를 그릴 수 있었다. 하지만 1차원 그 자체만으로 선형 체계를 이루었던바, 이것의 조합이 저절로 면형 구조를 발현시킨 것이다.

이는 소성괘가 대성괘로 변환했다는 뜻인데, 우리가 이 과정에서 알 수 있는 것은 소성괘 128개는 맨 꼭대기에서 맨 바닥까지 수직 선형 구조로 배치할 수 있지만, 대성괘 64개는 그렇게 할 수 없다는 것이다. 대성괘는 오직 면형으로만 나타난다.

우리는 맨 처음 치우치지 않은 수직 선형 구조에서 출발했다. 그런데도 대성괘 64괘는 선형 구조를 이룰 수 없었다. 하물며 치우친 수직 선형 구조로써 대성괘 64개에 대해 선형 구조를 만들 수 있겠는가! 우리는 완벽한 순환 체계를 이루는 데 실패한 것이다. 완벽한 1차원 선형 수직 체계를 가지고도 완벽한 2차원 선형 수직 체계를 이룰 수 없었다는 뜻이다.

그러므로 소강절은 문제의 뜻조차도 파악하지 못했음을 알 수 있다. 그는 팔괘를 수직으로 세우는 데 오류를 범했다. 그러나 우리는 그러한 오류를 극복했음에도 불구하고 다음 단계인 대성괘 64개의 수직 선형 체계를 이루지 못한 것이다.

하지만 아직 지친 것은 아니다. 또다시 도전해 보기로 하자. 결코 쉬운 문제는 아닐 것이다. 이 장에서는 사물이 분해되었을 때는 쉽게 선형을 이루지만, 종합으로 갈수록 선형을 이루기 어렵다는 것을 이해하는 것만으로 족하다.

또한 우리가 소성괘를 정했던 것은 적절한 행위였음이 판명된 셈이다. 2차원 단군도는 수학적 원리에 의해서 직접 유도될 수 있는 체계이다. 우리는 그것을 염두에 두지 않고 다른 길로 들어섰는데도 결국은 같은 곳에 도달했던 것이다.

이는 우리가 길을 잘 찾아왔다는 뜻이다. 그 길은 소성괘를 수직 선형 구조로 정렬한 내용이다.

여기서 두 가지 결론을 얻을 수 있다. 그것은 다음과 같다. 첫째, 소성괘는 수직 선형 체계를 갖는다. 둘째, 이러한 체계를 기초로 해서 대성괘를 구성하면 그것은 면형 체계를 갖는바, 그 면형 체계는 단순한 2차원 단군도이다.

이러한 결론은 지나온 과정이 옳다는 것을 뜻하지만 64괘를 선형 체계로 만들 수 없다는 것이 조금 아쉽다. 소강절이 만든 선천 팔괘도의 중첩에 의한 선형 체계는 일고의 가치도 없다. 그것은 당초 위에서 아래라는 치우친 원칙을 사용했기 때문이다.

우리가 원하는 것은 어느 쪽으로도 치우치지 않는 평등하고 완전한 수학적 체계이다.

그러나 이러한 체계가 발견되지 않는 이유는 무엇일까? 그것은 우리가 주역의 원리 중 그 어떤 중요한 것을 간과하고 있기 때문이다. 하지만 그것을 억지로 추측할 필요는 없다. 진리란 옳은 길을 가다 보면 자연스럽게 나타나기 마련이다. 스스로에게 거짓말하지 말고 옳은 길을 따라 끈질기게 나아가자.

玉虛眞經 (13)

天得一以淸 地得一以寧 神得一以靈 谷得一以盈
하늘은 하나를 얻어 맑고, 땅은 하나를 얻어서 편안하고, 신은 하나를 얻어 신령하고, 계곡은 하나를 얻어서 충만하다.

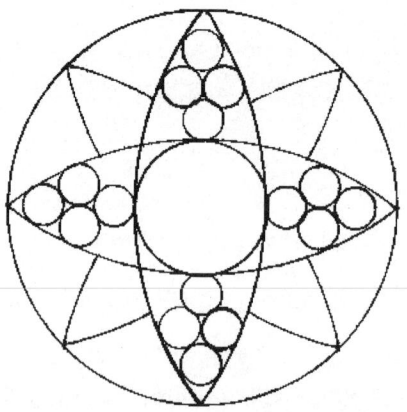

시간의 끝, 공간의 밖

며칠 전 우리 동네에 김밥 집이 이사를 갔다. 그 집과 아주 친하게 지낸 것은 아니지만 가끔 이용했기 때문에 다소 아쉬운 감도 없지 않았다. 얼마 전에는 또 다른 집이 이사를 가고 그 자리에 과일 가게가 들어섰다. 동네에는 과일 가게가 두 개나 있었지만 꽤 비싸 잘 사지지가 않았다. 그런데 이제 싼 가게가 들어와서 편리하게 되었다. 지난 겨울에는 과일 가게에 불이 난 적도 있었는데, 그 집은 곧 수리되고 주인은 계속 과일 가게를 유지했다.

우리 동네는 변화가 심한 것은 아니지만 필자는 조그마한 변화도 예의 주시한다. 별 뜻이 있는 것은 아니다. 그저 세상은 변해 간다는 것을 느끼고 싶기 때문이다. 사실상 세상은 끊임없이 변한다. 곤란에 처했던 사람도 자기도 모르는 사이에 극복이 되는가 하면, 잘 지내던 사람이 갑자기 몸을 다치기도 한다.

아무튼 세상은 끊임없이 변해 가고 있는 것이다. 필자는 이것이 매우 신기하고 스릴 있게 느껴진다. 변화란 대개 조금씩 찾아오기 마련이다. 그러나 전체 속에서 어느 한 부분의 변화가 유입되면 이미 상황은 바뀐 것이다. 작은 변화는 어느 새 처음에 있던 구성 요소를 모두 다 바꾸어 버린다. 그러고는 언제 그랬느냐는 듯이 새로운 상황에서 살아가는 것이다.

대개 사람은 현재만 보고 느낄 뿐 과거나 미래에 대해서는 아주 둔감하다. 어쩔 수 없는 일이다. 하지만 주역을 공부하는 사람은 평소 관찰력을 길러야 하며 적은 변화에 의해 미래의 큰 상황 변화가 이루어진다는 것을 깨달아야 한다.

변화란 모든 곳에서 이루어지기 마련이다. 이것은 바로 시간의 속성이다. 우주의 모든 사물은 모자이크적 구조를 갖고 있는바, 부분의 변화에 의해 전체적 상황이 유동적으로 이어지고 있다. 그리고 각 부분이라는 것도 그 내면의 세계를 보면 더 작은 모자이크로 구성되어 있으며 그것들은 끊임없이 변화한다.

필자는 어린 날 중요한 경험을 한 적이 있다. 이미 주역 공부에 착수한 지 몇 년이 지난 후였는데, 한밤중에 깜짝 놀라 깨어났다. 방 안 어디선가 '퍽' 하는 소리가 들렸던 것이다. 잠귀가 밝은 필자는 소리가 난 장소를 보았다. 어두웠기 때문에 소리의 원인을 몰랐지만 전등을 켜자 즉각 상황이 파악되었다.

그 소리의 진원지는 책상 위에 올려놓은 과일이었다. 과일은 오랫동안 책상 위에 있다가 속부터 썩기 시작하면서 한밤에 터져 버렸던 것이다. 필자는 그 과일을 관상용으로 놔두었었는데, 속으로부터 변하고 있다는 것을 전혀 느낄 수 없었다. 하지만 과일은 겉으로만 멀쩡했을 뿐 속으로는 썩어 가고 있었다. 마침내 썩은 물이 주르륵 흘러내리고 있었다.

　필자는 그것을 치울 생각은 하지 않고 오랫동안 넋을 잃고 바라봤다. 사물이 겉으로 보이지 않으면서도 쉬지 않고 변한다는 사실에 필자는 감동하고 있었다. 이것은 어쩌면 당연한 일이지만, 그 날은 너무나 감동스러웠다. 그 사건은 필자에게 큰 깨달음을 주었다. 그날 밤 필자는 잠을 설치고 주역 공부에 몰두했는데, 중요한 내용을 터득했다.

　지금 필자는 밤늦게 이 글을 쓰고 있다. 주변은 조용하다. 그러나 변화는 쉬지 않고 진행되고 있을 것이다. 만물은 변화한다. 주역은 그 변화를 추적하여 뜻을 규명하는 것이다.

　이 장에서는 또 한 번 64괘를 수직 선형 방식으로 정렬시키고자 한다. 물론 완전성이 보장되는 그런 괘열로 말이다. 이것은 아래에서 위, 또는 위에서 아래라는 특정된 하나의 방식을 취하지 않겠다는 뜻이다. 그것은 어디까지나 합리적이고 평등해야만 한다.

　우리는 앞쪽에서 단군 팔괘도를 살펴보았는데, 그것은 상하 평등, 음양 평등과 시간상 먼저 만들어진 것을 채택하는 방식으로 만들어진 것이었다. 이제 여기서 그 방식을 확장해 볼 것이다. 먼저 단군 팔괘도를 다시 한 번 음미해 보자.

☰
☷

☰
☱
☲
☳
☴
☵
☶
☷

 이 괘열은 양값이 높은 것부터 내려와서 음값이 높은 것까지 연결시킨 것이다. 이들은 상하 대칭성이 있기 때문에 치우침은 존재하지 않는다. 여기서 우리는 수직으로 배치된 괘열의 뜻을 확인해야 한다. 그것은 괘상이 음극에서 양이 자라나면서 위로 향한다는 의미이다. 또한 양극에서 음이 자라면서 아래로 향한다는 것이다. 이 점을 염두에 두고 대성괘의 변화를 논의하자. 다음 괘상을 보라.

 ☷ 은 음극으로서 변화가 시작한다면 어느 곳부터 변화할 것인가? 이것은 땅을 팔 때를 생각해 보면 단번에 알 수 있다. 땅은 어디서부터 파헤쳐지는가? 당연히 위쪽에서부터다. 위를 통과하기 전에는 땅의 뿌리인 아래에 도달할 수 없기 때문이다.

 ☰ 의 경우는 정반대이다. 하늘은 낮은 곳부터 오르는 것이다. 우리의 위치는 땅 위인 동시에 하늘 아래이다. 즉, ☷의 위쪽이며, 또한 ☰의 아래인 것이다.

이제 우리의 위치에서부터 괘상을 변화시켜 보자. 우선 ䷁ 에서 시작하자.

䷁ → ䷗

이 변화는 음극이 양으로 향하는 첫걸음을 보여 준다. 양의 기운이란 원래부터 위에 있는 것이어서 위로부터 침투하는 것이다. 이와 같은 논리는 앞에서 이미 다루었던 것이다. 다시 진행해 보자.

䷁ → ䷖ → ䷖ → ䷓ → ䷏ → ䷖ → ䷗ → ䷗

이 과정들은 음체(陰體)가 위로부터 양화(陽化)되어 가는 것을 보여 준다. 이는 자연스러운 과정이다. 양이 음의 아래쪽에 출현하려면 반드시 위쪽을 통과해야 한다. 좀더 진행시켜 보자.

䷀ → ䷫

이 과정은 위에 가득 찬 양이 아래로 침투한 모습이다. 위가 가득 찬 이후에는 더 이상 갈 곳이 없으니 아래로 향하는 것이다. 이제 양극에 대해서도 변화를 주어 보자.

䷀ → ䷪ → ䷪ → ䷡ → ䷙ → ䷈ → ䷉ → ䷫

이 과정은 아래에서부터 변하고 있다. 양극에 음기가 침투하려면 아래부터 시작할 수밖에 없다. 여기서 잠시 변화 과정에 있어서의 위상을 음미해 보자.

☷ → ☷ → ☷ → ☷ ▶

이 과정은 음극에 양기가 한 단계씩 침투하는 모습이지만 이 때 각 괘상들은 위치의 상승이 이루어진다. 즉, 만물에 있어 ☷은 가장 낮은 곳에 위치해 있고, 그 다음으로 낮은 곳에는 ☷이 위치하는 것이다. 이어서,

☷ → ☷ → ☷ → ☷ ▶

등이 차례로 그 위에 놓이게 된다. 따라서,

☷ → ☷ → ☷ ▶

이 과정은 괘상 자체가 위로 상승한다는 의미가 있다. 이를 위상적 상승이라고 말한다. 그런데 양극의 경우에 이러한 과정은 반대의 현상으로 나타난다. 즉,

☰ → ☰ → ☰ ▶

이 과정은 위상적으로 하강을 보여 준다. 이제 위상적으로 상승 또는 하강하는 괘열을 함께 나열해 보자. 편의상 하강하는 괘열은 위에다 쓰고 상승하는 괘열은 아래에 쓰겠다.

☰ ☱ ☲ ☳ ☴ ☵ ☶ ☷
1   2   3   4   5   6   7   8   9
☷ ☶ ☵ ☴ ☳ ☲ ☱ ☰

이 괘열들은 하강 또는 상승하는 각 단계를 보여 주는데, 숫자의 진행에 따라 상하 괘의 간격은 줄어들고 있다. 여기서 제1의 영역, 즉 ☰과 ☷의 사이는 가장 먼 간격으로 천지 차이이다.

우주에 있어 이보다 먼 간격은 존재하지 않는다. 이는 무한대 직전의 간격이다. 무한대 직전이란 가장 크게 주어진 세계라는 뜻이다. 이 모든 것이 지금 위상 공간 내에서 이루어지고 있다.

다시 괘열을 보자. 주목할 곳은 제8의 영역인데, 이 곳의 상하 괘는 서로 같다. 이는 하늘과 땅 속에 그러한 괘가 동시에 발생했다는 뜻이다. 우리가 지금 진행해 가는 곳은 시간 영역으로, 차례로 나아가면서 상하를 살피고 있는 것이다.

그리고 여기서 잠깐 언급하고 넘어갈 것은 상하로 나타나는 괘상들은 수학에서의 선대칭 관계인데, 이는 천지 사이에 수평선을 긋고 그 선을 중심으로 대칭적인 괘상을 나열한 것이다.

예를 들어 ☳은 땅 속에서 우레의 기운이 발출하는 모습을 보여 준다. 이와 대칭인 ☱은 하늘에서 연못이 뚝 떨어진 괘상이다. 이러한 관계는 언제까지나 이어지고 있다. 다시 진행하자.

☴ ☴ ☴ ☴ ☴ ☴ ☴ (☴)
9 10 11 12 13 14 15   16
☶ ☶ ☶ ☶ ☶ ☶ ☶ (☶)

이상은 여전히 시간 진행을 보여 주는데, 하나의 영역만 취해서 괘상을 음미하고 넘어가자.

☴ 은 불에서 바람이 분출하는 형상인데, 바람은 어디까지나 불에 의존되어 있다. 이는 나무가 흙에 붙어 있는 것과 같은 모습이다. 원전 괘명은 가인(家人)으로, 소속 관계를 나타낸다.

☴ 과 대칭 관계를 이루는 것은 ☶, 물 아래로 계속 침전되는 형상이다. 하천에서 흔히 이루어지는 퇴적 작용이 바로 이것이다. 물은 계속 흐르건만 퇴적한 흙은 물을 쫓아갈 수 없다. 그래서 원전의 괘명이 건(蹇)이며, 다리를 절고 있다는 뜻이다.

다시 괘열을 보자. 제15영역은 상하 괘가 같다. 같은 시각에 하늘과 땅 속에서 생겨났을 뿐이다. 그런데 제16영역은 신경을 써야 한다. 이 괘상들은 제 7영역에서 이미 만들어진 것이다.

내용을 보면 아래에서 만들어진 것이 나중에 위에서 다시 나타나고, 위에서 만들어진 것이 나중에 아래에서 다시 나타나고 있다. 이미 만들어진 것이 후에 다시 만들어지는 것은 전혀 필요 없는 일이다. 즉, 대학 입시에 합격해 놓고 또다시 그 대학에 원서를 내는 격이다.

자연계는 한 번 만든 법칙을 또다시 만들지는 않는다. 이는 수학의 법칙을 넘어서는 것이기 때문이다. 우리는 지금 수학의 법칙에 따라 여행하고 있지만, 나타날 것으로 예측되는 괘상은 실제로는 나타나지 않는다.

우리의 예측은 단지 수학적인 선형 규칙이었다. 하지만 편의를 위해서 그냥 적어 놓기만 하겠다. 다만 앞으로는 ( )로 표시해서 예측과 실제를 구분하겠다. 따라서 ( ) 속의 괘상은 시간상 이미 출현한 것으로 삭제되었지만, 우리의 의식 규칙을 위해 남겨둘 뿐이다. 다시 진행하자.

☲ ☲ ☲ ☲ ☲ ☲ (☲) (☲)
17 18 19 20 21 22 23 24
☷ ☷ ☷ ☷ ☷ ☷ (☷) (☷)

이 괘열에서 제18영역을 먼저 보자.

☲ 은 장작 위에 불이 붙은 모습이다. 나무가 없다면 불의 생명은 끝이다. 또한 이 괘상은 딱딱한 것을 풀어 주기 위해 기운이 공급되고 있는 모습이다.

쌀을 부드럽게 하기 위해서는 열과 물이 필요하다. 하괘의 ☲이 바로 그런 역할을 하고, 상괘의 ☷은 쌀을 의미한다. 원전의 괘명이 정(鼎)인 것은 바로 이것을 나타낸 것이다.

☶ 은 산에서 물이 나오는 모습이다. 산에서 나온 물은 벌판을 향해 무작정 흘러간다. 이는 우리의 인생과 비슷하다. 운명의 모습은 어떠할까? 물은 하천으로 유입될 것인가, 아니면 제자리를 찾지 못해 방황을 하게 될 것인가?

이번 괘열은 제23과 제24영역이 제외되었다. 제22영역은 상하가 동시에 발생한다. 다음 괘열을 보자.

☷ ☷ ☷ ☷ ☷ (☷) (☷) (☷)
25 26 27 28 29 30 31 32
☷ ☷ ☷ ☷ ☷ (☷) (☷) (☷)

이 괘열에서는 공백 영역이 3개소로 늘었다. 제29영역은 상하 공동 영역이다. ☷ 을 살펴보자. 불로 뒤덮인 모습이다. 따뜻한 온돌 아랫목에 이불이 덮여 있다고 생각하면 된다. 또는 깊은 감옥 속에 갇혀 있는 죄수의 모습을 생각해도 좋다.

☷ 은 부모 품에 안겨 있는 어린아이의 모습, 또는 그릇에 담겨 있는 음식이다. 사람의 자유로운 행동이 예의 범절에 의해 자제되고 있다.

다음 괘열을 보자.

```
☰  ☰  ☷  ☷  (☰)(☷) (☰)(☷)
33  34  35  36  37 38   39 40
☶  ☳  ☷  ☰  (☷)(☰) (☷)(☰)
```

공백 영역은 4개소로 늘어났다. 시간이 지날수록 공백 영역은 하나씩 늘어가는 것을 알 수 있다. 제36영역은 상하 공동인데, 어느 괘열이나 8개씩 끊었을 때 공동 영역은 오직 하나뿐이다. 그리고 공동 영역 다음에 오는 영역은 모두 공백 상태이다.

　아름다운 자연의 질서가 모습을 드러내고 있다. 왜냐 하면 아름다운 이유는 점차 줄어들되 일정한 비율을 유지하기 때문이다. 게다가 하나둘씩 사라지니 시원하지 않은가! 이로 인해 총체적인 숫자는 점점 가까워지고 있다. 그들이 만나는 지점이 도대체 어느 곳일지 벌써부터 궁금하지 않은가! 그 곳은 바로 우주 원점(宇宙原點)이다. 이번 괘열에서도 한 영역의 괘상을 음미하고 넘어가자.

　☵ 은 안개 속을 헤매는 길 잃은 나그네의 모습이다. 인생도 이와 마찬가지이다. 그것은 숲 속을 헤매는 사냥꾼과도 같다. 인생이란 무엇을 찾기 위해 존재하는가? 원전의 괘명은 사물의 시작을 상징하는 둔(屯)으로서 혼돈을 뜻한다. 모든 것의 시작이란 원래 혼돈스러운 법이다. 연애를 처음 해 보는 남자를 생각해 보라! 그럼 이해가 될 것이다.

☵은 힘에 겨운 비밀을 유지하고 있는 심약자의 모습이다. 이처럼 가두어 놓을 수 없는 것을 가두어 놓으면 결코 오래 가지 못한다. 성장한 남자를 가두어 놓는다면 생각지도 않은 사고가 일어날 수도 있다. 부인들이여, 남편을 너무 구속하지 말지어다.

䷧	䷨	䷩	(䷪)	(䷫)	(䷬)	(䷭)	(䷮)
41	42	43	44	45	46	47	48

이 패열에서 공백은 5개소, 척척 잘도 지워지고 있다. 즉 종점, 우주의 종점에 가까워지고 있는 중이다. 그 곳에는 어떠한 모습이 도사리고 있을까? 이번 패열에서도 공동 영역은 오직 제43영역 하나뿐이다. 패상을 하나 더 음미해 보자.

☴은 바람에 실려 구름이 이동하는 모습이다. 땅을 통과해서 물이 솟아나고 있는 모습이라 해도 좋다. 원전 패명은 정(井)으로, 땅속의 구멍에서 물이 솟아남을 나타낸다.

☶은 아름답게 포장된 꾸러미를 상징한다. 무덤이 그렇고 군대의 관물 진열대, 풍만한 여인의 몸매도 이와 같다. 무엇보다도 군자가 자중하는 모습이 바로 이 패상에 속한다. 아름다운 몸도 가려야 하고, 훌륭한 재주도 감춰야 한다. 다시 진행하자.

☷ ☷ (☷) (☷) (☷) (☷) (☷) (☷)
49 50 51 52 53 54 55 56
☷ ☷ (☷) (☷) (☷) (☷) (☷) (☷)

드디어 끝이 보이고 있다. 그러나 허깨비 괘상들만 수두룩할 뿐이다. 공동 영역은 제50지구, 괘상을 음미하자.

☷ 은 댐이 물을 잔뜩 가둔 모습이다. 댐이란 물을 지그시 아래로 눌러놓는 역할을 한다. 군자가 심량(心量)이 많으면 큰 덕을 쌓아둘 수 있다. 그러나 소인배와 아녀자는 속이 좁아 인격이 쌓일 여지가 없는 것이다. 우리 나라는 땅이 좁아 산의 물이 적을 수밖에 없다. 그래서 인재도 적은 것일까?

☷ 은 위로 받들어져 활동할 무대가 주어진 것이다. 저마다의 소질을 개발하여 넓은 곳으로 향할지어다.

괘열을 또 보자.

☷ (☷) (☷) (☷) (☷) (☷) (☷) (☷)
57 58 59 60 61 62 63 64
☷ (☷) (☷) (☷) (☷) (☷) (☷) (☷)

괘상은 말끔히 처리되고 오직 하나의 영역만 남았다. 이 곳은 상하 공동으로서, 괘상은 하나이다. 우주의 종점에서 드러난 괘상은 ☷으로서, 아주 당연한 듯 보인다. 그러나 이 괘상이 시사하는 바는 아주 많다.

☷은 앞에서도 이미 살펴보았듯이 우주의 씨앗이다. 현대 과학에서는 빅뱅의 순간에 해당되고, 주역에서는 천지가 개벽되는 순간을 뜻한다. 이에 대해서는 다소 긴 설명이 필요하다. 그러므로 장을 바꾸어 설명하는 것이 좋을 듯하다.

이 장에서는 64괘 모두에 대해 선형 체계를 구성하는 것이 주목적이다. 그 목적은 달성되었는가? 그렇지 않다. 공동의 괘상이 존재하기 때문에 깔끔하지 못하다. 우리는 또다시 완전 순환 체계를 발견하는 데 실패한 것이다.

그러나 다른 소득이 많이 있었다. 세상일이란 원래 이렇다. 수학이나 과학에 있어서도 처음에 주어진 목표 그 자체보다 과정에서 얻어진 것이 항상 더 많았다. 우리도 지금 그런 결과를 얻은 것이다.

무엇보다도 소중한 것은 ☷의 발견이다. 이것은 음양이 완전히 화합되어 있는 것으로, 처음부터 우리는 이 괘상이 우주의 씨앗이라는 것을 알고 있었다. 그러나 그것은 우주의 씨앗이 ☷이라는 것일 뿐, 그것의 지점이 시공의 종말(원점이라는 뜻으로 자세한 것은 다음 장에서 설명할 것이다)에 해당된다는 것은 몰랐었다.

우리는 양극과 음극이라는 지점에서부터 막연히 출발했었다. 더 정확히 말하면 그저 우리가 있는 곳에서 출발했던 것이다. 우리가 있는 곳이 가장 평범한 곳이라면 그 곳에서 아래로는 땅이고 위로는 하늘이다. 하늘은 높은 것이니 갈 곳은 내려올 데뿐이고, 땅은 낮은 곳이니 갈 곳은 올라갈 데뿐이다.

오르내리다 보면 언젠가 만날 것이다. 만나는 곳은 하늘도 땅도 아니다. 그야말로 천지의 근원점인 것이다. 그 곳에서 서로 멀어지면 차이가 천지만큼 벌어진다. 다른 말로 근원에서 갈라진 것이 천지인 것이다. 소위 천지 개벽이란 것인데, 시간과 공간상 혼돈을 정리하기 위해 다음 장에서 상세히 논의할 것이다.

우리는 괘열의 시간 진행 속에서 공동 영역, 즉 동일한 괘상이 하늘과 땅 속에서 각각 출현한다는 현상을 발견했다. 이것은 무엇을 뜻하는가? 이는 매우 중요한 문제로, 우리가 이 장에서 이러한 문제를 발견했다는 그 자체에 의의가 있다.

또한 공동 괘상 이후의 모든 괘상은 사라졌는데, 이것의 의미도 살펴봐야 할 것이다. 게다가 사라지는 괘상들은 점점 많아지면서 결국 원점에 도달하게 되었다.

공동 괘상들은 8곳에서 출현했으므로 $64+8 \rightarrow 72$개의 요소가 되었는데, 72라는 숫자는 빈번히 등장하는 주역의 숫자이다. 또한 공동 괘상들 8개를 어느 곳에도 배치할 수 없으므로 이들을 빼어 버린다면 $64-8 \rightarrow 56$개의 요소가 되는데, 56이라는 숫자는 28수와 관련 있는 숫자이다. 이 역시 주역의 숫자인 것이다.

마지막으로 하나 더 언급할 것은 우리는 선형 체계인 단군 팔괘도를 사용했음에도 불구하고 64괘의 선형 체계를 이룩할 수 없었다는 것이다. 이로써 64괘의 선형 체계법은 더욱 궁금해지는 것이려니와, 다만 우리는 단군 팔괘도가 완전성을 유지하는 준(準) 64괘의 선형 체계를 얻은 것에 만족해야만 한다. 여기서 준 64괘라는 것은 공동 영역이 존재하기 때문인데, 이것은 64괘의 완전 순환 체계를 주지는 않지만, 그 대신 또 다른 자연의 체계를 암시하고 있다.

예를 들어 오늘날 우주론에 웜홀이라는 것이 있는데, 웜홀이란 공간과 공간을 4차원적으로 연결해 주는 통로이다. 이는 공간의 두 지점이 웜홀에 의해 동시적으로 연결된다는 뜻이다. 우리는 방금 괘열에서 웜홀과 같은 현상을 발견했었다.

만일 웜홀을 발견하기를 원한다면 괘상의 성질을 살펴야 할 것이다. 어떠한 괘상들이 동시에 출현했는가? 서로 대칭을 이룬 괘상들이었다. 이는 우주 공간의 성질들에 대칭 공간을 접합시킬 수 있다는 뜻이다.

이쯤에서 마무리를 짓자. 다만 주역은 오늘날 인류가 당면한 초자연 현상을 함유하고 있다는 것이다. 그리고 원래 초자연 현상은 없다는 것을 주역은 가르치고 있는 것이다.

玉虛眞經 (14)

天下萬物生於有 有生於無
천하의 만물은 유에서 나고, 유는 무에서 나왔다.

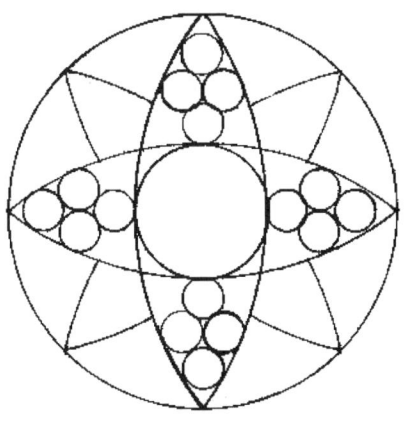

천지 개벽

오늘날에는 우주의 시작을 빅뱅이라고 하는데, 동양에서는 천지 개벽이라 불렀다. 천지 개벽이란 하늘과 땅이 열렸다는 뜻이니, 우주의 시작을 구체적으로 묘사하는 것이다. 하지만 동양에서는 천지 개벽의 구체적인 시기를 명시하지 않았다.

우주가 지금으로부터 몇 년 전에 생겨났는지는 과학자들뿐만 아니라 종교인들도 관심을 가지는 것이다. 한때 신학자들은 세상의 탄생을 지금으로부터 약 6,000년 전이라고 주장해 왔다.

그들의 이 주장은 막연한 것이 아니었다. 그들은 구약 성서를 한 장 한 장 면밀히 조사하며 거기에 적힌 모든 날짜와 연도를 계산했다. 구약에는 많은 선지자들이 등장하는데, 거기에서는 그들의 수명까지도 기록되어 있으므로 계산이 가능했다.

그 결과 천지 창조는 예수 탄생으로부터 4,000년이나 거슬러 올라가는 시점이라는 결론을 얻었다. 그것은 실로 까마득한 옛날이다. 천지 창조가 6일 만에 이루어졌다는 것은 구약에 기록되어 있지만, 그 시점을 예수 이전 4,000년이라고 계산한 것은 실로 의욕적인 과업이 아닐 수 없다. 그들은 아주 꼼꼼히 계산했다. 그 결과는 사실상 온 인류에게 받아들여졌다.

그런데 이에 대한 최초의 배신은 생물학자들에 의해 이루어졌다. 그들은 동식물이 죽어서 남긴 화석을 발견했던 것이다. 그것의 시기를 연구하여 그 시점이 6,000년이 넘는다는 것을 밝혀냈다.

6,000년이라니! 실제로 현재와 가장 가까운 시기의 화석만 해도 60,000,000년이 넘는다. 그러나 맨 처음 생물의 흔적이 남겨진 시기로는 300,000,000년 전 것도 나타난다. 이것은 과학에 의해 정밀하게 밝혀지고 있다.

그러나 신학자들은 화석의 연대 측정을 거부했다. 그들은 분명 구약 성서의 날짜를 꼼꼼하게 세어서 6,000년이란 시간을 계산해 냈으므로, 화석 따위는 믿을 수 없었던 것이다. 이는 교황청이 지구가 태양 주위를 돈다는 사실을 부정했던 것과 비슷하다.

그러나 과학은 종교에 의해 갇혀 있을 뿐 그 사실이 사라져 버리지는 않는다. 과학자들의 끈질긴 노력에 의해 지구상에 생물이 살았던 흔적들은 속속 밝혀지고 있었다. 그 시기는 물론 6,000년을 훨씬 넘고 있었다.

이에 대해 신학자들은 화석을 새로운 방식으로 해석했다. 화석이란 신을 믿지 않는 사람을 시험하기 위해 하나님이 만들었다고······.

그러나 이러한 주장은 오래 가지 않아 철폐되었다. 이번에는 물리학자들이 나선 것이다. 이들은 방사선 원소들을 사용했다. 방사선 원소들은 반감기라는 것을 갖고 있는데, 이는 한 원소가 붕괴하여 그 반이 남는 기간을 말한다.

우라늄의 경우 그 기간은 수억 년이 걸리는데, 그 잔재로는 납이라는 원소를 남긴다. 물리학자들은 우라늄과 납의 혼성 비율을 조사하여 지구의 수명이 최소 3,000,000,000년 이상이라는 것을 밝혀냈다.

물론 오늘날에는 40억 년 이상으로 조절되었지만 신학자들은 아예 손을 들어 버렸다. 교황청도 과학자들의 결론에 반발하지 않았다. 오늘날에는 그 누구도 6,000년이라고 말하지 않는다. 지구는 약 45억 년 가량의 나이를 갖고 있다.

물론 이것이 우주의 나이는 아니다. 우주의 나이는 이보다 훨씬 더 먹었던 것이다. 대략 200억 년 정도 된다고 밝히고 있다. 이는 막연한 추측이나 신념이 아니다. 과학자들은 그들이 믿는 종교가 무엇이든 자연 현상에 대해서는 철저히 조사를 한다. 그래야만 진정한 과학자라고 할 수 있으리라.

아무튼 우주의 나이는 신념이나 교리에 의해서가 아니라 과학적 진리로서 확실하게 밝혀졌다. 이것은 결코 쉬운 일이 아니다. 물리학자들은 생물학자들과 똑같이 우주의 화석을 조사했다. 화석은 단순한 물질이 아니라 우주 속에 남겨진 전파 찌꺼기이다. 이러한 찌꺼기는 정확한 논리에 의해 그 존재가 예측되었었는데, 마침내 그것이 발견되었던 것이다.

1959년 8월, 펜지아스와 윌슨이라는 두 과학자는 우주 최초의 흔적을 발견하고 말았다. 이들은 그 공로로 노벨 물리학상을 받았거니와, 우주 최초의 흔적은 배경 복사라 불리는 것이다. 이는 천지 개벽의 흔적이며 빅뱅의 잔재들이었다.

빅뱅이란 그 문자가 암시하듯이 거대한 폭발을 의미한다. 이 폭발은 바늘 끝보다도 더 작은 알갱이에서 우주의 모든 별을 쏟아내고 만 것이다. 그것은 어느 한 곳에 있던 것을 쏟아낸 것이 아니다. 표현은 쏟아냈다고 할망정 우주의 수많은 별들은 우주 씨앗이 한 순간에 팽창한 내용물들인 것이다.

이들은 아직도 팽창을 계속하고 있다. 오늘날 과학자들은 우주의 먼 곳을 관찰함으로써 그들, 즉 천지 개벽의 조각들이 날아가고 있다는 것을 눈으로 직접 찾아볼 수 있는 것이다. 그것들은 바로 우주의 과거 모습이라고 할 수 있는데, 우주란 너무나 광활하여 멀고 먼 과거의 사건도 공간상에 보존하고 있는 것이다.

여기서 다시 주역의 세계로 돌아오자. 주역이란 실세계를 그대로 묘사한 것이기 때문에 우리는 주역을 통해 우주의 역사를 이해할 수 있다.

앞장에서 우리는 천지의 기점에서부터 점차적으로 시간을 진행해 온 바 있다. 결과적으로 우주 원점이라는 곳에 도달했는데, 이에 대한 해석에는 상당한 주의를 요한다.

☰과 ☷은 ☯에서 나와 팽창을 계속하고 있는데, 이들은 바로 시간의 시작점인 것이다. 그러나 우주의 원점인 ☯은 언제나 그 자리에 남아 있다. 따라서 ☰과 ☷은 ☯에서 보면 미래인 것이다. ☯에서 양극(兩極)이 나왔기 때문이다.

하지만 ☷과 ☷은 우주 원점에서 나와 과거로 흘러갔기 때문에 이번에는 ☷이 미래가 되는 것이다. 다시 말하면 서로가 미래인 동시에 과거인 셈이다.

어째서 이런 일이 발생한 것일까? 대체 우리 자신은 어느 시간에 존재하는 것일까? 이는 상당히 어려운 문제이다. 주역의 괘상은 시간과 공간을 초월해서 만들어지기 때문에 종종 이러한 혼돈이 오기도 한다.

그러나 이 문제는 해결될 수 있다. 즉, ☷은 절대 현재(絶對現在)이고, ☷과 ☷은 흐르는 시간이라고 생각하면 되는 것이다.

다시 한 번 과정을 말해 보자. 즉, 우주 최초(절대 현재)에서 시간이 흐르기 시작한다. 이 때 ☷과 ☷이 고개를 내민다. 이들은 몸체와 꼬리를 갖고 있는데, 그것이 바로 온갖 괘상들이다. 이들은 계속 팽창한다.

그러나 ☷은 여전히 그 자리에 남아 있다. 처음에 ☷은 공간적 성질을 갖고 있었다. 그래서 그 곳으로부터 ☷과 ☷이 발출할 수 있었던 것이다. 그러나 여전히 그 자리에 있는 ☷은 이제 시간적 성질을 갖는 것으로 보인다.

시간이란 두 가지 이상의 사물이 존재할 때만 흐르는 것으로 처음에는 시간이 존재하지 않았다. 그러나 ☷과 ☷이 생기고 나서는 상황이 달라졌다. 이미 두 개의 사물이 더 생기자 시간이 흐르게 된 것이다. 따라서 ☷은 이제 시간적 존재로 보이는 것이다.

이는 인간 의식의 문제인데, 호킹 박사는 우주가 생겨날 때 시간과 공간이 서로 바뀌었다는 의견을 피력하였다. 이는 ☷이 절대 현재, 또는 절대 이 곳이라는 성질을 갖고 있기 때문이다.

　시간과 공간이라는 문제는 상당히 어려운 것이다. 이는 우리의 의식 그 자체를 이루기 때문이다. 시간과 공간 문제는 이 정도로 끝마치고 주역을 연구하자.

　우리는 앞서 ☰과 ☷에서 시간을 진행하여 ☷에 도달했다. 이 장에서는 그것의 반대 과정을 살펴보기로 하자. 이는 우주의 공간 작용, 즉 팽창을 살펴보기 위한 것이다. 이는 곧 천지 개벽을 뜻한다. 그럼 천천히 시작하자.

　우선 시공 원점, 즉 ☷에서부터 공동 영역을 찾아보자. 출발점은 당연히 ☷이다. 그런데 ☷자체는 중심이기 때문에 그대로 공동 영역인 셈이다. 이 점을 염두에 두고 출발하자.

☷　☷　☷　☷　☷　☷　☷

　이상의 괘열은 천지 개벽의 마디와 같다.

　☷은 작용의 원점이다. 당초 이러한 괘상이 생긴 것은 무극(無極)의 작용 때문이었다. 호킹은 무에서 우주가 생겨났다고 주장하였는데, 실제로 우주는 천지 이전의 그 무엇이 요동하여 생긴 것이다.

　주역에서는 음도 양도 아닌 존재를 태극이라고 하는데, 하늘이든 땅이든 모든 것이 이것에서 비롯된다. 호킹 박사는 실로 통찰력이 깊은 사람이라고 할 수 있다.

☷은 에너지라는 개념을 시각적으로 보여 준다. 이 괘상은 상하의 위상 간격이 0이다. 이는 음극과 양극이 최대치로 교차한다는 뜻이다. 세상일에 적용할 때 이 괘상은 에너지 자체일 뿐 아직 작용을 나타내지는 않는다. 최초의 우주가 바로 이런 상태였다. 힘은 무한히 충만하건만 아직 현상을 드러내지 않고 있는 것이다.

☶은 음양의 기운이 서로 해방되면서 최초 작용을 나타내고 있다. 상호 거리는 2로서, ☷은 부풀어서 ☵이 되고, ☰은 축소되어 ☶이 된 것이다. 이들은 상하가 심한 세력 다툼을 하고 있다. 급류를 막아서고 있는 둑과 같다.

누가 이길지는 알 수 없지만 현재는 균형이 잡혀 있다. 부부가 서로 이기려고 최대한 버티고 있는 모습이다. 둘 중에 아무나 진다 해도 슬픈 일이지만 잘 하면 이혼이 성립될 것이다. 전쟁 때 이런 괘상이 나타난다면 인내심이 강한 부대가 이긴다.

☳은 음양이 서로의 영역에 침투한 모습이다. 상호 거리는 4, 가장 이상적인 간격이다. 음과 양이 적절히 배합되어 낭비도 없고 절약도 없이 가장 알맞게 돈을 쓰고 있다. 전쟁 중이라면 한 치 앞도 알 수 없는 가장 치열한 상태, 사랑에 있어서도 있는 힘을 다하고 있는 모습이다. 우주 역사에 있어서는 비로소 생명체가 생긴 순간이다. 현재 우리의 우주는 이 상태를 조금 지나쳐 있는 것 같다. 따라서 우주에는 다양한 생명체가 존재할 것이다. 생명이 살아갈 수 있는 가장 좋은 환경은 음양이 중간 값에 약간 못 미치는 영역이다.

그러나 중간 값에서 약간이라도 넘어서면 기(機)는 무너져 버린다. 생명이란 미세한 균형에 의해 존재하는데, 미인의 모습도 바로 이런 상태라고 할 수 있을 것이다.

☲ 은 완전히 조화가 이루어진 상태를 의미하지만, 이것이 유지되기란 여간 힘든 일이 아니다. 원전에서 괘명을 기제(既濟)라고 이름한 것은 당연하지만 이는 극히 일시적으로만 유지된다.

천지 개벽 계열에서 이 괘상은 원점으로부터 불과 3번째 위치에 있는데, 이는 활력이 충분한 영역에서만 생명체가 존재할 수 있음을 보여 준다. 우주의 원점은 에너지의 샘이라고 볼 수 있는데, 이 지점에 근접해서 ☲ 이 존재한다.

☳ 은 상호간에 피로가 축적된 모습이다. 당초 상괘는 ☷ 이었는데 양의 공격(침투)을 받아서 지금은 최소 음괘로 변했다. 이는 머지않아 쏟아져 나갈 것이다. 하괘도 마찬가지인데, 현재 양이 최소한으로 되어 있다. 양의 기운이 다 방출된 모습이다. 이는 상하가 서로 기운을 탕진함으로써 이루어진 결과인데, 이제는 서로의 작용이 많이 약해져 있다.

지금까지의 모든 단계를 살펴보자.

☷ ☲ ☳

이들은 모두 상음 하양(上陰下陽)의 구조이다. 즉, 사상(四象)의
⚏ 에 해당된다. 이들은 중앙을 향해 압축력을 작용하고 있다. 초기
우주의 이 압력은 무한대였다(위상적 무한). 이 압력은 시간에 따
라 감소하는 한편 괘상들은 계속 팽창한다. 괘상의 팽창이란 우주
의 모든 사물이 팽창한다는 뜻이다. 이어지는 다음 단계를 보자.

☷ 은 최초의 상전이를 일으킨 모습이다. 위쪽이 양이 되고 아래
쪽이 음이 되면서 이제는 압력이 마이너스 상태가 된 것이다. 이는
사물과 공간의 비율이 알맞은 선을 넘어섰다는 뜻이다. 즉, ⚍ 이
되어 버린 것이다.

☶ 은 집을 떠나기 위해 나섰지만 머뭇거리고 있는 모습이다. 시
집을 가는 여인의 모습이 이러하다. 미련이 남았기 때문이다. ⚎은
최소한의 양으로서 상승력이 약하고, ⚏는 최소한의 음으로서 위에
있는 것을 불러들인다.

☵ , 이제 본격적으로 풀려가고 있다. 아름다움도 무너지고 있는
것이다. 사물이 풀려나갈 때는 균형이 맞지 않고 낭비가 심하다. 사
물이 제 갈 길로 가면서 총체적인 조화가 무너지고, 행사가 끝나
군중이 흩어지는 모습이다.

☳ , 완전히 돌아선 모습, 남편은 소리를 지르고 여자는 귀를 막
고 있다. 고집과 호통이 이어지는 상황으로, 미운 사람은 떠나가고

문은 굳게 닫혀 버렸다. 싸울 일도 없어져 조용하기만 하다.

☷, 사이가 무한히 벌어졌다. 소식마저 끊긴 상태로 우주의 종말이다. 질량도 사라지고 현상도 사라지고 있다.

이상으로 천지 개벽의 중요 마디를 살펴봤다. 괘상들은 위아래로 팽창하고 있는데, 이들이 공동 영역에 위치하고 있다는 것은 우주를 한 단위로 묶고 있다는 뜻이다. 이러한 우주 묶음은 ☷ 의 영역에 이르러 급격히 사라지고 있다.

여기서 지난 과정을 잠시 살펴보자. 이제부터는 괘상을 상하로 분리해서 진행하자.

☷ → ☷ → ☷ → ☷ → ☷ → ☷ → ☷ → ☰
☰ → ☰ → ☰ → ☷ → ☷ → ☷ → ☷ → ☷

두 과정도 상하의 진행인바, 끝내는 ☷ 에 이른다. 하지만 우리는 이 과정을 한 번 더 진행시킬 수 있다. 완전히 되돌아가게 하기 위함이다.

위의 과정을 살펴봐서 알겠지만 상괘는 양기가 계속 증가하고 있다. 최종적으로 ☰ 에 도달했거니와, 여기서 한 번 더 양기가 증가하면 어떻게 될까?

그것은 양기가 너무 심한 상태여서 괘상 자체도 이루지 못한다.

편의상 초양극(超陽極)이라고 부르자. 극이라는 단어가 붙어 있지만 사실 이미 사물 자체가 붕괴된 것이다. 하괘 쪽은 ☷에서 한 단계 더 진행시키자. 이제 초음극이 되는데, 이것은 초양극과 마찬가지로 더 이상 괘상이 아니다. 즉, 사물이 아닌 것이다.

그러나 우리는 정신적 혼란을 방지하기 위해 무극(無極)이라 부르자. 무극은 장차 태극의 과정을 거쳐 우주의 씨앗을 만들어 낼 것이다. 태극은 무극과 마찬가지 존재이다. 밖을 향해 보면 무극이고 안으로 보면 태극인 것이다. 이것은 천지 이전의 상태며 모든 것의 근원이다. 이것은 아무것도 아니기 때문에 무엇보다도 앞서 있고 또한 무엇보다도 끝에 존재하는 것이기도 하다.

노자는 이것을 신보다 앞서 있다고 말했다. 또한 이름도 없고 모양도 없어서 별명을 도(道)라고 붙였으며, 도는 하나를 낳고 하나는 천지를 낳았으며, 천지는 만물을 낳았다고 말하기도 했다.

이제 천지 개념의 내용을 살펴보자.

공동 영역 외에서는 어떠한 현상들이 벌어지는가? 천지의 시점에서는 모든 사물이 한 곳에 뭉쳐 있었다. 그것은 ☷이라고 표현된다. 이는 공동 영역이며, 또한 세계 그 자체였다. 이것은 시간이 지남에 따라 점점 팽창하여 세계가 넓어졌으며 사물은 2개가 되었다. 즉,

☷ 또는 ☷

로 나타난다. 위쪽 세계와 아래쪽 세계의 사물이다. 물론 이 중에서

☷ 은 공동 사물인 것이다. 사물의 특성을 보면 위쪽에서는 양의 방향으로 커져가고 있는바, 하괘부터 양이 들어차고 있다. 하괘의 양이 가득 차면 단계가 바뀌면서 상괘에 양을 축적시킨다. 즉,

☷ → ☶ ──▶ 단계 변화

이러한 과정은 아래쪽에서 이루어진다. 아래쪽은 음의 방향으로 커져가고 있는데, 상괘의 음이 가득 차면 하괘로 그 힘을 축적시키면서 단계가 변한다.

☷ → ☳ ──▶ 단계 변화

이상을 잠깐 다시 보면 우주의 시초, 즉 1단계에서는 괘상이 하나였다. 이것이 2단계에 이르면 괘상이 두 개가 된다. 3단계에 이르면 3개의 괘상이 나타나리라는 것을 예측할 수 있다.

☰ → ☱ → ☲
☷ → ☶ → ☵

이 과정은 2단계와 별로 다를 것이 없다. 시발점은 공동 영역인데, 이 곳에서 상하가 갈라지고 있다.

위쪽에서는 하괘의 양기가 증가함으로써 괘상 전체를 떠올리고 아래쪽에서는 4~5개의 음기가 증가함으로써 괘상 전체를 침하시키

고 있다. 4단계를 보자.

☷ → ☷ → ☷ → ☷

이 과정은 3단계에 이어지는 현상일 뿐이다. 독자들은 모든 괘상을 한 장의 도표에 그려놓고 괘상의 위치를 확인할 필요가 있을 것이다. 천지 개벽도에서 괘상의 위치란 바로 그 괘상의 뜻을 이해하는 데 곧바로 이용할 수 있을 것이다.

　천지의 시발점으로 가면 갈수록 괘상들은 압력이 증가한다. 시발점에서 멀어질수록 괘상들은 편안해진다. 괘상이 편안해진다는 것은 다른 괘상으로 전이가 늘어진다는 것이다. 5단계를 보자.

☷ → ☷ → ☷ → ☷ → ☷

위의 과정은 어떤가? 4단계와는 판이하게 다르다. 우선 시발점을 보자.

☷ 은 무엇인가? 상괘는 양이고 하괘는 음이다. 즉, ☵ 인 것이다. 4단계의 시발점은 ☷ 으로서 ☷ 이었다. 이는 ☷ → ☵ 으로 상전이가 이루어진다.

5단계의 각 과정을 보자. 먼저 위쪽 계열을 보면,

(☷) → ☷ → ☷ → ☷ → ☷

등인데, 시발점을 제외하고는 모두 ⚌ 인 상태이다. 4단계와 그 이전에서는 모두 ⚍ 이었다. 이것이 5단계에 이르러서는 뚜렷한 변화를 맞이한 것이다. 시발점은 ⚍ → ⚍ 의 변화인데, 이는 천지개벽의 전 과정 중에 시발점에서 일어나는 유일한 변화이다. 그러나 시발점 외의 영역에서는 현재 ⚍ → ⚌ 의 변화가 이루어졌다. 물론 아래쪽 계열에서는 ⚍ → ⚍ 이 된 것이다.

6단계를 보자.

☷ → ☷ → ☷ → ☷ → ☷ → ☷
☷ → ☷ → ☷ → ☷ → ☷ → ☷

위의 과정에서 공동 영역은 ⚍ 이다. 이는 이미 밝혀진 대로 5단계부터는 시발점이 모두 ⚍ 이다. 다른 괘상들을 살펴보자. 특이한 것이 보인다. 시발점 다음 괘상이 ⚍ 이다. 시발점을 포함해서 ⚍ 인 괘상은 2개이다. 5단계는 1개였는데, 이는 5단계부터 ⚍ 이 하나씩 늘어나는 현상이다.

미리 종합해 보면 4단계까지는 시발점까지 포함해서 모든 괘상들이 ⚍ 이었다. 그러나 5단계에서부터는 ⚍ 이 하나씩 증가하기 시작한다. 또한 시발점 위의 영역은 모두 ⚌ 과 ⚏ 으로 바뀌었다. 이것의 뜻을 일목 요연하게 나타내 보자.

$$\begin{matrix} & & ⚌ \\ ⚏ & \longrightarrow & ⚏ \\ & & ⚏ \end{matrix}$$

위의 과정은 ⚏ → ⚏ 을 나타내는 한편, 그 중간 과정에 ⚏ → ⚌ 또는 ⚌ → ⚏ 이 포함되어 있음을 보여 준다. 우주의 진화란 맺힌 것이 풀려나가는 과정일 뿐이다.

누군가 이런 말을 한 적이 있다. '신은 태엽을 감는다'고……

우주가 종말에 이르면 신은 이를 원점으로 되돌려 놓는가? 심상치 않은 문제이거니와, 한 가지 분명한 것은 우주는 순환한다는 것이다. 7단계를 보자.

䷁→䷖→䷗→䷁→䷁→䷁→䷁

위의 과정은 예견한 대로이다. ⚏ 이 3개로 늘어났고 나머지는 모두 ⚌ 과 ⚏ 이다. 이제 마지막 단계만 남았다. 8단계를 보자.

☷ → ☳ → ☵ → ☶ → ☰ → ☴ → ☲ → ☱
☷ → ☳ → ☵ → ☶ → ☰ → ☴ → ☲ → ☱

　마지막 과정으로 마침내 천지 개벽이 완료되었다. 양극과 음극이 모습을 드러냈다. 우리는 천지의 시발점에서부터 모든 과정을 추적해 왔는데, 여기서 한 가지 주의할 점이 있다. 언뜻 생각하기에는 모든 과정이 점차적으로 이루어진 것처럼 보인다. 그러나 사실은 그렇지 않다. 모든 것은 동시에 이루어진 것이다. 다만 팽창에 의해 양극과 음극이 모습을 선명하게 드러냈을 뿐이다. 그러나 또다시 조심할 것이 있다. 모든 괘상들은 천지의 시발점에 이미 만들어졌던 것이 아니다. 팽창과 더불어 함께 만들어진 것이다.
　이것뿐만이 아니다. 원래 시발점이라는 자체도 없다. 무극이 태극이며, 태극은 시발점인 동시에 종말점이다. 그리고 무극 또는 태극과 모든 괘상은 동시적 존재인 것이다.
　불경에 색즉시공(色卽是空) 공즉시색(空卽是色) 색불이공(色不異空) 공불이색(空不異色)이 바로 이런 뜻이 아닐까?

玉虛眞經 (15)

上士聞道勤而行之 中士聞道若存若亡
下士聞道大笑之 不笑不足以爲道

높은 선비는 도를 들으면 힘써 행하고, 중간 선비는 도를 들으면 지키기도 하고 잊기도 하며, 낮은 선비는 도를 들으면 크게 웃는다, 웃지 않으면 도라 할 수 없다.

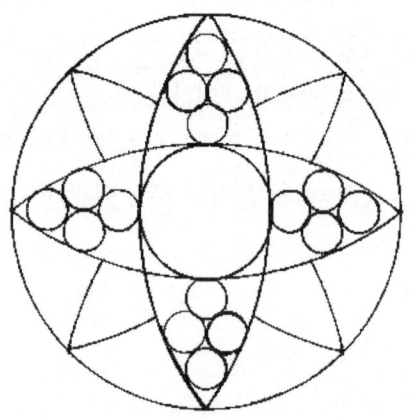

시간 에너지

　잠시 쉬어가자. 사람의 눈에 대해 얘기해 보겠다. 필자는 관상에 대해 일가견이 있다고 할 수 있는데, 필자가 사람을 보는 데 있어 제일 먼저 목소리를 듣고, 그 다음에는 눈동자를 살핀다. 목소리는 사람의 마음과 몸이 어우러져서 나오는 것이므로 가장 중요함은 두 말할 나위가 없다.
　그 다음은 눈이다. 흔히 눈을 마음의 창문이라고 하는데, 눈을 보면 그 사람의 마음 상태를 엿볼 수 있다. 형사들은 범인의 눈을 보고 '바로 이놈이구나' 생각할 수 있다. 남자 경험이 많은 여자는 남자의 눈을 보고 현재 자기한테 미쳐 있는지를 즉각 판단한다.
　눈은 실로 무한한 모습을 보여 준다. 장난스러운 눈동자가 있는가 하면 오만한 눈동자가 있고, 놀란 눈동자가 있는가 하면 잔인한 눈동자나 분노의 눈동자도 있다.

필자가 가장 싫어하는 눈동자는 공연히 웃고 있는 눈동자이다. 기뻐서 웃는 것을 나무라는 것이 아니다. 공연히 웃지 말라는 것이다. 필요 없이 웃는 눈동자에는 오만함과 어리석음이 깃들여 있고, 태평함과 잔인함도 들어 있다. 세상에는 할 일도 많고 또한 본받아야 할 위인도 많다. 공연히 여유 부리며 잘났다는 착각 속에 살면 안 된다.

운명적인 얘기이지만 어린아이를 공연히 웃게 만들면 커서 뻔뻔해진다. 뻔뻔한 사람은 부모를 버리고 사회에서도 낙오된다. 더구나 필요 없이 웃으면 뇌가 빨리 늙어 버린다. 심각한 눈동자가 좋다. 아니면 자연스러운 눈동자가 좋다.

눈동자를 거짓으로 꾸미거나 실실 웃고 있는 사람은 천박하게 보인다. 세상은 결코 우스운 것이 아니다. 잘 생각하며 살아야 하고 반성하면서 살아야 한다. 실실 웃는 눈보다는 차라리 고생에 찌든 눈이 좋다.

나그네의 눈동자를 보라. 온갖 풍상을 겪어 눈동자가 지쳐 있다. 오랜 병석에 누워 있는 환자의 눈도 마찬가지이다. 이들의 눈은 놀란 눈이 아니다. 어려움을 이겨내고 현재도 겪고 있는 지친 눈이다. 그런 중에서도 자신을 유지하고 있는 눈인 것이다.

누가 또 이런 눈동자를 가지고 있을까? 그것은 바로 도인의 눈동자이다. 도인은 고행을 하며 항상 마음을 단련하고, 자연의 섭리를 탐구하고 있기 때문에 지쳐 있고, 또한 눈동자가 살아 있다. 공연히 웃을 필요가 없는 것이다.

도인은 정 우스운 일이 있으면 미소를 짓는다. 그러나 다음 순간

다시 마음을 바로잡는다. 눈에는 고통을 이기려는 의지와 이미 괴로웠던 흔적이 남아 있다. 도인의 고통은 환자의 고통보다도 훨씬 크다. 도인은 사력을 다한다.

　도인의 눈은 언제나 생각이 깊고 자신을 질책하며 세상을 조심스럽게 바라본다. 비록 도인은 병든 눈을 지녔지만 그 속에는 강인함이 있으며, 사물을 바라보는 데 있어서 그 누구보다도 세심하고 철저하다.

　도인은 의심이 많은데, 이는 세상을 부정적으로 바라보는 의심이 아니라 보이는 대로 믿지 않겠다는 투철함 탐구 정신이 깃들여 있다. 탐구 정신, 이는 아주 중요한 인격이다. 인생이란 탐구하기 위해 사는 것이다.

　주역을 공부함에 있어서도 도인의 눈을 가지고 세심히 탐구해 나아가야 한다. 그저 보이는 대로 단순하게 생각하거나, 쉽게 엉터리로 지어대거나, 어리석은 신념을 갖고 있으면 주역 공부는 그것으로 끝난 것이다. 용감하되 무모하지 않고, 세심하되 넓게 보는 눈을 가지고 필사적으로 달려들어야 주역을 깨달을 수가 있다.

　정신을 가다듬고 주역 공부를 시작하자. 지금껏 공부한 것 때문에 지쳐 있다면 다행이다. 지친 눈으로 바라보면 사물은 더욱 뚜렷해 보이는 법이다. 다음을 보라.

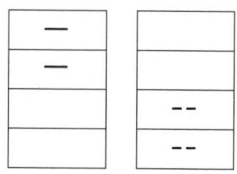

 이 그림은 ═과 ══을 나타낸 것인데, 서로 위칸과 아래칸에 배치하였다. 그 이유는 무엇일까? 잠시 생각해 보라. 우리는 지금 위상평면을 바라보고 있는바, 양은 위로 상승하는 성질이 있고, 음은 아래로 하강하는 성질이 있다. 다음을 보라.

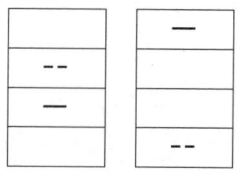

 이 그림을 이해할 수 있는가? 양은 올라가고 음은 내려간다는 법칙만 생각하면 쉽게 이해될 것이다. ═은 가운데에 뭉쳐 있는바, 이는 위가 내려오고 아래가 올라가기 때문에 중간에서 만난다. ═의 아래쪽은 한 칸이 비어 있는데, ─ 이 올라갔기 때문에 그 자리가 남아 있다. 마찬가지로 위쪽도 한 칸 비어 있는데, ─ ─ 이 내려왔기 때문에 그 자리가 남아 있는 것이다.

 ═ 의 경우 위아래로 달아나서 가운데가 비어 있다. 가운데에서 위칸은 ─ 이 있다가 사라진 곳이요, 아래 칸은 ─ ─ 이 있다가 사라

진 곳이다. 이상의 작용은 자연계의 가장 근본적인 현상이다. 이는 바로 시간의 원인 또는 시간 현상의 내용들인데, 이것을 팔괘로 확대해 보자. 우선 ☰과 ☷에 대해 그려보자.

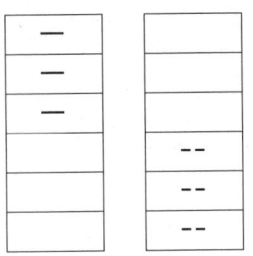

위 그림에서 양은 위에 올라가 있고, 음이 아래에 내려가 있는 이유는 이미 설명한 있다. 여기서 유의할 것은 ☰이 올라간 자리에는 세 칸이 남아 있고, ☷이 내려간 자리에도 세 칸이 남아 있다는 것이다.

이는 ☰과 ☷이 3획이기 때문이다. 앞에서 ⚌ 과 ⚏ 은 2획이었기 때문에 두 칸이 남아 있었던 것이다. 이러한 사실을 염두에 두고 다른 괘상의 모습을 그려보자.

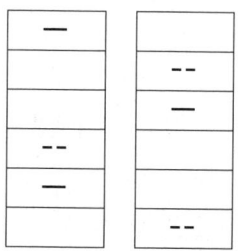

이 그림은 ☰와 ☷인데, 빈 칸이 생긴 이유를 생각해 보라. 모든 것은 ⚊ 과 ⚋ 의 구조로 되어 있다. 그리고 두 그림은 빈 곳과 차 있는 곳이 서로 딱 맞아떨어지는 것을 음미하기 바란다. 이것의 중요성은 후에 다시 논의할 것이다. 다음을 보자.

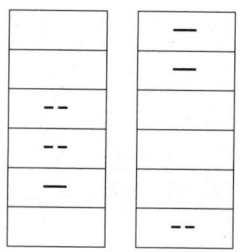

이 그림은 ☳과 ☴인데, 빈 칸의 논리는 ⚋ ⚋ 과 ⚊ ⚊ 이 모두 사용되었다. 여전히 서로 맞아떨어지는데, 이는 서로 정반대인 괘상이 서로 합쳐서 하나의 세계를 모두 채웠다는 데 그 뜻이 있다.

그로써 만들어지는 상하의 괘상이 있는데, ☳ ☴의 경우 꽉 채워진 칸의 위쪽은 ☴이고 아래쪽은 ☳이다. 이들의 의미는 후에 논의할 것이다.

제4권 신의 지혜 333

　지금은 괘상들을 비우고 채우는 원리만을 터득하면 된다. 이는 에너지가 뭉치고 늘어지는 자연 현상을 나타내 주고 있기 때문에 주역의 괘상이 포함하고 있는 작용을 극명하게 보여 주고 있는 것이다. 다음을 보자.

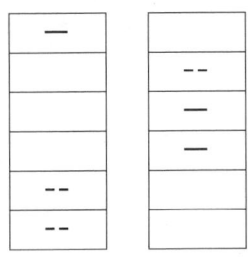

　이번 그림도 똑같은 원리를 적용했다. 결과도 역시 마찬가지이다. 두 개가 올라가면 두 개가 비고 하나가 내려오면 하나가 빈다. 내려온 것과 올라간 곳은 평등한 원리에 의해 비워지고 채워지는 것이다.
　이제 팔괘 모두에 대해 사물 공간을 그려 보았다. 이것은 괘상의 구체적인 모습을 보여 준다. 그 모습은 한마디로 차고 빈 것뿐이지만, 사물의 작용은 바로 그러한 곳들의 작용인 것이다.
　사물의 공간은 대성괘로 확장할 수 있는데, 일일이 나열할 필요는 없고 중요한 작용만을 간추려 보기로 하자. 다음의 괘상을 보자.

이 괘상은 그 유명한 군주괘들이다. 이것의 의미는 이미 많이 살펴보았다. 하지만 군주괘의 뜻을 다 안다고 하기에는 아직 때가 이르다. 괘상이란 그토록 쉽게 깨달아지는 것이 아니다. 비록 몇 가지 관점을 이해했다고 해도 관점만 조금 바꾸면 또 다른 의미가 발생하는 것이다.

괘상의 완전한 뜻을 알려면 수많은 관점 변화가 있어야 한다. 필자는 하나의 괘상에 대해 약 3,000번의 관점 변화를 시도한 바 있다. 이 정도의 단련을 통해서만 괘상에 대해 조금 안다고 말할 수 있는 것이다. 이제 군주괘에 대한 사물의 공간을 나타내 보자.

							―
						--	―
					--	―	―
				--	--	―	―
			--	--	--	―	―
		--	--	--	--	―	―
	--	--	--	--	--	―	
--	--	--	--	--	―		
--	--	--	--	―			
--	--	--	―				
--	--	―					
--	―						

이들 그림은 단순한 규칙성을 보여 준다. 모든 효가 한 덩어리로 뭉쳐 위로 떠오르는 모습이다. 마치 로켓이 하늘로 떠오르는 모습

제4권 신의 지혜 335

과 같다. 이 중에서 ☷의 바닥에 붙어 있는 것을 움직이는 것으로 볼 필요는 없다. ☰도 마찬가지로 위에 붙어 있는 것이니 하나의 극점으로 보는 것이 좋다. 나머지 괘상들은 위아래로 빈 칸이 있으므로 살아 있는 존재들이다.

  이 개념은 매우 중요하다. 위아래에 빈 공간이 없는 존재는 그 부분이 죽어 있다는 뜻이다. 이에 대한 것은 다시 논하겠지만 지금은 군주괘의 변화를 보자. ☰ 다음으로 나타나는 괘상의 사물 공간을 그리자.

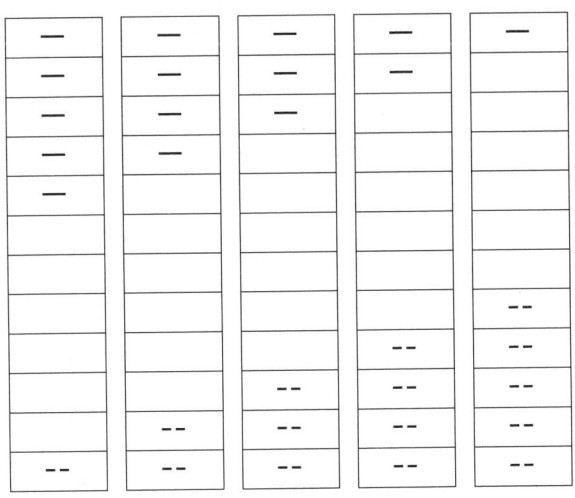

  이들 그림은 하나씩 떨어지는 모습이다. 기대했던 것은 전체가 단계적으로 하강하는 모습이었는데, 실상은 다르게 나타났다. 한마디로 비대칭인 것이다. 현재 나타난 5개의 괘상은 모두 상하에 빈 칸이 없다. 이는 위아래로 활력이 존재하지 않는다는 것이다.

가운데 빈 칸들은 상하 괘가 서로 힘을 합치지 않고 멀어져 있는 모습이다. 군주괘란 실상을 알고 나면 그리 조직적인 모습이 아니라는 것을 알 수 있다. 군주괘는 그저 단순할 뿐이다. 효들이 한 덩어리이거나 두 덩어리이다. 이 중에서 우리가 특히 주목해야 할 것은 ☷에서 ☰까지의 괘상인데, 이들은 위아래에 빈 칸이 있고, 또한 효들이 한 덩어리로 뭉쳐 있다는 것이다. 다른 괘열을 보자. 처음부터 사물의 공간을 그리자.

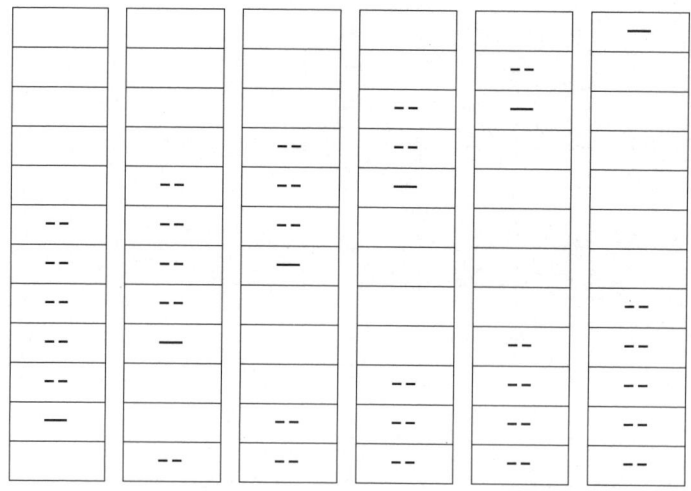

이 괘열은 시간 대륙 (1, 5)의 세계를 사물 공간으로 나타낸 것이다. 위의 그림은 음이 하나씩 떨어져 나가는 모습이다. 마지막에 가서는 음이 다 떨어져서 변화의 여지가 더 이상 없다. 시간의 에너지가 모두 상실된 것이다.

  괘상은 ☷ 으로부터 진행되는데, 이 괘상은 위아래로 빈 칸이 있어서 변화의 여지가 남아 있다. ☷ 은 음이 하나 떨어져 나갔지만 아직도 변화의 여지가 많다. 위아래로 빈 칸이 남아 있으면 괘상은 활력이 존재하는 것이다. 즉, 괘상에서 위아래가 떨어져 중간에 어떤 덩어리가 있으면 이는 활력 덩어리, 즉 시간 에너지가 존재한다는 뜻이다. 위 그림에서,

등은 시간 에너지가 존재한다. 그러나 ☷ 은 중간에 떠 있는 덩어리가 없으므로 시간 에너지도 없다. 독자들은 각 괘상 속에 포함되어 있는 효들의 위치를 음미해야 한다.

  예를 들어 ☷ 의 초효는 아래에 뚝 떨어져 있다. 이것이 그대로 효의 뜻이 된다. 또한 ☷ 에서 제6효는 높게 홀로 존재하는바, 이것이 바로 그 효의 뜻이 된다. 언어로 한없이 길게 얘기한들 사실을 얼마나 표현할 수 있겠는가! 사물의 공간 그림을 보면 괘상의 뜻을 잘 알 수 있다. 다른 괘열을 보자.

338 주역 원론

위의 그림은 C군을 그린 것이다. 여기서 가장 관심을 끄는 괘상은 ☷이다. 완전한 화합이라는 구조를 갖고 있는 유명한 괘상으로,

이것의 사물 공간이 궁금하다. 예상했던 대로 아름다운 모습을 드러내고 있다. 괘상은 3덩어리로 이루어졌는바, 3개 모두 중간에 떠 있다.

 이는 시간 에너지 덩어리이거니와 이들이 한 곳에 모여 있지 않고 골고루 퍼져 있어서 사물 전체가 충분히 활동하고 있다. 시간 에너지가 가장 많이 함유되어 있는 괘상은 ☷이지만, 이것은 한 곳에 몰려 있어 사물 전체가 살아서 활동하는 모습이 아니다.

 C군은 중간에 떠 있는 덩어리가 2개 내지 3개로서, 활력이 가장 큰 괘열이다. 우리는 사물 공간의 그림을 보면 괘상의 해석을 고도화할 수 있다. 예를 들어 ☱을 보면 초음은 유독 아래로 처져 있다. 다른 효들은 음양이 서로 어울려 힘차게 활동하고 있다. 우물에 비유하면 바닥에 물이 고여 있지 않은 모습이다.

 ☵ 에서 초음은 물이 아래에 처음 도착하여 안정된 모습이다. ☲ 을 보면 바다에서 태양이 떠오르는 모습이지만, 그 중에서도 상양은 거리낌없이 홀로 높게 떠 있다. 사물 공간도는 우선 이렇게 괘상을 분해하여 효의 상황을 해석하는 데 사용할 수 있다.

 여기서 E군과 C군의 특징을 살펴보자. 독자들은 앞에서 나온 도표를 되돌아보면서 생각하면 될 것이다. 먼저 E군을 보면 ☰ 과 ☷ 은 각각 위아래에 붙어 있는 덩어리이다. 그리고 ☳, ☶, ☵, ☲, ☱ 등은 중앙에 뭉쳐 있는 한 덩어리이다.

 즉 7개의 괘상은 모두 한 덩어리로 되어 있다. E군의 12개 괘상 중 7개가 한 덩어리로 되어 있는데, 나머지 괘상들, 즉 ☱, ☴, ☶, ☳, ☵ 등 5개는 위아래로 나누어져 있다. 하지만 위아래가 공간적으로 연결되어 있다고 보면 이들도 결국 한 덩어리인 셈이다.

다음을 보자. C는 영문자인데, 우측에서 보면 2개 덩어리이고 좌측에서 보면 1개 덩어리이다. 즉,

$$1개 \longrightarrow C \longleftarrow 2개$$

이 상황을 좌우가 아닌 위에서 보면 오로지 1개 덩어리임을 확인할 수 있다. E군도 상하를 연결시킨 상황에서 보면 한 덩어리이다. C군의 경우도 이런 식으로 보면 3개 덩어리가 된다. 덩어리 개념으로 보면 E군보다 C군은 다양한 구조를 갖고 있음을 다시 한 번 느낄 수 있다.

다른 괘열들은 어떤 구조를 가지고 있을까? 다만 중요한 것은 각 순환군들이 몇 덩어리 구조인가가 아니다. 그들 순환군이 일정한 덩어리인가가 중요한 것이다. E군은 상하 공간을 나선형으로 올라가는 층계로 볼 때 위에서 보면 한 덩어리로 보인다. 마찬가지로 C군은 세 덩어리인 것이다.

다른 군도 일정한 덩어리 체계를 갖는가를 반드시 확인할 필요가 있다. 이는 모든 괘상을 각 군으로 분류한바, 이들이 의미 있는 모습이 나타나는가를 살피는 것이다. 우리는 다양한 체계 속에서 각 군들이 단체적 성향을 띠고 있다는 것을 누차 확인했었다. 이번에는 사물 공간 내에서도 역시 그런지를 알아보자는 것이다. F군을 살펴보자.

―				―			
			--				
		--	―				--
		--				--	--
--	―					--	―
--					--	--	
―					--	―	
			--		--		
			--		―		
		--	--		―		--
--	--	―					―
--	--					--	

 이상은 F군을 절반만 그린 것인데, 이들만 조사하면 나머지도 알수 있다. 동일 군에 속해 있는 괘상들은 6개로 나누면 서로 점대칭관계에 있기 때문에 위상 구조가 같다. 또한 F군 6개를 조사하면모두 2개 덩어리 체제라는 것을 알 수 있다. 따라서 나머지 6개도 2개 덩어리 체제인 것이다.
 이제 L군을 살펴보자. 그런데 L군이란 F군을 거꾸로 본 것과 같은 모습이므로 살펴볼 필요도 없다. F군이 2덩어리 체제라면 L군도그럴 것이 틀림없기 때문이다.
 이제 남은 것은 D군과 H군이다. 독자들은 이들 2개 군을 어떻게생각하는가? 무엇인가 견해를 정하고 그것이 맞았을 때와 틀렸을때 각각의 이유를 또 생각해야 한다.
 독자들은 D군과 H도 일정한 체제이기를 바라는가? 아마도 그럴 것이다. 그래야만 자연계의 체계가 아름답고 규칙적이기 때문이다. 주역의 순환군 체계는 매우 중요하기 때문에 완벽하기를 기대해야 한다.

이것을 조사하기 전에 F군의 사물 공간을 하나 살펴보자. ☷을 보라. ☳이 솟구치고 있다. 또한 ☷을 보면 상양 하나는 높게 자리 잡고 있다. 이는 아래 음을 이끌고 올라가는 지도자의 모습이다. ☶을 보자. 언뜻 생각하기에는 산의 중첩으로 작용이 고요할 것 같다. 하지만 사물 공간도를 보면 중앙에 ☵이 떠올라 있다. 이는 작용이 활발하다는 뜻이다.

사물 공간도는 괘상의 해부도와 같은 것으로, 괘상을 해석할 때 제일 먼저 고려해야 한다. 독자들은 모든 괘상의 해부도를 그려둘 필요가 있다. 이왕이면 서로 다른 색깔을 사용하면 더욱 보기 좋게 될 것이다. 그리고 나선형 구조, 즉 상하를 연결하여 원을 만들고 괘상을 그려넣어 음미할 필요도 있다.

D군을 조사해 보자.

이번에도 6개만 그렸는데, 보는 바와 같이 D군은 2개 덩어리 체제이다. 괘상을 선택해서 음미하자.

☶ 은 음이 상하에 배치되어 있는데, 그 입장은 매우 다르다. 초효는 편안히 제자리에 앉아 있는데, 상효는 양 4개를 감당해야만 하기 때문에 당연히 위태롭다고 할 수 있다.

☶ 의 초양은 다 떠나간 동료를 바라보는 외로운 모습이다.

☶ 에서 상양은 높게 전진하고 있다. 선도하는 모습인 것이다.

☷☶ 에서 상음은 홀로 밖에 나가 있다. 명절 때 고향에 돌아가지 못하는 모습이다.

이제 H군만 남았다.

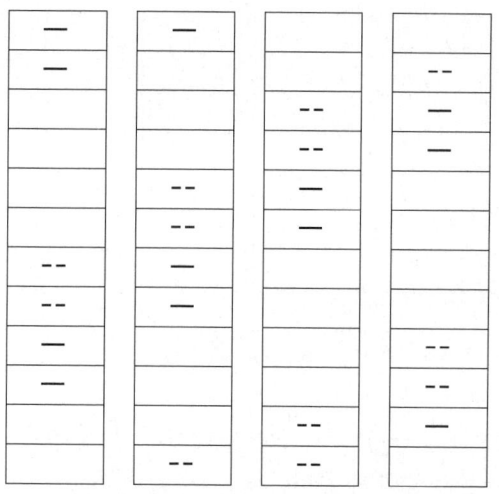

H군도 2개의 덩어리 체제임이 나타났다. 결국 각 군은 일정한 체제를 갖추고 있는 것이다. 서로 다른 원리에 의해 동일한 구조가 출현하면 두 원리는 서로 연결되었다는 뜻이고, 서로의 존재를 보증해 주는 것이다. 이럴 때 우리는 세 가지 소득이 있다. 원리 두 개가 옳다는 것과 그로써 구성된 체계가 의미 있다는 것이다.

자연의 모든 사물은 이런 식으로 체계화된다. 수학에서 가장 중요한 개념인 관계 정의라는 것이 이것이다. 하나의 사물은 다른 사물과 관계가 정의되면 간접적인 해석이 이루어진 것이 된다.
 주역의 괘상은 하나를 떼어 놓고는 좀처럼 이해하기 어렵다. 그래서 끊임없는 비교를 시도하는 것이다. 이를 일컬어 총체적 이해라고 하는데, 사물이란 원래 하나를 확실히 알면 전체를 알고, 전체를 알면 부분을 알게 되어 있다.
 이 장에서는 사물 공간을 제시하고 시간의 에너지를 설명했다. 다시 요약하면 시간 에너지란 ☲ 을 뜻하는데, 좀더 상세한 내용은 다음 장에서 설명할 것이다.
 지금 우리는 주역의 깊은 영역에 들어와 있다. 여기까지 잘 이해한 독자라면 이미 주역에 대해 전문가로서 접근하고 있는 것이다. 대가(大家)가 되기 위해서는 아직 가야 할 길이 남아 있다. 서두를 필요는 없다. 번거롭더라도 뒤를 돌아보며 기초를 튼튼히 다져 놓아야 한다. 높은 건물을 짓기 위해서는 기초 공사를 얼마나 단단하게 해야 되는가! 큰 그릇을 이루기 위해서는 작은 그릇을 깨어 버려야 한다. 주역에 관한 자그마한 견해는 잊어버리거나 저장해 두라. 모든 것을 알고 나면 다시 평가할 수 있을 것이다.

玉虛眞經 (16)

道生一 一生二 二生三 三生萬物

도는 하나를 낳고, 하나는 둘을 낳고, 둘은 셋을 낳고, 셋은 만물을 낳는다.

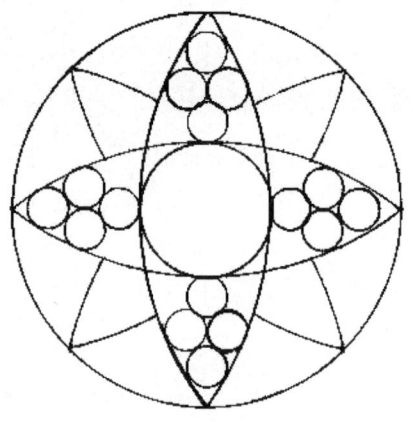

신의 물방울

 카타스트로피 이론은 수학을 전공하지 않은 사람에게는 다소 생소할 것이다. 이것은 급변론(急變論)이라고도 불리는데, 심상치 않은 이론이다. 심상치 않다는 것은 이 이론이 자연 현상들 중에서 불연속 변화를 이해하는 모델을 제공해 주기 때문이다.
 세상의 사물을 보면 급작스러운 일들이 많다. 화산이 폭발한다거나, 폭동이 일어난다거나, 연애가 깨진다거나, 갑자기 벼락 부자가 된다거나, 교량이 붕괴하는 등 실로 다양한 돌발 사건이 있다.
 카타스트로피 이론은 이 급작스런 현상들을 기하학적인 기본 모델을 사용해서 근사적으로 해석하고 있다. 이는 주역과 많이 닮았다. 주역은 8개의 모델, 즉 팔괘로써 사물의 변화를 추적하고, 카타스트로피 이론에서는 7개의 모델을 내놓고 있다.
 카타스트로피 이론은 르네 톰이라는 수학자가 제창한 이론으로서,

자연 현상의 결과를 형태 이론으로 해석하려는 의도가 들어 있다. 이는 근본적으로 주역의 괘상 이론과 다를 바 없다.

다만 카타스트로피는 적용력에서 문제가 있고, 또한 사물을 분류하기보다는 사물의 작용 중 돌변하는 구조만을 중시하고 있다. 위에서 제법 심상치 않은 이론이라고 표현했는데, 목적에 비해 이론 자체가 비효율적이고 완전하지도 않다. 게다가 다양한 자연 현상을 충분히 이해하지 못한다는 것이다. 그래서 '제법'이라는 표현을 썼다.

카타스트로피 이론은 미래를 알고자 하는 인간 노력의 일환이다. 오늘날은 많은 이론이 등장하여 시간의 비밀을 파헤치려 애쓰고 있다. 카타스트로피 이론은 그 중에서도 특별한 면이 있는데, 주역에서도 급변하는 상황을 다루는 이론이 있기 때문에 잠시 거론한 것이다.

주역에서는 80개의 급변점이 설정되어 있어서 그것을 중심으로 변화가 이루어진다. 사물이란 모자이크처럼 다양한 부분이 모여서 이루어진 것이고, 변화란 어느 것이든 부분에서 갑작스럽게 이루어진 것이다.

사물은 크게 보면 점진적으로 변화하는 것처럼 보인다. 그러나 변화 부분을 확대해 보면 돌발적인 구조가 확인된다. 주역에서는 그러한 변화 부분을 미리 살펴볼 수 있는데, 그로써 미래를 자연스럽게 예측할 수 있다.

급변 이론을 설명하기에 앞서 한 가지 개인적인 얘기를 하고자 한다. 필자는 5년 전쯤 주역 강좌를 개설한 적이 있었다. 당시 수강

생으로는 신문 기자가 몇 명 있었는데, 그들은 모두 수재여서 주역 이론을 상당 수준 습득하고 있었다.

어느 날 이들 중 한 사람에게 주역의 64괘상 중 급변점이 몇 개 나 있는지 질문을 했다.

이는 상당히 중요한 질문으로 주역의 괘상을 이해하는 데 절대적 인 것이다. 그러나 그 학생의 대답은 아주 퉁명스러웠다.

"글쎄요, 수십 개쯤 되겠지요. 그게 뭐 중요하겠어요?"

필자는 그 학생의 대답이 너무나 무례한 데 놀랐다. 80개라고 이 미 설명해 주었지만 그 학생은 귀담아 듣지 않았던 것이다.

필자는 주역 강좌를 그 날로 중단했다. 저토록 무례한 사람이 주 역의 심오한 이론을 깨우칠 수도 없겠지만, 만약 심오한 이론을 깨 닫기라도 한다면 분명히 사악한 곳에 쓸 것이다. 그래서 필자는 가 르칠 마음이 싹 사라져 버렸던 것이다.

지금쯤 그 기자는 어떻게 되었을까? 만약 아직까지 주역을 공부 하고 있다면 필자의 책을 읽을지도 모르겠다. 그렇다면 급변점 80 개를 잘 이해하기 바란다. 필자에게 무례했던 것은 이미 용서되었 다는 것도 이 자리를 빌려 밝히는 바이다. 주역 공부를 다시 시작 하자.

다음 괘를 보자.

☷ ☷ ☷ ☷

이들은 군주괘이다. 이 괘는 똑같은 위상, 즉 ☷ 의 구조를 갖고 있다. 모두 시간 대륙에서 출발점에 위치하는 활력이 넘치는 괘상들이다. 활력 부분을 보면 각각 다음과 같다.

☷ (1, 2)
☷ (2, 3)
☷ (3, 4)
☷ (4, 5)
☷ (5, 6)

( ) 속에 표시한 숫자는 효 공간을 나타내는 것이다. 효 공간은 5개인바, 표시한 곳의 구조는 모두 ⚏ 으로 되어 있다. 이것이 바로 급변점인데, 괘상의 급작스런 변화는 이 곳에서 이루어진다. 왜냐하면 ⚏ 의 구조로 되어 있는 곳은 음과 양의 압력이 작용하고 있기 때문이다. 양은 위로 올라가려는 것이고, 음은 내려오려는 것이다. 이는 장차 다음과 같은 변화를 갖게 된다.

⚏ → ⚏

다음을 보자.

䷁ → ䷁

이 변화는 ⚏ 지점에서 변화가 발생했기 때문에 결과적으로 괘상

제4권 신의 지혜 351

이 변화된 것이다. 위의 괘상은 한 차례 변했는데도 여전히 급변점을 갖고 있다. 그래서 또 변할 수도 있다. 즉,

☷ ☷ ☷ ☷

이 과정에서 ☷에 이르면 작용은 정지된다. 왜냐 하면 더 이상 급변점이 없기 때문이다. 이 장의 제목을 신의 물방울이라 했는데, 이는 활력점을 뜻하는 것이다. ☷은 신의 물방울이 다 터져 버린 모습이다. 모든 과정을 그려 보자.

				--
			--	—
		--	--	—
	--	--	—	
--	--	—		
--	--			
--				
--				--
—			--	--
	--	--	--	--

이상의 과정은 물방울이 점점 작아져 위로 떠오르는 모습이다. 신의 물방울이라고 비유된 이러한 활력 덩어리는 물방울이 클수록 총

에너지가 크다. 사실 기(機)방울이라고 해야 마땅하지만 좀더 품위 있게 이름을 붙여 보자.

필자는 활력 덩어리를 기정(機晶)이라고 부르겠다. 활력 덩어리가 단위량으로 되어 있다는 것과 급변점이라는 것을 잘 암시하고 있기 때문이다. 기정은 가장 큰 것이 6층이고 가장 작은 것이 2층이다. 6층 것만을 그려보자.

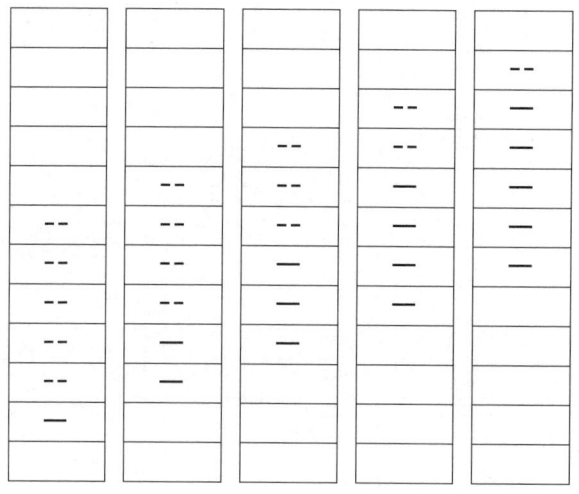

여기에 그려진 기정들은 모두 6층 구조로 되어 있으며, 군주괘에 포함되어 있는 괘들이다. 즉, 주역 64괘 중 가장 활력이 큰 에너지 덩어리들이다. 6효 모두가 모여들어 한 기정을 이루고 있다. 이들은 모두 급변점을 가지고 있으므로 상태가 불안정하다. 곧 변화가 일어날 것이다. 현재 이들은 급변점이 오직 하나씩 있으므로 변화는 유일하게 진행될 것이다.

　기정들은 두께도 중요하지만 그것이 머물고 있는 위치가 더 중요하다. ☷ 은 6층 기정이며, 또한 중앙에 있다. 따라서 64괘 중 가장 활력이 강하다.

　기정은 모두 80개인데, 이 숫자는 쉽게 이해할 수 있다. 주역의 괘상은 64개인바, 하나의 괘상에 효 사이 공간은 모두 64×5 → 320이다. 그런데 효 사이 조합은 4가지, 즉 ⚋ ⚌ ⚍ ⚏ 이다. 이들은 평등하기 때문에 320× $\frac{1}{4}$ → 80이 된다. ⚌ ⚍ ⚏ 등도 마찬가지로 80개씩이지만, 이들은 그 자체로서 활력이 없으므로 크게 관심의 대상이 되지 못한다. 여기서도 ⚋, 즉 기정의 유무에 대해서만 논의할 것이다.

　우리는 방금 6층인 기정에 대해 살펴보았는데, 5층 기정에 대해서도 살펴보자. 모두 몇 개가 있을까? 우선 하나를 따져 보자.

　䷓ 은 어떤 구조인가? 양 아래에 있는 음은 활력을 상실한 것이므로 제외시킨다. 그러면 유효한 구조는 다섯 층, ☷ 뿐이다. 이것은 준괘상인데, 5층의 구조를 갖고 있다. 이것을 그려보자.

354 주역 원론

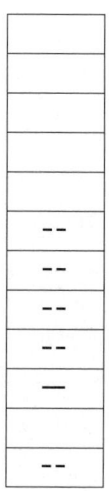

그림에서 알 수 있듯이 기정은 5층 구조인데, 아래쪽으로 처져 있다. 이제 일일이 그림을 그리지 않겠다. 얼마든지 마음 속으로 그릴 수 있기 때문이다. 위쪽에 있는 음효의 숫자와 아래쪽의 양의 숫자만 세면 된다.

☷ 은 어떤가? 상양을 제외시키면 5층 구조의 기정이 만들어진다. 즉, ☷ 은 아래쪽이 4칸 올라와 있고, 위에서 1칸 내려와 있으므로 중앙 위쪽에 자리잡고 있는 기정이다.

이와 같은 방식으로 5층 구조의 기정을 찾아볼 수 있다. 즉,

☷ ☶ ☵ ☳ ☴

제4권 신의 지혜 355

이들은 모두 5층 구조의 기정들이다. 이런 식으로 4층 이하 모든 기정들을 찾을 수 있지만, 이제부터는 체계적으로 살펴보자. 우리는 주역 64괘가 12개의 위상구조를 갖는다는 것을 이미 공부한 바 있다. 먼저 이들을 정렬시켜 보자.

— -- ⚌ ⚍ ⚎ ⚏ ☰ ☱ ☲ ☳ ☴ ☵ ☶ ☷

이들 12개는 괘상의 모든 위상들이다. 이들 중 — 과 -- 은 ☰ 과 ☷ 이거니와, 이들은 기정을 갖고 있지 않다. ⚌ 도 기정을 갖고 있지 않은데, 이것은 다음과 같은 괘상들이다.

☰ ☱ ☲ ☳

이들은 활력을 완전히 상실한 괘상이다. 이외에 9개 위상을 갖는 괘상들은 모두 조금이나마 활력을 갖고 있다. 이제부터 위상 구조별로 기정을 찾아 나아가자. — -- ⚌ 등은 제외되었으므로 ⚍ 으로부터 시작된다. ⚍ 은 다음과 같은 괘상들이다.

☷ ☳ ☵ ☶

이들은 이미 조사한 바 있는 6층 구조의 기정들이다. ⚎ 을 살펴보자. 여기 속하는 괘상들은 모두 10개이다. 즉,

356 주역 원론

☷ ☶ ☵ ☴ ☳ ☲ ☱ ☰ (괘상들)

이들은 모두 기정을 갖고 있는데, 첫 괘상부터 세어 보면 다음과 같은 층을 갖고 있다.

2 3 3 4 4 4 5 5 5 5

이들 숫자는 기정의 층수인데, 각 괘상들은 기정을 오직 1개씩만 갖고 있다.

☷을 살펴보자. 이들은 10개의 괘상이다. 즉,

(괘상들)

이들은 각각 기정 하나씩을 갖고 있는데, 기정들의 층수는 다음과 같다.

5 5 4 5 4 3 5 4 3 2

숫자들이 가지런하지 않으므로 괘상을 다시 써보자.

(괘상들)

제4권 신의 지혜   357

이들은 가지런한 층수를 갖고 있다. 즉,

2, 3 3, 4 4 4, 5 5 5 5

이제 ☷ 을 살펴보자. 먼저 이들 위상을 갖는 괘상을 정렬시키면 다음과 같다.

☷ ☷ ☷ ☷ ☷ ☷ ☷ ☷ ☷

이들은 한 괘당 기정이 두 개씩 들어 있다. 특수한 모양이므로 그림으로 그려보자.

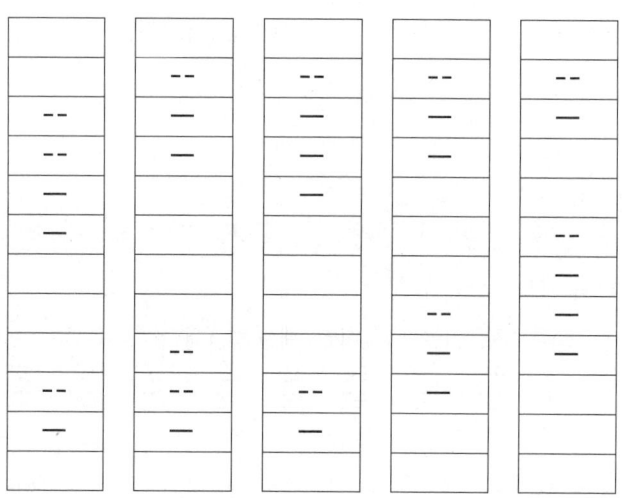

　이상의 괘들은 모두 2개씩의 기정을 갖고 있는데, 남아도는 효가 하나도 없이 6효 전부가 기정을 이루는 데 참여하고 있다. 이들 10개의 괘상과 ䷿을 포함하여 11개 괘상은 주역 64괘 중에서 가장 활력이 넘치는 괘상들이다. 괘상을 공부하는 데 있어 이들 11개의 괘상은 가장 주의 깊게 살펴봐야 한다.

　예를 들어 ䷿은 상음이 3개의 양을 감당해야 하기 때문에 매우 위태롭다. 반면 제2효는 양을 하나만 감당하고 있기 때문에 충분히 견딜 수 있다. 또한 괘상 ䷿에서 제4효는 아래로 3개의 양을 감추고 있다. 이러한 상황을 고려해서 효를 이해해야 한다.

　☵을 살펴보자. 이들에 속하는 괘상은 모두 10개로서, 다음과 같다.

☷ ☶ ☳ ☵ ☲ ☱ ☴ ☰

이들은 모두 위아래로 남는 효가 있고, 중앙에 하나씩의 기정을 가지고 있다. 이 괘상들은 활동력이 작은 편이다. 물론 활동력이 가장 작은 괘들은 ☷ ☶ ☳ ☵ 이다.

☷ 을 살펴보자. 이들에 속하는 괘상은 5개로서, 다음과 같다.

☷ ☶ ☳ ☵ ☲

이들은 모두 2개씩의 기정을 갖고 있으나 위쪽의 효가 기정을 만드는 데 참여하지 않는다. 그것은 위상의 모양을 보면 당연하다는 것을 알 수 있을 것이다. ☳ 은 위쪽의 양이 그 위에 음이 없으므로 달아나 버린다.

☶ 에 대해 살펴보자. 이 위상에 속한 괘들은 괘상을 보지 않더라도 위상 모양만 가지고도 모두 기정을 갖고 있다는 것을 알 수 있다. 이 괘상들을 살펴보자.

☶ ☷ ☳ ☵ ☲

이들은 모두 아래쪽에 음효가 있어 기정을 만드는 데 참여하지 못하고 있다. 그러나 위쪽으로는 기정이 두 개씩 형성되고 있다.

이제 남은 위상은 ☰ 과 ☷ 뿐인데, 이들은 위상 구조 자체가 괘상을 이루고 있다. 가장 복잡한 괘상들이라는 뜻이다. 이들의 기정은 ☷ 이 3개로서 64괘 중 유일하게 가장 많은 기정을 갖는 괘상이다. ☰ 은 2개의 기정을 갖고 있을 뿐 아래위로 낭비되는 효가 하나씩 있다. 이제 모든 기정을 정리해 보자.

2층 → 28개
3층 → 24개
4층 → 15개
5층 → 8개
6층 → 5개

기정의 층수는 이미 밝혔듯이 80개이다. 기정이 들어 있는 괘상을 보자.

0개 → 7괘상
1개 → 35괘상
2개 → 21괘상
3개 → 1괘상

숫자 배열이 재미있다. 특히 기정이 3개 들어 있는 괘상은 하나뿐인데, 그 괘상은 바로 ☷ 이다. 이제 각 순환군들 속에 들어 있는 기정을 보자.

E군 → 5개
C군 → 25개
F군 → 15개
L군 → 15개
D군 → 15개
H군 → 5개

여기서 관심을 끄는 것은 C군이 기정을 가장 많이 함유하고 있다는 것과 H군은 괘상이 4개뿐인데도 기정이 5개라는 것이 흥미 있다. 하지만 이상의 숫자들에서는 대칭성이나 규칙이 보이지 않는다.

이번에는 시간 대륙을 살펴보자. 여기서는 모종의 대칭성이 나타나지 않을까? 계층별로 보자. 대륙을 표시하는 방법을 잊지나 않았는지?

(6, 0) → 0
(5, 1) → 5
(4, 2) → 20
(3, 3) → 30
(2, 4) → 20
(1, 5) → 5
(0, 6) → 0

대칭성이 확연하고 중앙으로 갈수록 기정이 많아지는 모습을 보이고 있다.

　이상으로 기정의 분포를 검토해 보았다. 괘상을 이해하기 위해서는 기정의 위치나 크기 또는 개수 등을 면밀히 감안해야만 한다. 왜냐 하면 괘상의 변화란 바로 그런 것에서 발생하기 때문이다. 기정은 양기가 쌓여 있거나 음기가 축적되어 있는 곳이다. 이런 곳이 아니면 작용은 단순할 수밖에 없다.

　괘상을 총체적으로 이해하는 것은 매우 중요하다. 나무를 보기 전에 숲을 봐야 하고, 숲을 보기 전에 산을 봐야 한다. 여기서 나무는 각 효에 해당된다. 숲은 중상(中象), 즉 상하 괘의 상황을 따로 보는 방법이다. 산은 대상(大象)이다.

　이것이 바로 위상 구조이다. 고전 주역 이론에서는 중상과 대상을 혼용하고 있다. 수천 년 전에는 위상 수학의 개념이 발견되지 않았기 때문에 괘상을 안으로만 파고들었던 것이다.

　그러나 사물은 안으로 들어갈 때는 그 의미를 점점 모르게 될 때가 있다. 예를 들어 제주도를 정의하기 위해서는 고공에서 바라보아야 한다. 그렇지 않고 제주도 안으로 들어가다 보면 거제도와 다를 바 없다. 제주 시내를 돌아보면 영등포 거리와 다를 바 없다.

　괘상은 깊게 안으로 들어가 살펴보면 음이나 양이다. 거리를 두고 보면 팔괘가 되고, 더 멀리 보면 64괘가 된다. 그러나 더욱 거리를 두면 64괘는 12개 위상으로 나뉘게 된다. 12개 위상이란 기정을 포함한 역동적인 준괘상 구조이다.

　예를 들어 ☷은 위상 구조가 ☷ 인데, ☷ 도 ⚋ 의 위상이다. 이 괘상은 둘 다 기정을 품고 있는 아주 활동적인 구조인 것이다.

이제 여기서 위상 구조들의 거시적 변화를 보자. ☰ 과 ☷ 은 단순히 ― 과 -- 이기 때문에 생략하겠다. 그러나 ― 과 -- 은 활성이 완전히 죽은 것이 아니다. 이들은 준활성 상태인데, 사물이란 홀로 있을 때는 활성이나 비활성 등을 가릴 수 없다. 시간도 상대적 현상이므로 두 개 이상의 사물이 설정되어야만 의미가 있다.

위상 변화는 다음과 같은 단계로 이루어진다.

== → ==

이 변화는 우주에서 가장 중요한 과정으로, 시간의 흐름이란 바로 이것을 말한다. 현대 과학에서 말하는 엔트로피도 바로 이것인데, 시간이란 엔트로피가 증대하는 방향으로 흐르고 있다. 생물의 몸 속에서 일어나는 생리 현상은 역엔트로피 작용이다. 그러나 생물체라 하더라도 거시적으로 보면 엔트로피는 증가한다.

이러한 현상은 우주에서 일어나는 보편적인 법칙으로서 어느 누가 만든 것이 아니다. 이는 원주율(π : 파이)이 3.141592…… 등 계속되는 숫자이고, 주사위를 무한히 반복해서 던졌을 때 각 숫자가 평등하게 나타나는 것과 같다. 엔트로피 증대 현상이란 실제로 우주가 평등해지려는 작용을 뜻한다.

물론 그것이 좋다는 것은 아니다. 자연이든 사회든 불평등이란 축적된 에너지이다. 만일 모든 사람의 직위가 같다면 누가 일을 분담할 것인가? 모두가 부자라면 누가 일을 하겠는가? 여자의 몸이

허리와 엉덩이가 평등하다면 누가 좋아하겠는가?

위상 변화를 그림으로 보자.

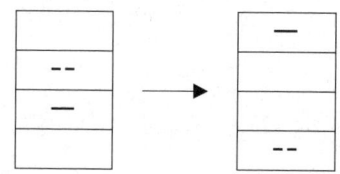

이 과정의 원인은 재론할 필요조차 없거니와 양과 음 사이의 간격이 넓어졌다. 주역의 괘상은 넓어지는 쪽으로 흘러간다. 가지런히 쌓아놓은 물건도 시간이 지나면 흩어지게 마련이다. 흩어지고 넓어지는 것이 바로 엔트로피 증대 법칙이다. 엔트로피는 풀림의 과정이다. 일부 과학자들은 엔트로피 현상을 자동 섞임으로 해석하는데, 그것은 오류이다. 다음 변화를 보자.

☷ → ☷ → ☳
☷ → ☷ → ☳

이 과정은 부분적으로 보면 어느 것이나 ☷ → ☳ 의 현상이다.

☷ → ☳ 이 과정은 결국 음은 아래로 다 내려간다는 뜻이다. 시간이 더욱 흘러 끝으로 간다면 ☳ → 0의 과정이 이루어질 것이다.

하지만 우리가 그것을 신경 쓸 필요는 없다. 다시 위상 변화를 살펴보자.

☷ → ☷ → ☷ → ☷ → ☷
또는,
☷ → ☷ → ☷ → ☷ → ☷

다음 변화를 보자.

☷ → ☷ → ☷ → ☷ → ☷
또는 ,
☷ → ☷ → ☷ → ☷ → ☷
☷ → ☷ → ☷ → ☷ → ☷

또는,
☷ → ☷ → ☷ → ☷ → ☷

이제 6층 구조가 남아 있다. 이것은 시간 대륙 지도의 변화에 그대로 나타나 있는바, 최종적으로 ☷에 달하고, 이것은 다시 ☷ 과 같은 뜻이 된다. 이제 모든 위상 구조의 시간 변화를 함께 요약해 보자.

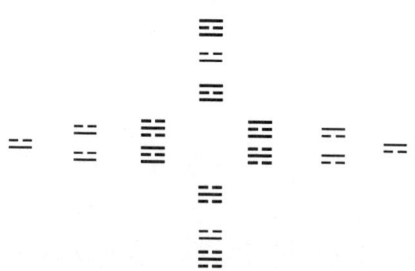

이 그림은 앞에서도 나온 바 있는데, 단지 거기에서는 ☰과 ☷이 빠져 있었다. ☰과 ☷은 준활성 상태이기 때문에 제외한 것이고, 나머지는 좌측에서 우측으로 진행한다. 괘상으로 환원한 전 과정은 후에 아주 간결한 모양으로 등장한다. 이 장에서는 기정(機晶)에 대해서만 유의하면 된다. 앞에서 공부한 위상 구조는 결국 기정 체계를 이해시키기 위해 등장했다.

시간 과정이란 기정이 처음에는 증가하다가 나중에는 감소하는 과정을 뜻하는 것으로, 주역에서는 기정이 최대한 3개이다. 이것을 과정으로 보면 다음과 같다.

1개 → 2개 → 3개 → 2개 → 1개

이 과정은 사물이 미세한 것에서 시작하여 점점 커지다가 다시 줄어든다는 것을 보여 준다. 사물은 탄생해서 점점 자라다가 절정기를 맞이하고, 그 때부터는 조금씩 늙어가고 끝내는 죽음에 이른다.

玉虛眞經 (17)

無名 天地之始 有名 萬物之母

이름 없는 것은 하늘과 땅의 시작이고, 이름 있는 것은 만물의 어머니이다.

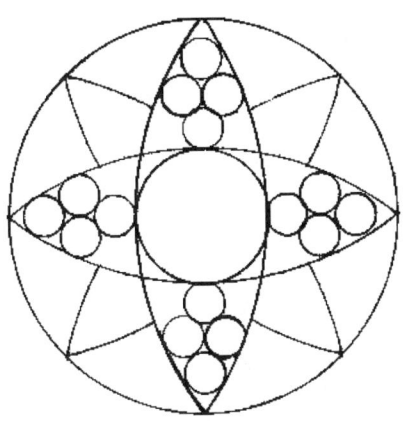

관상(觀象)과 관상(觀相)

 주역이 무엇인가 하는 문제는 현재 우리가 열심히 연구하고 있는 중이다. 지금쯤 어느 정도 이해하고 있을 것이다. 그러나 주역을 모르다가도 아는 것이고, 또한 잘 알다가도 깊게 공부하면 다시 모르게 되는 학문이다. 첫째, 무엇보다도 어려운 것은 주역의 내용이고, 둘째로는 이것의 활용처이다. 즉, 주역을 무엇에 쓰느냐이다. 애당초 주역을 공부하기 전에 용도를 알고 그 목적을 이루기 위해 공부하는 사람도 있지만, 대개 그런 사람은 사주 풀이나 운명 감정 등을 실행하기 위해 공부할 뿐이다. 필자에게도 지난 30년 동안 주역에 대해 문의해 온 수많은 사람이 있었는데, 그들의 99.99퍼센트가 사주 풀이나 운명 등에 결부시켜 주역을 이해하고 있었다.
 만일 그들에게 사주 팔자나 운명 등의 목적 의식이 없었다면 주역은 아예 공부의 대상이 되지도 않았을 것이다. 이 점이 참으로 이상하고 가슴 아픈 일이다. 필자의 경우 30년이 지난 오늘날까지도 주역의 용도를 사주 팔자 풀이로 생각해 본 적은 한 번도 없다.

그런데 세상 사람은 어째서 주역을 그런 방식으로 생각하는 것일까? 주역이 사주 팔자나 운명과 결부될 가능성에 대해서는 일찍이 공자도 말한 바 없었고, 최근에 와서도 아인슈타인이나 닐스 보어 같은 과학자도 결코 그런 말을 한 적이 없다. 따라서 지난 수천 년 동안 주역 학자들도 사주 팔자와 주역을 결부시킨 적이 없었던 것이다.

왜냐 하면 주역이란 운명이나 사주 풀이 등과는 상관없는 전혀 다른 그 무엇이기 때문이다.

일찍이 성인은 주역을 가르칠 때, 광대한 우주 자연의 섭리를 가르쳐 왔다. 후에 주역을 공부했던 수많은 학자나 도인 및 과학자들도 마찬가지였지만, 유독 우리 나라의 현실에 있어서는 주역을 사주 풀이를 위해 존재하는 고도의 학문(?)으로 생각하는 것이다. 우스운 일이 아닐 수가 없다.

사주 풀이가 어째서 그 말의 의미대로 고도의 학문일 수가 있는가? 실제로 사주 풀이는 학문이랄 수가 없는 것이다. 사주 풀이는 그저 그 말의 의미대로 사주 풀이일 뿐이다. 그러므로 주역을 그렇게 생각하는 일은 당치도 않은 일이려니와, 누가 알려주지도 않았는데 우리 나라 사람들은 주역을 당연히 사주 풀이나 운명 감정쯤으로 생각하고 있는 것이다.

그런데 가장 이해할 수 없는 것은 필자가 그들에게 정작 주역을 설명해 주었는데도 여전히 주역=사주 풀이로 생각한다는 점이다.

물론 그들이 주역에서 운명 감정 방법을 발견한 것도 아니다. 도대체 이런 현상은 어찌 된 일일까? 필자가 꼼꼼히 생각해 보니 그것에 대한 간단한 답이 나왔다. 한마디로 그들에게는 운명 감정 외에 다른 관심이 없기 때문이다. 또 다른 하나의 이유는 그들이 오랫동안 열심히 주역을 공부해 왔는 데도 참된 용도를 발견하지 못했기 때문이다. 그래서 주역은 으레 운명 감정학이려니 생각하는 것이다.

그래서 필자도 따라서 그들처럼 주역은 과연 무엇일까? 새삼 이런 문제를 재기하고 보니, 허무하기가 그지없다.

도대체 주역이 무엇인지 아직도 모른단 말인가! 그 동안 우리는 열심히 주역을 공부해 왔다. 하지만 그것에서 무엇을 깨달을 수 있었던 것일까? 만약 깨달음이 있었다면 바로 그것이 주역인 것이다. 그리고 그것의 용도는? 이렇게 묻고 보면 문제는 다시 원점으로 돌아 간다.

필자는 30년 전이나 지금이나 주역의 용도에 대해서는 문제 삼지 않는다. 주역의 용도는 무한대이기 때문에, 오직 주역 자체에만 몰두할 뿐이다. 무한대? 이 무한대를 모르는 사람들은 주역에서 한 가지 용도도 발견하지 못한다. 그래서 그들은 사주 풀이 주역을 응용하기 위해 무던히 애를 쓴다. 그러나 그럴 필요가 없다. 왜냐 하면 주역은 그런 존재가 아니기 때문이다. 운명 감정 따위를 알기 위해서라면 주역보다 좋은 방법이 얼마든지 있다.

주역을 굳이 사용하기로 한다면 더 큰 곳에 써야 하는 것이다. 그런 곳을 알 수가 없다고? 그렇다면 아직 주역이 무엇인지 잘 모르고 있는 것이다. 그래서 필자는 다시 한 번 주역이 무엇인지 말해 주려고 한다. 그 용도에 대해서 말이다. 용도를 알게 되면 주역 자체에 대한 이해가 깊어지지 않을까? 하는 생각이 언뜻 머리에 스쳐 간다.

이제부터 주역이 무엇인지 더 한층 명확하게 생각해 보자. 독자들은 그 동안 공부한 주역에서 무엇을 깨닫고 무엇을 느낄 수 있었는가? 그 동안 우리는 단순한 괘상 풀이를 넘어서, 괘상들의 복잡다단한 관련성을 연구하고 있었다. 그럼 도대체 이들은 무엇이란 말인가?

다시 처음으로 돌아가 보자. 아니, 먼 옛날로 돌아가 보자. 당초 필자는 우주 최고의 지혜를 얻기 위해 주역을 시작했었다. 이는 공자도 그랬고, 아인슈타인도 마찬가지였다. 다시 말하건대 공자는 주역을 평생 공부하고도 수명이 짧음을 한탄했을 정도이다. 아인슈타인은 이렇게 말한 바 있다.

"주역은 에센스(essence ; 본질·정수·본체·진수) 중의 에센스이다"

이는 주역이 만물의 핵심이란 뜻이다. 만물의 핵심을 알면 어찌 최고의 지혜가 쌓이지 않겠는가. 필자는 30년간 주역을 공부했던 결과, 옛 성인의 섭리와 최고 지혜로 통하는 지름길을 확실히 발견할 수 있었다. 만일 필자가 주역을 공부하지 않았다면 아직도 최고 지혜란 무엇일까? 하면서 고민에 빠졌을 것이다. 그러나 지금은 그렇지 않다. 최고로 통하는 길을 발견했기 때문에 열심히 가고 있을 뿐이다. 그런데 문제는 지금 이 책을 읽고 있는 독자들의 느낌이다. 과연 주역을 통해 최고 지혜를 발견했는가? 이 문제는 다음과 같이 간단히 말할 수 있다.

　주역의 용도는 무엇인가? 그렇다 용도가 문제이다. 주역이 최고의 지혜를 주는 것이라면 그 지혜를 써먹을 데가 있어야 하는 것이다. 이 장에서 얘기하려는 것이 바로 그것이다.

　먼 옛날 제갈공명은 주역을 공부해서 그토록 신중한 병법을 구사할 수 있었다고 몇 번이나 말했다. 오늘날 사람들도 주역을 공부하면 그렇게 될 수 있는가? 이 질문을 필자에게 던진다면 필자의 답은 그렇다이다. 적어도 필자에게 있어서만은 그렇다. 사실 제갈공명은 그리 총명했던 것은 아니다. 범인의 경지를 조금 넘어섰을 뿐이다. 물론 그나마의 지혜를 취득할 수 있었던 것은 주역 때문이다.

　현재에 와서 아인슈타인이나 닐스 보어 같은 사람은 어떠한가? 그들은 오늘날 최고의 과학자로 추앙받고 있거니와, 그들이 그러한 학문을 성취할 수 있었던 것은 바로 주역이었다.

　만일 그들이 수명이 길어져서 주역을 더 많이 공부했더라면 지금보다 더 큰 인물이 되어 있었을 것이다. 공자가 한탄했던 것도 바로 이 대목이었다. 즉, '오래 살면서 주역을 더욱 많이 공부한다.' 이는 모든 성인의 꿈이려니와, 필자 또한 이러한 길을 걸어왔다. 독자들도 지금 그러한 입장이라고 볼 수 있을 것이다.

　그럼 이제부터 주역의 용도를 생각해 보자. 그 동안 서론이 너무 길어졌으므로 주역의 용도에 대해 간략히 짚어보자. 그것은 바로 한마디로 해서 관상(觀象)이다. 관상(觀相) 하고는 다른 말이다. 관상(觀相)은 사람의 모습을 보고 운명을 감정하는 것이고, 관상(觀象)은 사물을 살펴보고 그것의 뜻을 파악하는 것이다. 예를 들어 보

자. 제갈공명은 유비 현덕을 처음 만났을 때 천하 삼분론을 재기했다. 이는 당시 상황으로 볼 때 천하에 대한 가장 적절한 대응책이었다. 그 당시 조조와 오나라가 천하를 양분하고 있었던바, 그들간의 완충 지대에서 뿌리를 내리자는 발상이 삼분론이었다. 이것이 제갈공명의 지혜인 것이다. 더 이상 좋은 길이 없는 최선의 방법을 제갈공명이 제시하자, 현덕은 그것을 기쁘게 받아들였다. 근래에 내려 와서 보자. 6·25 동란 당시 우리 국군은 낙동강 이남 지역에서 몰리는 상황이 되었다. 이에 맥아더 장군은 상황을 판단했다, 최선의 길은 적의 배후를 치는 것이라고.

맥아더의 이와 같은 전략은 상당히 지혜로웠던 것으로 평가되고 있거니와, 이러한 전략을 주역을 공부한 사람에게는 아주 쉽고도 당연한 것이다. 이어 연합군은 두만강 근방의 전투에서 곤욕을 치렀는데, 이 또한 주역을 모르는 어리석음에서 비롯된 것이다. 중공은 벌써부터 준비하고 있었다. 당시 상황을 좀더 예민하게 살폈다면 중공의 개입을 충분히 예측할 수 있었던 것이다.

이렇듯 사물을 살피는 데 있어 그 내용의 핵심을 단번에 깨닫기 위해서는 주역의 지혜가 절대 필요하다. 이것을 일컬어 관상(觀象)이라고 하는데, 주역은 바로 이 관상을 보기 위해 필요한 학문인 것이다. 이것 외에 주역이 필요한 곳은 없다. 사물의 핵심을 알아내기 위한 방법이 주역에 있는 것이다. 그래서 아인슈타인은 주역을 "에센스 중의 에센스"라고 말했던 것이다.

다시 낙동강 전후 상황을 보자. 당시 우리 국군의 괘상으로 보면 ☷에서 아래에 있는 웅크리고 있는데 ☷ → ☷의 상황이 빤히 읽

허지고 있었다. ☰ → ☷은 적에게 완전히 함락당한다는 뜻이다. 당시 많은 사람이 일본으로 피신했고, 이승만 정부도 그것을 생각했다고 한다. 그러나 맥아더는 생각하고 있었다. 적은 지금은 결단을 내려고 낙동강 이북에 최대한 병력을 집결하고 최후 전투에 혈안이 되어 있다. 이 때의 대책은? 이 문제는 맥아더의 머릿속에 이루어지고 있었다. 맥아더는 생각을 진행했다. 적을 현재 상태에서 밀고 올라가는 일은 여간 힘든 게 아니다. 따라서 배후를 공격해야만 한다.

이 상황을 최고의 전략가인 맥아더의 머릿속에 있었지만 주역의 관상법으로 생각하면 아주 간단하다. 요점은 괘상 ☳ 에서 위쪽 ☷의 양력을 해산시키는 일이다. 그러기 위해서는 위쪽 ☷을 ☵로 만들어야 한다. ☵은 ☷에 비해 압력이 적은 것이다. 반면 아래쪽 ☳의 상향성을 높인다면 돌파가 가능하다.

결국 ☳ → ☵ 이와 같이 되어야만 상황이 풀리는 것이다. 맥아더는 인천 상륙 작전을 전개하면서 조마조마했을 것이다. 왜냐 하면 ☳의 상괘를 바꾸기 위해 작전을 전개하는바, 그 동안 아래 있는 ☳이 견디고 있어야 하기 때문이다. 작전이 시작되고 나서 얼마 후 적은 급격히 약화되었다. ☳의 상괘 ☷이 무너지기 시작한 것이다.

그 과정은 다음과 같다.

☷ → ☶ → ☵ → ☴

위의 과정에서 ☶의 상태만 되어도 이미 압력이 줄어든 것이다.

이 때 우리 국군은 반격을 시작했다.

압록강 전투 상황을 보자. 우리 국군은 적을 섬멸하기 위해 진격을 서둘렀다. 그것은 괘상 ☰ 로 표현되는바, 이는 허술한 상태에서 급히 전진하는 모습이다. 당시 우리 국군은 진격과 함께 제2방위선을 구축했어야 했다. 진격만 서두르다가 중공군이 남하하자 속수무책이 되어 3.8선까지 계속 후퇴하고 만 것이다.

주역은 사물의 핵심을 밝혀내는 학문인바, 전쟁 상황이든, 사업이든, 연애이든, 일상 생활이든 간에 본질을 알게 해 준다. 그것은 바로 괘상이다. 어떤 사물에 대해 길게 얘기할 필요가 없다. 올바르게 괘상을 찾아내면 단번에 전모를 밝히는 것이다.

예를 들어 어떤 사람의 인생살이를 하나의 괘상으로 표현해 낼 수 있다면, 그것은 바로 그 사람의 운명을 밝혀놓은 셈이 된다. 제갈공명은 적을 살펴보고 그것을 재빨리 괘상으로 번역할 수 있었기 때문에 작전의 요점을 금방 찾아낼 수 있었던 것이다. 공자는 인간의 처신을 괘상으로 파악했기 때문에 항상 옳은 견해를 내놓을 수 있었다. 주역을 알면 세상을 보는 눈이 트이게 되어 소위 달관의 경지에 이르게 되는 것이다.

관상(觀象)이라는 것은 사물을 괘상으로 파악하는 행위를 말한다. 바보들에게는 주어진 상황을 설명하기 위해 길고 긴 논문 같은 것도 필요하겠지만, 주역을 아는 사람은 전체 상황이 한눈에 들어오기 때문에 더 이상 할말이 없게 되는 것이다. 사물을 한눈에 척 보고 알아내는 것을 사물의 대강을 안다고 하는 것인데, 제갈공명이 바로 그런 능력의 소유자였다. 제갈공명은 《손자 병법》이나 《육도

삼략》 등을 공부했지만, 가장 중요했던 것은 두말 할 것도 없이 바로 주역이었다.

 총명한 사람의 예를 하나 더 들어 보자. 어떤 판사가 교통 사고 사건을 맡았는데, 그의 재판 내용이다.

 '우리 나라에서는 교통 법규가 잘 지켜지지 않으므로 육교 밑이라 해도 사람이 지나 갈 수 있으니 운전자는 마땅히 조심해야 하는 것이다. 이를 어긴 운전자의 과실이 인정된다.'

 참으로 경우 바른 판사가 아닐 수 없다. 문제의 핵심을 밝혀 놓은 것이다. 만일 육교 밑에서 사람을 치면 죄가 아니라고 한다면, 운전자들은 육교 밑을 지나가는 사람에 대해 거리낌없이 치어 버릴 수도 있다. 끔찍한 일이다.

 사물에 대한 올바른 견해, 이것은 얼마나 중요한가. 우리 나라가 낙후되어 있는 것도 정치인들의 견해가 바르지 못하기 때문이다. 그들은 사회를 만들어 가는 사람인데, 개인적 편견으로 사회를 편협되게 만들고 있는 것이다. 그들이 만일 주역을 공부했다면 커다란 무대에서 크게 활약할 수 있을 것이다. 바른 견해로 말이다. 주역은 성인의 처세 원리를 보여준다고 했거니와, 어느 곳에서든 사물의 핵심을 알아낸다는 것보다 중요한 것은 없을 것이다.

 다시 말하건대 전쟁이든, 사업이든, 정책이든, 처세이든, 인생이든 간에 주역은 핵심을 밝혀주는 것이다. 이것이 주역의 용도이다. 이 세상에 이보다 중요한 용도가 무엇이 있을까? 안다는 것, 바르게 안다는 것, 재빨리 안다는 것, 이것은 주역 공부에서 비롯되는 것이다.

아인슈타인 등은 주역을 통해 자연이 무엇이라는 것을 알아냈다. 공자는 처세를 알아냈으며, 제갈공명은 작전의 핵심을 깨달았던 것이다. 그 동안 주역 원론을 읽은 독자는 잘 알겠지만, 필자는 사물의 요점을 설명하는 데 이토록 쉽게 설명할 수 있었던 것은 바로 주역을 공부했기 때문이다.

세상의 모든 일에 옳은 견해는 절대 필요한 것이다. 또한 사물을 바라봄에 있어 그것의 뜻이 옳게 파악되어야 하는 것이 아닌가! 주역은 그 어떤 것도 말할 수 있게 해 준다. 온 세상에서 병법이든 과학이든 주역만한 지혜는 결단코 없다. 이러한 것이 주역일진대 그 용도를 염려한다는 것은 어처구니없는 일이다. 주역을 공부한 사람은 어느 분야에 진출해도 해당 분야에서 최고의 지혜를 가진 사람이 될 것이다. 주역이란 스스로가 그 응용처를 찾아야만 한다. 다만 사주 풀이에만 주역을 사용하려고 생각하는 사람은 실로 어리석은 사람이다. 차라리 직접 사물의 미래, 즉 미래 예측에 관심을 두어야 주역의 참된 공부이다.

미래 예측이란, 관상의 변화로 이루어질 수 있는바, 그것은 주역의 가장 중요한 기능 중에 하나이다. 주역은 실물의 성질을 알게 해 주고 또한 그것의 미래를 추적하는 학문인 것이다. 그런데 주역을 공부한 사람에게 한 가지 괴로운 일이 있다. 그것은 바로 그 사람의 직위에 관한 것인데, 예를 들어 만일 제갈공명이 지휘관이 되지 못했다면 그의 신통한 지혜는 써먹을 데가 없었을 것이다. 오늘날 지휘관들은 주역을 공부할 리도 없겠지만, 또한 주역을 공부한 사람은 지휘관이 아니기 때문에 애처로운 것이다.

현대인들은 그저 평범한 위치에 있다. 회사라면 과장이나 대리 정도……. 이런 위치에서 최고의 지혜란 별로 쓸 데가 없다. 하지만 장관이거나 대통령 또는 국회의원 등 정치인이라면 주역의 지혜를 크게 써먹을 수 있을 것이다. 예부터 성인의 큰 보물은 직위라고 말하는데, 직위가 높아질수록 주역의 힘, 즉 지혜의 작용이 더욱 빛을 발하는 법이다. 시골에서 농사나 짓고 사는 사람에게는 주역의 지혜가 있어도 크게 활용될 곳이 없다.

그저 평범하게 그렇다면 직위가 높지 않은 사람에게는 주역의 지혜가 필요 없을까? 그렇지는 않다. 인생이란 실로 다양하기 때문에 지혜란 언제 어디에서든 쓰일 때가 있기 마련이다. 다만 대통령이나 군사령관이나 학자 등 큰 일을 하고 있는 사람에게 주역은 더욱 절실히 필요하다는 것뿐이다. 하지만 큰 위치에 있지 않은 사람일지라도 기죽을 필요는 없다. 인생이란 깨달아 가며 사는 것인바, 주역을 통해 우주 자연의 이치를 깨달을 수 있는 것이다.

주역은 무인도에서 혼자 살아간다 하더라도 필요한 것이다. 왜냐하면 우주 자연을 깨닫는 것, 이것은 바로 인생의 큰 가치이기 때문이다. 물론 주역을 깊게 공부하고 세상에 나가 큰 일을 할 위치에 선다면 이보다 더 좋은 일을 없다.

실력과 그것을 발휘할 무대, 이 얼마나 중요한가! 먼 옛날 요순 임금은 속으로는 주역의 지혜를 가진 성인이었고, 겉으로는 왕이었다. 그로써 온 나라의 백성은 태평 성대를 누렸던 것이다. 오늘날 만일 우리 대통령이 주역을 깊게 깨달은 사람이라면 우리 사회는 엄청나게 발전할 것이다. 반대로 대통령이 어리석어서 사회가 망치는 것과 비교해 보라.

이쯤 해 두고 관상(觀相)에 대해 얘기해 보자.

관상이란 온몸을 다 살펴서 운명을 예측하는 것인데, 정작 가장 중요한 것은 몸이 아니라 마음이다. 그것은 마음이 운명을 초래하는 것이기 때문이다. 관상쟁이가 몸을 살피는 것은 마음을 알 수가 없기 때문이지만, 주역을 공부한 사람은 심상을 살피는 데 주안점을 둔다. 심상을 8가지로 나눈다. 온순한 사람, 강건한 사람, 우울한 사람, 총명한 사람, 침착한 사람, 단단한 사람 등……

그 동안 이 책을 공부해 온 사람이라면 8괘의 성질을 잘 알 것이다. 그렇다면 사람을 봐서 그 사람의 성질이 어느 괘상에 해당되는지 견주어 살펴보면 된다. 사람은 누구를 막론하고, 반드시 8괘 중 어떤 성질을 갖고 있는 법이다. 단 하나일 수도 있고, 둘 이상일 수도 있다. 어쨌거나 8괘의 성질 외에는 인간의 성질이 있을 수 없다.

일단 8괘로 사람을 분류할 수 있다면, 그 사람의 운명을 대충 분류한 것이 된다. 예를 들어 ☰인 사람은 공부를 잘 할지 모르지만 재물을 얻는 데는 솜씨가 적다. 따라서 ☰인 사람은 학자·승려·선생·예술가 등이 적합할 것이고, 또한 그렇게 되려는 경향이 있는 것이다. 관상은 이런 식으로 보면 된다. 더욱 정밀하게 보려면 사람을 64괘로 분류하면 된다. 누구든 특징인 성격이 있으며, 그것은 64괘로 분류될 수 있는 것이다. 예를 들어 비밀을 잘 지키는 사람은 ䷇이다. 오만한 사람은 ䷟이다.

☷의 장래는? ☳의 장래는?

괘상의 뜻을 잘 안다면 운명을 알 수 있을 것이다.

☶, 이와 같은 사람은 재물도 풍족하고 날이 갈수록 인생이 잘 풀려 나갈 것이다. 반면 ☳, 이와 같은 사람은 경솔하기 때문에 인생의 후반으로 갈수록 잃는 것이 많게 될 것이다. 독자들은 어떤 부류의 사람일까? 잘 모르겠다고? 그렇다면 아직 괘상 공부가 덜 된 것이다. 더욱 열심히 달려가자.

—— 5권에서 계속 ——

기초 주역에 기반한 대하소설

지상과 천계 지옥에서 펼쳐지는 인간과 신선들의 광란한 로망 플뢰브!

대/하/소/설 주역

초운 김승호 지음 | 각 15,000원

이 소설은 주역 그 자체와 그 이론을 공부할 사람들을 위하여 주역의 기초적인 얘기를 다루고 있다. 물론 이는 인간 세상에만 한정하지 않고 천계(天界)의 옥황상제·염라대왕, 혹은 온 우주의 신선(神仙)들에게까지 확장하여, 그들의 끝없는 욕망과 지칠 줄 모르는 성욕 등을 파헤쳐, 삼라만상의 혼란을 안정으로, 무질서를 질서로 이끌어 가고 있다.
특히 범속(凡俗)한 한 인간이 우주 전체의 당면한 위기를 해결하는 이야기는 주역의 탐구욕을 크게 분발시키고자 함에 있었다.

운명이란 무엇이며
어떻게 알 수 있는 것일까?

『소설 팔괘』 시리즈 (전 3권)

김승호 지음 | 각 12,000원

팔괘(八卦)란 중국 상고시대에 복희씨(伏羲氏)가
지었다는 건(乾)·태(兌)·이(離)·진(震)·손(巽)·감(坎)·간(艮)·곤(坤) 등의
여덟가지 괘를 말한다. 인생을 밝히고 천명을 깨닫게 하며
인간사의 길흉을 판단하는 데 척도가 되는 팔괘는, 우러러 하늘의
상(象)을 관찰하고, 굽어보아 땅의 법칙을 살펴 만들어 졌으며,
새와 짐승의 모양, 초목(草木)의 상태, 인간의 신체,
그리고 심지어는 온갖 사물에 이르기까지
연구하여 유추해낸 것이므로, 그 과학성은 수천년이 흐른 오늘날
현대를 살아가는 우리에게 입증되고 있는 팔괘를 바탕으로 소설로 꾸몄다

저자와
협약에
의하여
인지를
생략함

주역 원론 ④

1999년 3월 10일 1판 1쇄 인쇄
1999년 3월 20일 1판 1쇄 발행
2022년 7월 20일 4판 2쇄 발행

지은이 / 한국주역과학연구원 · 김승호
편집인 / 장상태 · 김범석
펴낸이 / 김영길
펴낸곳 / 도서출판 선영사
주소 / 서울시 마포구 서교동 485-14 선영사
전화/ (02)338-8231~2
팩스 / (02)338-8233

E-mail sunyoungsa@hanmail.net
등록 1983년 6월 29일 (제02-01-51호)

ⓒ Korea Sun-Young Publishing Co., 1998
잘못된 책은 바꾸어 드립니다.

ISBN 978-89-7558-374-2 93150